해커의 지문

follow_the_party

4.15 부정선거 전말보고서

해커의 지문
follow_the_party
4.15 부정선거 전말보고서

장영후·로이킴·김미영 저

더 깊이 들어가 함께 토론해 봅시다!

이 책은 한국의 국가 시스템이 정상적으로 작동되고 있다면 굳이 우리 손으로 제작할 필요가 없었을 것이다. 이 책이 다루는 내용은 검찰과 경찰, 법원과 중앙선거관리위원회, 국립과학수사연구원 등의 국가기관이 정치로부터 독립적이고 성실하고 진지하다면 마땅히 공적인 영역에서 다루어져야 할 국가적 중대사안이다.

수사 않는 검찰과 재판 않는 대법원

그러나 현재 한국은 국가 시스템이 전반적으로 심각한 고장을 일으키고 있는 것이 아닌가 한다. 법원은 이유 없이 소송을 지연하고, 검찰과 경찰은 재검표를 통해 '배춧잎 투표지' 등 문제 투표지가 속출하는 상황에서도 형사사건으로 전환하여 즉각 수사하는 노력을 보여주지 않았다. 언론은 어떤 종류의 유력 증거가 나와도 취재하지 않겠다는 태도로 일관했다. 부정이 아니라 부실선거라는 변명도 있었다. 공적 기관이 범하는 부실은 그 자체로 부정이고 불법이다. 국민 모두가 피해자가 되는 것이다.

가장 문제적인 것은 대법원의 노골적인 공직선거법 위반이다. 공직 선거법 제225조는 "선거에 관한 소청이나 소송은 다른 쟁송에 우선하여 신속히 결정 또는 재판하여야 하며, 소송에 있어서는 수소법원은 소가 제기된 날부터 180일 이내에 처리하여야 한다"고 규정하고 있다. 본질적으로 선거무효 · 당선무효 소송은 '신속 재판'이 생명이다. 피해가 지속되고 증대되는 것을 막아야 하기 때문이다.

더구나 국민을 대표하는 지도자가 부정으로 선출되었다면 그들의 공무는 모두 위법한 것이 된다. 그러나 6개월 안에 단심으로 신속히 끝내야 할 100건 이상의 소송이 모두 재판도 판결도 없이 1년 이상 계류되었다.

왜 4.15총선에서만 이런 전례 없는 사태가 발생하는가? 단순 계수 오류에 관한 문제가 아니라 이 선거가 조직적이고 대규모적이며 총체적인 디지털 부정선거와 관련되어 있어 계수 외 다른 엄밀 감사가 필요하다고 우리는 주장해 왔다.

'배춧잎 투표지' 등 쏟아지는 조작 증거들

선거 후 14개월이 더 지난 2021년 6월 28일 인천 연수을 재검표를 시작으로 다섯 차례 재검표가 이루어졌다. 우리가 주장해온 디지털 부정선거를 입증할 수 있는 자료는 원활하게 제출되지 않았다. 중앙선거관리위원회는 서버와 투표자 상세 명부를 비밀로 했고, 이미징 파일 원본도 제공하지 않았다. 그럼에도 불구하고 다섯 차례 재검표는 증거 수

집의 관점에서 의미 있는 성과를 냈다. 정상적인 투표지라고 할 수 없는 투표지가 대량으로 발견된 것이다.

대표적인 것이 이른바 '배춧잎 투표지'다. 인천 연수을 재검표 때 처음 등장한 이 문제의 투표지 촬영은 허락되지 않았다. 대안으로 우리는 참관자 증언을 듣고 이미지를 재현했고, 이것을 '배춧잎 투표지'로 명명했다. 이런 신속한 대처가 가능했던 것은 총선 직후부터 디지털 범죄를 의심해 왔기 때문이었다.

디지털 프로그램이 개입된 선거라면 결국 최종 실물표수와 선거 결과 데이터가 일치하지 않을 가능성이 높다고 보고 있었다. 더구나 소송이 100건 이상 제기될 것을 예상 못한 범법자들이 법원의 증거 보전에 완전히 대처하지 못했을 것으로 보았다. 다섯 번의 재검표를 통해 축적된 증거는 우리의 이 같은 예측을 뒷받침해 주었다고 본다.

로이킴 비중 그래프 발견의 중대성

선거 직후부터 많은 시민들이 디지털 부정선거에 관련된 의견을 전달해 와서 경청했다. 이 책은 그 중에서 맹주성, 로이킴, 장영후 세 분의 의견을 중심으로 4.15부정선거 디지털 범죄를 추적한다. 특히 이 책은 중앙선거관리위원회가 선거 개표 완료시에 홈페이지를 통해 공표한 선거 결과 데이터에서 도출해낸 해커의 지문 [follow_the_party] 해설을 위해 출간되었다.

선거 직후 나온 『왜 사전투표가 승부를 갈랐나』, 2021년 11월 여러 차례 재검표 뒤 나온 『4.15부정선거 비밀이 드러나다』 등의 단행본을 비롯한 수많은 영상들과 기사 등 민간 영역에서 나온 의미 있는 활동들이 있었지만, 우리의 이 작업은 새로운 유형의 디지털 부정선거를 규명하는 데 있어 또 다른 생산적인 의미가 있다고 본다.

언론까지 포함한 공적 기관을 장악한 범법자들은 우리보다 강력한 권력을 갖고 있다. 힘으로 의혹 제기를 누르는 상황에서 우리에게 저항의 수단은 많지 않다. 확실한 것은 진실은 우리 편이라는 사실이다. 그들도 걷어들일 수 없는 많은 실수를 범하여 완전 범죄를 이루지는 못했다.

이근형 당시 더불어민주당 전략기획위원장이 페이스북으로 알려준 계획표와 중앙선거관리위원회가 선거 직후 발표한 결과 데이터는 인멸도 파기도 되지 않는 '엎질러진 물'과 같은 증거 원석이다. 범법자들은 디지털 부정선거 증거를 없애기 위해 서버나 노트북도 파기하고, 투표지를 태워 없애거나 바꿔치기할 수 있겠지만 이미 공표된 데이터를 철회하거나 파기할 수는 없다.

그 원석 속에서 [follow_the_party]를 추적해 내는 일은 조작자의 지문을 찾아내는 것으로 증거수집의 입장에서는 다이아몬드를 캐내는 것과 비견될 수 있다.

253개 지역구 순번으로 짠 숫자판을 알파벳으로 변환

2020년 5월, 민경욱 전 의원을 통해 [follow_the_party]가 세상에 알려진 이후 발견자 로이킴(김상훈씨의 필명, 편의상 발표 당시부터 사용된 그의 영어이름을 존칭없이 계속 사용하기로 한다. - 편집자주)은 물론이고 그를 발굴하고 그의 목소리를 세상에 전달한 민경욱 의원과 우리도 지탄을 받아왔다.

그러나 로이킴의 발견에 진지하게 관심을 둔 사람이라면 그가 각 선거구 사전투표와 당일투표 각각의 비중값 차이 비교를 통해 그려낸 그래프의 중요성을 알아차렸을 것이다. 선관위가 발표한 데이터에서 나타난 가장 강력한 인위적 조작의 증거라고 해도 틀리지 않을 것이다. 그럼에도 하태경 이준석 등 야당 인사의 모독과 핍박은 가장 인상적이고도 기괴한 일로 기록해 둘 만하다.

우리는 로이킴의 [follow_the_party]를 간단히 설명하기 위해 해커의 지문이라고 명명했다. 좀 더 구체적으로 말하면, 제작한 프로그래머의 제작자 표시와 같은 것이다. 화가가 그림을 완성하고 낙관이나 서명을 하는 것이나, 옷을 다 만들고 목 뒤에 라벨을 부착하는 것처럼 프로그래머 세계에서 제작자를 표시해 두는 것은 흔한 관행이라고 한다.

다만 화가의 낙관도 그림이라는 형식적 틀 안에서 새겨지는 것처럼, 또는 옷에 부착되는 라벨도 섬유 속에서 또 다른 섬유인 것처럼, 데이터 값이라는 '숫자' 더미 속에 들어가는 낙관이나 라벨은 결국 '숫자'가 될 수 밖에 없었을 것이다. 영상 제작자가 영상 어딘가를 확대하여 픽셀 속에 암호 같은 것을 숨겨 두는 경우와 비슷하다.

로이킴이 발견한 [follow_the_party]는 바로 253개 지역구 순번을 이용하여 특수한 알고리즘을 설계해서 선거 데이터 목표값이 실현되면 도출되도록 숨겨 놓은 문자열이다. [follow_the_party]는 영어 알파벳으로 되어 있는데 알파벳도 아스키코드를 통하여 숫자로 치환될 수 있다.

이제 이 놀라운 발견이 사실로 확인된다면 4.15총선은 선거 전에 설계된 조작 청사진이 있었고, 투개표 이후 이 설계도가 실현되었을 때 확인될 수 있도록 설계되었다는 의미다. 상세한 설명에도 불구하고 알고리즘의 세계에 이해가 없는 분들에게는 난해할 수밖에 없을 것이다. 우리조차도 이 책을 준비하는 기간 동안 수도 없이 브레인스토밍을 거듭하였다.

그런 의미에서 이 책은 미완성이다. 따라서 이 책은 무엇보다 유권자이면서 앞으로도 이 땅에서 자유를 누리고 지켜야 할 다음 세대에 보내는 초대장과 같은 것이다. 영어와 숫자, 디지털 코딩의 세계에 익숙한 세대에게 보내는 도전장이기도 하다. "한 번 각자 깊이 들여다보고 자유롭게 더 토론해 봅시다!"

개별 253개 선거구를 하나로 연관 짓는 로직의 발견

우리는 1년 반 이상 이 작업을 하면서 내부적으로 많은 토론을 거치며 난관을 뚫어왔다. 디지털 부정선거 관련 맹주성 가설은 선거 1주일 후에 제출되었다. 이 가설은 간단한 프로그램 조작으로 당락을 조정할 수 있는 일종의 '온라인 또는 디지털 게리맨더링' 가설이었다.

나중에 합류한 장영후 프로그래머의 해설은 조작 표수의 '최적화' 가설을 부가하여 사전에 당락 목표를 철저히 설계하고, 미세하게 조정되었음을 보여준다. 로이킴이 발견한 [follow_the_party]는 당락을 바꾸고 표수를 줄여 최적화하는 기본 설계와는 다른 종류의 제3의 로직이었다. 많은 시행착오를 통해 이 결론에 도달하는 데 1년 이상의 시간이 소요되었다.

수천 만 명의 민심을 담는 선거 결과 데이터에서 이토록 이채롭고 인위적인 패턴이 발견된다는 것은 하나의 사건이다. 보통선거란 자유민주주의 국가의 근간에 해당되는 것이고 중국 북한과 같은 일당독재 권위주의 체제와 분리되는 기준이라고 할 수 있다.

이 자유 보통선거가 위기에 처했다는 징후가 발견되는 즉시 엄밀 감사와 수사를 통해 검증되어야 마땅하다. 그러나 다시금 통탄을 금치 못하는 것은 검찰, 경찰, 법원, 언론, 야당은 기묘한 사보타주를 이어가고 있을 뿐이라는 것이다. 이 상황이 반전되어야 나라가 산다.

블랙 레볼루션 일으켜 다시 맑고 푸른 나라로

이 책이 나오기까지 많은 분들의 협력이 있었다. 특히 맹주성, 로이 킴, 장영후 필자들의 열정과 전문가적 식견이 4.15총선의 디지털 부정선거 모델을 설명해내는 데 있어 중추가 되었다.

모든 에너지를 쏟아 부정선거 규명에 함께 해 주신 4.15부정선거국민투쟁본부 상임대표 민경욱 전 의원, 그리고 사무총장 도태우 변호사를 비롯한 많은 법률가들의 헌신적인 노력, 최대한의 투표지 보전과 재검표를 이끌어낸 가로세로연구소 등 수많은 블랙전사들의 힘으로 우리의 가설은 현실적으로 입증되고 있다.

함께 토론하고, 교정하고, 기도해 준 맹주성 이사장님과 사단법인 법치와자유민주주의연대(NPK) 회원 여러분들께도 깊이 감사드린다. 많은 표와 그림을 그려내느라 수고한 김미성 디자이너의 노고를 잊을 수 없다.

한여름에 시작하여 첫눈이 오고야 책이 나온다. 이 책을 쓰고 편집하고 독려하고 토론하고 교정하는 전 과정에 많은 어려움이 있었다. 그 중에 가장 큰 것은 마음의 어려움이다. 우리가 사랑하는 나라, 우리의 삶의 소중한 터전이 예전 그 모습이 아니라는 데서 생겨나는 슬픈 마음이 내내 따라다닌다. 동시대를 살아가는 많은 이웃들이 이 슬픔을 공유하고 있다는 것이 위로가 된다.

이 책이 4.15부정선거 규명에 함께 하신 모든 분들께 희망을 주는 작업이 되었으면 한다. 2020년 4월 15일 이후 한결같이 부정선거 규명을 외쳐온 수많은 시민들의 함성으로 인해 우리가 사랑하는 '우리 나라 대한민국'에 다시 맑고 푸른 계절이 올 것을 소망하고 믿는다.

2021년 12월 1일
법치와자유민주주의연대 사무총장
김미영

서문 더 깊이 들어가 함께 토론해 봅시다!

01 개요
디지털 부정선거와 증거로서의 [follow_the_party]

김미영

문 1 디지털 부정선거에 관련하여 필자들은 전문가적 식견이 있는가?

문 2 [follow_the_party]에 관한 민경욱 설명은 옳은 것으로 입증되었나?

문 3 로이킴은 디지털 게리맨더링을 [follow_the_party]와 연관지었는데 옳은 해설이었나?

문 4 [follow_the_party]는 괴담이자 사기라는 입장에 대한 재반박을 한다면?

문 5 부여에서 전자개표기가 리셋된 것은 [follow_the_party]와 어떻게 관련되나?

문 6 설계 청사진은 어떤 방식으로 선거 결과 데이터로 실현되었나?

조작 설계 청사진과 [follow_the_party] 도출 과정

장영후

차례

일러두기

1. [follow_the_party]로 통일시켜 표기하되 이 책에서 해커의 지문으로 지목된 숫자 (문자)는 16개로 [ ]는 포함되지 않는다.
2. 곳곳에 표시된 QR코드를 스마트폰 카메라에 초점을 맞추면 인터넷으로 연결된다.
3. 본문의 표는 대부분 로데이터를 그대로 옮긴 것으로 해득의 어려움이 있을 시 원자료는 vonnewskorea@gmail.com으로 문의하거나 npknet.org 자료실에서 다운로드 할 수 있다.

01

개요

01 개요

디지털 부정선거와 증거로서의
[follow_the_party]

김미영[*]

1. 국가범죄로서의 부정선거

4.15부정선거는 선거가 있었던 날을 전후하여 특정 후보 한두 사람을 당선시키기 위해 일어난 단발적 사건이 아니다. 이 책은 4.15부정선거가 오랜 시간에 걸쳐서 준비 계획되어 실행되고, 또한 사후에 증거가 대대적으로 인멸된, 통상 몇몇 개인이나 소규모 집단의 일탈이 아니라 '국가범죄'(State crime)에 준하는 중대 범죄라는 관점에 입각하여 이 문제를 다루고 있다.

정치적 입장과 관계없이 4.15부정선거 의혹에 대해 쉽게 '음모론'이라

---

*서울대 국어국문학과와 대학원을 졸업하고 한동대와 미국 노트르담 로스쿨에서 미국법과 국제법을 공부했다.(J.D.equiv., LL.M.) 조선일보에서 북한 문제를 다루는 기자로 일했고 한동대 초빙교수를 거쳐 북한인권 문제를 다루는 전환기정의연구원을 설립했다. (사)법치와자유민주주의연대 사무총장과 VON뉴스 대표로 일하고 있다.

고 치부했던 이유는 크게 두 가지가 있었다. 하나는 선거 직전 각 후보가 '여론조사 약세'에 지레 결과를 수긍한 것이고, 또 하나는 "요즘 세상에 부정선거가 가능한가?" 하는 '부정선거 실행의 어려움'이라는 우려가 있었다. 그러나 우리는 일관되게 "요즘 세상에서만 가능한 디지털 부정선거가 일어났다!"고 주장해 왔다. 더불어민주당이 승리한 지역구에서만 부정선거가 일어난 것이 아니라 전국 모든 지역구에서 일어났다는 입장이었다. 여론조사에 관하여는 여론조작이 선거부정의 한 부문이며 부정선거의 필수적인 선행 작업이라는 입장이었다. 또한 거대 권력과 천문학적 금전이 동원된 국가 차원의 범죄라는 우리의 전제가 맞다면, '실행의 어려움'이라는 보통사람들의 우려는 뜻밖으로 쉽게 극복될수 있었을 것이다.

국가범죄란 국가의 존립 자체를 위태롭게 하는 내란이나 외환을 일반적으로 지칭하는 것이다. 그러나 여기서 국가범죄란 또 다른 부류의 정의에 속하는 것으로서 '공적 권력'(public power)이 저지르는 중대 범죄에 가깝다. 공적 권력을 가진 주체가 사적인 이유로 저지르는 범죄가 아니라, 바로 그 주체가 어떤 종류의 '공적인 이유'를 갖고 벌이는 범죄 유형이다.

4.15부정선거 규명에 있어 가장 문제적인 갈등은 바로 이 관점 자체에서 비롯되고 있는 것이 아닌가 생각된다. 이 전제에 대해 이해 또는 수긍하지 않는 독자라면 인내심을 갖고 이 책을 끝까지 읽어내는 것이 결코 쉽지 않을 것이다. 그러나 이 책을 통해 최소한의 생산적인 논쟁이라도 시작되기 위해서는 이 같은 우리의 전제를 일러두지 않을 수 없다.

다시 말해서 4.15부정선거 문제에 접근하기 위해서는 몇 가지 선행되는 인식이 필요하다. 그중 으뜸되는 것은 4.15부정선거는 세계사적 패러다임 전환기에 맞물린 거대 담론의 영역일 수 있다는 것이다.

4.15부정선거 문제에 대해 너무 큰 틀에서 접근한다고 해서 음모론자, 허언증 환자, 부정쟁이, 악성종양 같은 욕설은 제발 그만 내뱉기 바란다. 선거에 관련된 의혹은 무죄추정원리가 적용되지 않는다. 오히려 유죄추정이 원칙이어서 선진국일수록 철저한 선거 사후 감사제도를 갖고 있다. 지금 우리는 한국의 선거 감사제도가 고장상태인 것을 목격하고 있다. 대법원 단심과 6개월 시한 이유가 모두 무색해졌다. 쏟아지는 이상 투표지와 선거 관리 상황을 보았을 때 현대 국가로서의 대한민국의 존속이 걱정되는 상황이다.

4.15총선이 부정선거라는 주장이 음모론으로 몰린 또 하나의 이유는 이 책에서 해커의 지문으로 명명되는 [follow_the_party] 문자열의 발견 때문이다. 이 책은 중앙선거관리위원회가 최종 발표한 4.15총선 결과 데이터에서 [follow_the_party]라는 해커의 지문을 발견했다는 한 시민의 제보에 대해 괴담으로 보지 않고 합리적 의혹으로 받아들여 분석했다. 만일 해커의 지문에 관해서만 말하는 것이 목적이라면 발견된 문자열이 꼭 [follow_the_party]일 필요는 없다. 문제는 중앙선관위 발표 데이터가 순전히 유권자의 자연스러운 표심을 대변하는 것이 아니라 사람의 손을 탄 결과물이라는 증거가 나온다면 그것이 아주 미미한 것이라도 심각하게 접근하는 것이 옳다는 것이고, [follow_the_ghost]든 또 다른 문장이든 상관이 없다. 문제는 해커의 지문이 나오게 된 전 단계의 로이

킴 발견이 주목할 만한 것이어서 주목하지 않을 수 없었다.

그러나 해커의 지문 [follow_the_party]에 관련된 쟁점은 이것이 도출되는 로직보다 [당을 따르라]로 해석될 수 있는 문장의 의미에 집중되어 있었다. 이 부정선거가 중국 공산당과 관련되어 있다는 의혹으로 이어지기 때문일 것이다. 4.15부정선거가 국가에 준하는 거대 권력집단의 체계적이고 조직적인 범죄라는 추정보다, 중국이 우리 선거에 개입했다는 증거가 나왔다는 것은 한층 심각한 주제가 아닐 수 없다. 더구나 중국인을 비롯한 외국 국적의 참관인이 개표에 관여한 상황은 이런 의혹을 증폭시켰다.

2. 보통선거의 세계적 위기

불과 두 세대 만에 세계 최빈국에서 빈곤 극복과 정치적 자유를 동시에 성취한 선진국에 도달했다는 자부심을 갖고 있는 한국인으로서 후진국형 선거부정 문제를 제기하는 것은 불편한 일이다. 그러나 특정 인물이 정치적 야심을 이루기 위해 범하는 종류의 선거부정이 아니라 '문명사적 충돌'이라는 큰 그림 속에서 시야를 넓혀 이 문제를 진지하게 들여다볼 필요가 있다.

IT 기술혁명으로 선거에 디지털 개념이 결합된 이래 선거부정 문제는 차원을 달리하는 전 세계적인 문제거리가 되고 있다. 콩고, 베네주엘라, 벨라루스, 미얀마 등의 나라에서만 쟁점이 되는 것이 아니다. 미국이나 독일 같은 나라의 문제이기도 하다. 미국의 2020년 대통령 선거도 여전히 부정선거 의혹을 검증하는 단계에 있다. 독일에서 앙겔라 메르켈 총리의 후임을 결정하는 연방 하원 총선(2021년 9월 26일)에서의 사이버 공격을 통한 러시아의 선거 개입 우려도 구체적으로 회자되었다.

전 세계적인 차원에서 '보통선거'는 전에 없는 위기에 봉착해 있다. 영국의 대헌장과 명예혁명, 미국의 독립전쟁, 프랑스혁명, 그리고 미국 남북전쟁과 세계 제1, 2차 대전 등 세계사적 대사건들은 권력의 주체를 결정하는 문제와 관련되어 있었다. 또한 개인의 자유를 향해 요동치는 강력한 물결로 연결되었다. 신분과 인종, 성별을 넘어서서 모든 인간이 천부인권을 갖고 있고, 그 실현방법으로서 '보통선거'의 중요성이 부각되고 확산되는 역사라고 바꿔 말할 수도 있다. 흑인의 권리를 확정한 미국 수정헌법 제13조, 14조, 15조는 치열한 내전을 거쳐서 제정된 것이었다. 미국에서 여성의 참정권을 인정한 것은 이보다 훨씬 늦은 수정헌법 제19조(1920년) 제정으로 가능해졌다.

근년에 홍콩에서 벌어지고 있는 유혈 사태의 원인 역시 선거권 수호 문제와 직결되어 있다. 중국 공산당은 1978년 본격적인 개혁개방에 나서면서 자본주의에 적응해 왔지만 개인의 자유, 특히 선거의 자유 허용에까지 이르지는 못했다. 미국·독일에서 러시아나 중국의 선거 개입을 우려하는 것과 같이 한국에도 같은 종류의 도전이 구체적으로 도래해 있는 것이다. 홍콩이 영국에서 중국으로 반환될 때의 약속은 적어도 50년 간은 '일국양제'를 허용한다는 것이었다. 홍콩에서는 한시적으로 보통선거가 존재하는 자유민주주의 체제를 허용한다는 의미였다. 그러나 약속은 사반세기가 되기 전에 깨어지기 시작했다. 이제 많은 사람들이 일국양제란 공산당의 입장에서 체제 위협으로 인식하고 있는데 그 중심에 선거제도라는 주제가 있다.

영국 이코노미스트 등 서구의 유력 잡지들은 "경제적 성장이 자연스럽게 정치적 자유를 불러올 것으로 예상했으나 중국에서 그런 일은 현실이 되지 않았다"는 식으로 자책하기 시작했다. 아울러 중국이 갖고 있는 '디지털 독재 능력'에 대해 주목하기 시작했다. 중국 공산당이 15억 인구를 디지털 도구를 통해 통제해 나가는 능력은 아무도 의심하지 않는다. 디지털 독재는 이제 전 세계적으로 민주주의를 후퇴시키는 개념으로서 새로운 키워드로 부각되고 있다. 후발 자본주의 국가로서 경제력과 군사력 차원에서 승승장구했던 일본이 진주만 기습과 태평양 전쟁으로의 길을 걸었듯 '개인의 자유'라는 시험대 앞에서 중국 공산당도 진퇴양난의 기로에 서 있다. 중국 공산당은 여전히 "우리 당을 따르라. Follow Our Party"고 명령하고, 시진핑 시대에 고삐는 더 죄어지고 있다.

필자는 주체사상의 창시자로 알려져 있는 황장엽 전 북한 노동당 국제 담당 비서를 10년 이상 직접 대면 또는 서신으로 접견해 왔다. 그와의 대담 중 중국에 대한 입장은 특히 인상적이었다. 중국에서 시진핑현 주석 부친 시중쉰(習仲勳, 1913~2002)을 만났을 때, "우리는 김정일을 내심으로 지지하지 않지만, 대한민국에서 북상해올 자유민주주의를 위협으로 보기 때문에 북한과 운명적으로 연대할 수밖에 없다."는 입장을 직접 들었다고 전했다. 4.15부정선거는 대내외적으로 봉착해 있는 한국 자유민주주의 진정한 위기에 대해 새삼 일깨워주고 있는지도 모른다.

4.15부정선거 전체 개념도

(*는 디지털/IT 관련 항목)

[1단계] 설계

1. * 여론 조사 및 빅 데이터 수립	2. * 보정(당락 조정, 온라인 게리맨더링)	3. * 해커의 지문 [follow_the_party] 삽입과 최적화	4. * 추가 최적화로 선거 청사진 완성	5. * 실행 프로그램 알고리즘 완성	6. * 180석 목표 실행중앙콘트롤타워 가동

[2단계] 제도 및 정책

- 바코드 대신 QR코드 강행 *
- 투표관리인 도장 인쇄 허용 *
- 사전투표 명부 자필 서명 불용 *
- 코로나 지원금 집행

- 사전투표 CCTV 불용 *
- 유권자 연령 하향 *
- 투표자 비닐장갑 지급 *
- 사전투표 독려 *
- 외국인 개표 참관 허용 *

[3단계] 실행

여론조작	사전투표	사전-당일 중간	당일투표	개 표	최종 결과 발표
*여론 급격한 변화	*임시 투표소 운영 *투표율 조작	*실물표 준비	*투표율 조작	*목표득표율에 따른 전자개표기 개표 실행 *외국인 개표 업무 수행	*결과 수정 시도 *다량의 이상 데이터 발견 *출구 조사 사전 결과 반영

[4단계] 사후처리

언론통제	증거인멸	재판지연	재검표 방해	야당통제
•보도통제 * •시민구속 * •집회 방해 *	•신규 서버 교체 및 훼손 * •빳빳한 투표지 등 이상 투표지 삽입 * •이미지 원본 삭제 * •노트북 증거인멸 *	•6개월 시한 넘김 * •비례대표 재검표 불용 * •소송제기 후보자 취하 유도 *	•사진촬영 방해 * •법관의 이익 충돌 •배춧잎 투표지 등 이상 투표지 감정 방해 *	•부정선거 의혹 제기 정치인 불이익 •야당내 부정선거 은폐

3. 디지털 부정선거를 입증해준 일련의 재검표

　4.15부정선거는 다섯 번의 재검을 거치면서 많은 의문이 해결되어 왔다. 다만 우리가 해커의 지문이라고 부르는 [follow_the_party]에 관해서는 궁금증이 남아있다. 왼쪽에 나타낸 <4.15부정선거 전체 개념도>는 2020년 4월 15일 이후 제기되어온 각종 의혹들 중 이 책에서 주목하고 있는 내용을 골라서 정리한 것이다. 지금까지는 수개표가 아닌 전자개표기로 인하여 일어나는 개표 부정을 디지털 부정선거라고 인식할 수 있는 정도였다.

　그러나 이 책에서 디지털 부정선거라고 지칭하는 것은 영역이 훨씬 확장된 것으로 왼쪽 표에서 별표(*)를 표시한 것은 모두 디지털 부정선거와 관련이 있다고 말할 수 있다. 우리는 조작의 설계, 조작을 실행하기 위한 제도와 정책 정비, 현장 실행, 증거인멸 등 사후처리에서 모두 디지털 부정선거와 관련된 요인이 있음을 주장해 왔다. 2021년 11월에 발간된 『4.15부정선거 비밀이 밝혀지다』(김형철 저)는 우리가 굳이 설명해도 되지 않을 만큼 이와 관련된 여러 주제를 다루어내고 있다. 이 책을 참고하기 바란다.

　여기서는 조작의 설계에 초점을 두고 해설하여 디지털 부정선거에 관련한 의혹을 풀어나간다. 지금까지 제출된 모든 의혹들을 마스터키처럼 풀어줄 열쇠가 조작의 설계도를 복원하는 데 있다고 보고 있기 때문이다.

　이 책에서 초점을 맞춘 '조작의 설계' 관련 소주제는 다음과 같다.

[1단계] 조작의 설계

    (i) 빅데이터 여론조사

    (ii) 반드시 당선 또는 낙선시킬 후보 및 의석수 만족시키는 설계

       (디지털 게리맨더링)

    (iii) 해커의 지문 [follow_the_party] 삽입과 총 비율 최적화

    (iv) 미세 조정 및 총 표수 최적화로 조작 청사진 완성

    (v) 이상의 목표를 실현시킬 컴퓨터 프로그램 완성

총선 직후부터 사단법인 법치와자유민주주의연대(NPK)와 NPK의 목소리 VON뉴스에서는 공학박사 맹주성 이사장의 가설에 따라 투개표 과정에 디지털 프로그램이 사용되었을 가능성을 꾸준히 제기해 왔다. 그후 해커의 지문 [follow_the_party]를 제보해준 로이킴과 '후사장'이라는 필명으로 소개되었던 장영후 산업 프로그래머의 제보를 통해 이러한 디지털 부정선거 설계에 관해서 한 단계 구체적인 접근이 가능해졌다. 그러나 보다 많은 사람들과 이 문제를 공유하기 위한 시도를 하기까지 오랜 시간 재검표를 기다려야 했다. 정상적인 상황이라면 6개월 안에 끝나야 할 선거무효, 당선무효 소송은 좀처럼 진행되지 않았다. 우리는 범법자 입장에서 사후에 증거 인멸 또는 사후 투표용지 조작 단계에서 자신 있게 대응하지 못할 만큼 큰 하자가 있었다고 추정하게 되었다.

이 엄청난 의혹이 검증되는 데 있어 우리에게 필요한 것은 '힘'이었다. 거듭 말하건대 검찰과 경찰, 법원 등이 정치로부터 독립적이고 투명하고 유능하며, 성실하고 진지하다면 우리의 이 작업은 마땅히 공적으로

수행되어야 할 내용이다. 그러나 공적인 영역에서 부정선거를 규명하겠다고 나선 기관은 없었고, 어떤 의혹에 대해서도 진지하게 관심을 가져야 할 제1야당이 아이러니컬하게도 가장 앞자리에 선 방해자였다. 민경욱 전 의원은 심각한 정치적 불이익을 자당으로부터 당해야 했고, 나중에 황교안 후보가 대통령 선거전에 나섰을 때 부정선거에 관한 침묵을 역시 자당으로부터 강요당했다. 당대표와 대통령 후보 경선 과정에서 보여준 불투명성은 그들 자신이 부정선거 공범이라는 의심을 가능케 했다.

만일 유혈을 제외한 모든 방법을 동원해야 한다고 할 때, 부정선거 규명에 나설 공적 주체가 공백인 상황에서 범법자들의 남은 일은 무엇일까? 언론을 통해서 부정선거 문제가 제기되지 않도록 하는 것과, 문제를 제기하는 사람은 누구든 감옥으로 보내는 등 극단적인 방법까지 사용하여 시민들의 표현의 자유를 틀어막는 것, 코로나19 방역 상황을 이용하여 시위의 자유를 막는 것 등이 있을 것이다.

그럼에도 불구하고 이미 존재하고 있는 법을 마치 무법천지가 된 것처럼 무시할 수는 없다. 2021년 6월 28일 시작된 재검표는 지연 작전이 한계에 달했다는 의미가 있을 것이다. 이미 이 정도 지연 작전을 진두지휘했을 김명수 대법원장의 막행은 반드시 기록해 두어야 한다. 증거 인멸의 시간을 충분히 벌어주고, 법정 기한을 8개월이나 넘겨서 시작된 재검표는 단순 계수를 위한 것이 아니었다. 우리가 제기했던 가설은 서버를 통해 일어난 대규모 디지털 범죄를 규명하는 것이었다. 이 디지털 범죄의 증거를 찾는 방법으로서 재검표는 한 가지 과정일 뿐이었다. 여러 후보들의 소송 제기를 통해 투표지를 대거 보존한 민완한 대처는 역시

기록되어야 한다.

첫 재검표가 있던 날, QR코드나 이미징 파일 등 디지털 자료를 통해 확보할 수 있는 증거는 별로 없었다. 우리는 위변조나 인멸이 불가능한 것은 투표지 자체일 것으로 예상했다. 투표지 자체를 완벽하게 처리해 두지 못했을 가능성을 생각했다. 인쇄 전문가가 함께 참관해야 할 필요성을 재차 제기했던 것도 이와 같은 최악의 상황에서 인쇄 상태를 통해 투표지 무결성을 확인하는 길이 유일하게 남아있을 것으로 보았기 때문이다.

역시 이미징 파일의 원본조차 확보할 수 없는 상황이었다. 그럼에도 불구하고 무결성을 인정할 수 없는 투표지들이 속출했고, 그중에서 푸른 색이 남은 채로 겹쳐 인쇄된 이른바 '배춧잎 투표지'의 출현은 대중들의 주목을 받기 시작했다. 도태우 변호사는 재검표가 완료되기 전에 페이스북을 통해 "눈으로 부정선거의 증거를 확인했다"고 언급했다. 우리는 사진 촬영이 금지되었다는 그 푸른색 투표지 이미지 설명을 듣고 그려냈다. 하얀색 몸통에 푸른색 이파리가 붙어있는 배춧잎을 연상시키는 그 투표지를 '배춧잎 투표지'로 명명해서 알렸다. 언론의 거의 완전한 침묵에도 불구하고 우리는 4.15부정선거 규명에 큰 걸음을 떼기 시작했다.

8월에 이어진 경남 양산을의 재검표에서는 몸이 붙은 투표지가 나오는 등 더 이상 검증이 불필요한 이상한 투표지들이 쏟아져 나왔다. 이 상황에서도 언론과 야당의 태도는 바뀌지 않았다. 우리 사회가 처해 있는 비정상성이 부정선거 규명전에서 적나라하게 드러나기 시작했다. 범법자들과 공범단이 우리 사회의 제도권 전체를 장악하고 있다고 해도 틀린 판단이 아닐 것이다. 일각에서는 부정선거가 아니라 선거 부실 또는 부실 관리라는 말로 범법자들을 대신 방어해 주고 있다. 인구 5천만에 경제 강국 선진국을 자랑하는 한국에서 선거의 부실 관리란 그 자체로 부정선거다. 직무유기이며 배임이다.

　요컨대 한국은 건국 이래 최악의 법치 위기 상황에 처해 있다. 6.25 전쟁이 끝난 지 7년 만에, 그것도 겨우 1인당 GDP 100불 내외인 상황에서 일어난 4.19 직전의 3.15 부정선거와는 그 규모와 방법이 크게 다르다. 문제는 부정선거를 대하는 한국인들의 민감도가 그 당시에 비해서도 훨씬 떨어진다는 것이다. 젊은이들조차 굳게 입을 다물고 있다. 배춧잎 투표지로 상징되는 불법 투표지가 무더기로 나온 이상 즉각 형사 사건으로 전환되어야 함에도 불구하고 중앙선거관리위원회를 압수수색하겠다는 수사 당국이 없다. 여기서 우리는 이 사건이 결국 권력 가진 자들이 저지른 국가범죄라는 범주에서 이해되어야 하는 이유를 다시 확인한다. 권순일 대법관 부패 혐의와 조재연 대법관의 법무법인 대륙 아주와의 이익충돌 문제도 결부된다.

4. 새로운 유형의 디지털 부정선거

　우리가 '배춧잎 투표지'를 디지털 부정선거의 증거로 보는 이유는, 중앙선관위가 개표 완료시 발표한 결과 데이터는 프로그램이 개입되어 전산으로 최종 결정한 조작 데이터 값이고, 그 값이 각 지역구 개표 결과 실제 투표지수와 맞지 않을 것이므로 범법자들이 시민들의 대규모

소송전에 제대로 대응할 시간이 모자라 법원 투표지 보전시에 유령 투표지를 대량 급조해 넣었을 것으로 보았기 때문이다. 우리가 4.15총선 디지털 부정선거 모델을 새로운 유형이라고 보는 것도 같은 이유다.

아울러 2002년 전자개표기 도입시부터 끝없이 구설수에 올라왔던 전자개표기 부정 문제도 여전히 살펴야 한다. 말하자면 사전투표율과 득표율로 조작목표값에 도달하지 못할 경우 당일 개표시에 전자개표기를 사용해야 할 필요성이 있었다고 보여진다. 따라서 충남 부여에서 있었던 투표지분류기(이하 전자개표기와 구별 없이 사용) 리셋을 통해 표수의 현격한 변화가 확인된 것은 4.15부정선거 규명전에 있어 매우 의미 있는 사실이다. 이 책에서 주로 다루는 [follow_the_party]의 존재를 입증하는 데 있어서도 부여 전자개표기 리셋 사건은 매우 큰 의미를 갖는다. 리셋이 없었을 시를 가정하여 개표 결과값을 환산했을 때 비로소 [follow_the_party]를 도출할 수 있었기 때문이다.

2017년 제작된 영화 <더 플랜>(The Plan, 김어준 제작)은 투표지분류기의 조작 가능성을 매우 구체적으로 밝힌 적이 있다. 첫째 1% 내외로 발생해야 하는 미분류표가 3.5%에 이른 것과, 전자개표기에서는 문재인 후보가 비슷하게 나왔고, 수개표로 재분류한 미분류표는 박근혜 후보가 훨씬 많이 나왔다며 김어준은 개표 시스템 전체에 물음표를 던졌다. 반대로 전자개표기는 박근혜, 수개표는 문재인 후보가 우세했다면 대규모 소요가 일어났을 것이다. 결과적으로 일종의 '팀킬'이었다.

여기서는 디지털 장비를 사용하여 현실적으로 조작을 하는 실제보다 이 모든 과정이 어떤 방식으로 설계되었는가에 초점이 있지만 설계와 실행, 그리고 선관위 결과 데이터를 묶어 종합적으로 이해해야 디지털 부정선거 전모를 파악할 수 있다고 생각된다. 특별히 이 책은 4.15부정선거는 어떻게 설계되었는가에 관한 의견서이자 일종의 시뮬레이션이다. 우리의 주장에 대해 '가설' 또는 '가설 해설'이라고 명명한 까닭은 앞으로 검증 작업이 오픈되어 있기 때문이다. 우리는 이 책을 통해서 검증의 장을 열고자 한다. 무엇보다 수사기관이나 사법기관에서 수사 및 판결에 참고서로 사용해 주기 바란다.

우리의 작업 과정과 결론에는 어느 정도 '오차' 개념이 필연적으로 포함되어 있다. 로이킴 가설이 등장했을 때 초기 검증에 참여했던 사람들은 이 작업을 정확한 해를 구하는 풀이, 즉 정답풀이(exact solution)로 인식하는 경향이 있었다. 그러나 [follow_the_party] 로직을 포함한 전 과정이 컴퓨터로 계산되고, 또한 결과값은 수천 만의 투표행위와 결부되어 있고, 현장 변수도 있는 것이어서 정답풀이와는 거리가 있는 일이다. 로이킴 자신도 프로듀스 101 사건에서 사용되었던 것과 같은 방정식 도출에 몰두하는 과정에서 비중값 비교도 가능했다고 했지만, 컴퓨터의 세계는 오차 분석(error analysis) 개념을 포함할 수밖에 없다. 다만 그 오차범위가 (±) 3% 내에 있다면 합리적인 해로 간주할 수 있다. 오차 없는 계산값을 기대하고 로이킴과 장영후 가설을 비난하는 것은 수학 공식의 세계와는 또 다른 컴퓨터에 대한 이해 차이라고 본다.

만일 중앙선관위 결과 데이터처럼 우리에게 이근형 전 더불어민주당 전략기획위원장이 말한 대로 빅데이터 결과 원본이 있거나, 자신들이 보정값을 부여하여 만든 253개 지역구 전체 데이터가 있다면 오차 없는 계산이 가능할 수도 있겠다. 우리의 가설과 해설은 전체 데이터 없는 이 근형 요약표와 중앙선관위 결과 데이터, 그리고 다섯 번의 재검표를 통해 본 투표지 상황을 근거로 설계 청사진 복원 작업에 임한 것이다. 거듭 말하건대 오차 가능성은 염두에 두고 보는 것이 옳다. 장영후 프로그래머는 중앙선관위 결과 데이터에서 충남 부여 전자개표기 리셋이 없었다는 것을 가정해서 조정한 데이터 값을 '전술 목표 판세표'라고 부르고 이것이 선거 전 조작 청사진이라고 말했다. 다만, 완전히 일치된다고 단언할 수 없고, 약간의 오차 가능성은 두고 볼 필요가 있다고 유보했다.

우리의 작업은 정성적 분석(qualitative analysis) 단계를 정량적 분석(quantitative analysis)으로 심화시키는 데 있어 로이킴의 비중값 차이 비교 그래프와 해커의 지문 [follow_the_party] 발견을 하나의 가교로 삼고 있다. 따라서 이 작업은 전문가 집단의 토론을 위한 기초 자료를 구축한 것이다. 장영후 프로그래머는 로이킴 가설을 정량적으로 해설하기 위해 많은 노력을 기울였지만 이 작업이 최종 결론이 될 수는 없을 것이다. 이제 공론에서 더 차분하게 다룰 차례다.

5. [follow_the_party]에 관련된 쟁점

해커의 지문 [follow_the_party](당을 따르라)이 세상에 등장한 것은 2020년 5월 21일 민경욱 인천 연수을 후보의 페이스북에서였다.

"프로그래머가 자기만 알아볼 수 있게 배열한 숫자의 배열을 찾아내 2진법으로 푼 뒤 앞에 숫자 0을 붙여서 문자로 변환시켰더니 "FOLLOW-THE-PARTY"라는 구호가 나왔습니다. 우연히 이런 문자 배열이 나올 수 있는 확률을 누가 계산해 주시면 감사하겠습니다. 그 확률이 1/10억보다 낮다면 빙고! 중국과 내통해 희대의 선거부정을 저지른 문재인은 즉각 물러나라!"

부정선거가 있었다면 가장 큰 피해자일 제1야당 미래통합당 인사들이 민후보의 주장을 가장 격렬하게 비난했다. 현역의원 하태경은 민경욱을 출당시켜야 한다고 주장했고, 조선일보는 이런 주장을 그대로 받아썼다. 여러 언론들의 한결 같은 반응은 '허황된 음모론', '아무도 알아들을 수 없는 말'이라는 것이었다. 선거 실패를 인정하고 개표 도중에 대표 자리를 내놓은 황교안 대표의 뒤를 이어 비상대책위원장을 맡게 된 당시 김종인 비상대책위원장은 "강경 보수층에서 이번 총선에 부정선거 의혹을 제기하는 것과 관련해 별로 신빙성을 두지 않는다"고 말했다.

2021년 이준석의 비아냥거림은 훨씬 자주 반복되었다. 여론조사를 통해 당대표가 된 이준석은 "달 착륙 음모론이 50년 간 이어지고 있다"면서 "선거 조작 음모론도 만성질환처럼 지속되면서, 보수에게 매 선거마다 표 손실을 줄 것"이라고 말했고, 심지어 정치생명을 걸기도 했다. 선거 1년이 지난 무렵, 이준석은 "대깨문 1000명만 차단하면 조용해지더라는 이재명 지사의 말에 감명받아 부정쟁이들을 1000명 정도 차단해 볼까 하는 고민이 시작됐다. 그런데 부정쟁이들이 다해 봐야 이제 100명은 되려나."라고 말했다. (2021.4.21. 서울경제) 폴리뉴스는 "미래통합

당이 민경욱을 제명이라도 한다면 계속 하락하는 당 지지율이 2% 정도
는 오를 것"이라고 비아냥거리는 칼럼을 싣기도 했다.

앞장에서 언급했듯 정치인들의 비난은 초기 [follow_the_party] 검
증팀이 정확한 해를 구하는 정답풀이(exact solution)에 몰두하면서 나
온 비판과는 종류가 달랐다. 컴퓨터의 오차 분석 개념을 적용하여 로
이킴 가설과 장영후 해설에 접근했다면 더 많은 사람들이 ±3% 정도
의 오차에 대한 이해를 갖고 열린 마음으로 검증에 참여할 수 있었을
것이다. 이 책은 이 길을 다시 새롭게 열기 위한 자료를 제공하기 위
해 만들었다고 보아도 될 것이다. 따라서 책 본문에 나타난 엑셀자료를
그대로 도표화하면서 생긴 난관을 극복하는 방편으로 우리는 이메일
(vonnewskorea@gmail.com)을 보내는 참여자에게 엑셀 원본 자료를
제공하기로 하였다. 또한 법치와자유민주주의연대 홈페이지(npknet.
org)를 통해서도 자료를 공개할 예정이다. 향후 활발한 연구와 토론을
기대한다.

다만 언론과 정치인들의 비정상적인 비난에 대해서는 반드시 책임을
물어야 한다고 생각한다. [follow_the_party] 개념이 공개된 후 사람들
은 이 구호가 적힌 피켓을 들고 거리에 나오기 시작했다. 미국 외교 관
련 유력지 디플로맷(The Diplomat)은 <한국 정치인, 중국 개입된 부정
선거 주장> 이라는 제목의 기사를 보도했다. 그러나 현역 야당 의원 하
태경은 급기야 민경욱에 "Leave the Party"(당을 떠나라)라는 구호로
더욱 격렬하게 반응했다. "민 의원이 Follow the Party를 수리수리 마수
리 마법의 주문처럼 반복하는 주술 정치를 하고 있다"고 비난했다. "21

대 총선에 중국 해커가 개입해 전산을 조작했고, 전산에 '중국 공산당을 따르라'는 문구를 숨겨 놓았다는 주장을 하고 있다"며 "많은 분들이 괴담에 낚였다고 하는데도 민의원만 모르고 있다"고 말했다.

4.15부정선거 의혹을 규명하는 쪽에서도 반발이 많았고, 범우파 진영에서도 하태경 이준석 수준의 비난으로 일관했다. 앞에서 말했듯 언론은 말할 것도 없었다. 로이킴의 해설에서 나타난 오차 범위 내에 있는 아주 사소한 하자들에 집착하며 일종의 '물어뜯기'가 지속되었다. 그러나 이들의 공통점은 아무도 중앙선관위 결과 데이터를 갖고 계산한 각 지역구 사전투표와 당일투표 백분율 환산값 비교를 통해 나타난 인위적 패턴에 주목하는 사람은 없었다.

로이킴 발견의 중요성은 [follow_the_party]에 있는 것이 아니었다. [follow_the_party]는 우리가 주장하고 규명해온 디지털 부정선거 전체 쟁점에서는 매우 부분적인 것이었다. 하태경 의원이 [follow_the_party]가 아니라 [follow_the_ghost]라고 주장한다거나 문자판은 도출되지만 문장은 나오지 않는다거나 하는 주장은 사실은 디지털 부정선거 자체는 인정하는 꼴이 된다. 옷을 다 만들고 라벨을 달았는데 그 라벨이 샤넬이냐 루이비통이냐 논하는 차원이지 옷의 존재를 부정하는 것은 아닌 것과 같다. 그림의 낙관 모양이 물고기냐 사람이냐 논하는 차원이지 그림 자체를 부정하는 것은 아닌 것과 같이 디지털 부정선거의 몸통은 인정하되 [party]가 아니라 [follow_the_ghost]라는 것인가? 그런데 왜 야당의원으로서 부정선거 의혹 규명을 핍박하고 가로막고 있나? 좀 더 구체적으로 각자 부정선거 인식의 단계를 점검해 보자.

(i) 4.15는 부정선거였나? Yes면 아래로.

(ii) 4.15 디지털 부정선거였나? Yes면 아래로.

(iii) 4.15 디지털 부정선거는 전자개표기 조작에 한정되었나?
No면 아래로.

(iv) 4.15 디지털 부정선거는 중앙 콘트롤 타워와 서버 조작이 있었나?
Yes면 아래로.

(v) 4.15 디지털 부정선거의 첫 단계가 전자개표기 조작이었나?
No면 아래로.

(vi) 4.15 디지털 부정선거는 선거가 시작되기 전 253개 전 지역구 설계
데이터가 있었나? Yes면 아래로.

(vii) 설계 청사진은 빅데이터 분석으로 후보자와 의석 결정에서 마무리
되었나? No면 아래로.

(viii) 당락 후보 결정과 함께 프로그램 설계자의 제작자 표시가 들어가
있었나? Yes면 아래로.

(ix) 제작자 표시는 선거구를 연관짓는 비율을 보정하는 방식으로
253개 지역구 순번을 활용하는 방식으로 설계되었나?
Yes면 아래로.

(x) 253개 개별 선거구를 연관짓는 비율 보정은 더불어민주당 당일
득표율 50% 이상을 기준으로 했나? Yes면 아래로.

(xi) 이와 같은 로직이 프로그래머의 조작 없이 3000만 이상 유권자의
표심을 자연스럽게 반영하는 선거 결과 데이터에서 발견될 수
있거나 그런 전례가 있나? No면 아래로.

(xii) 따라서 비중값 차이 비교 그래프의 존재로 4.15총선은 유령 프로
그래머의 인위적 조작이 들어가 있다는 결론에 이를 수 있나?
Yes면 아래로.

(xiii) 유령 프로그래머는 전체 지역구 253개를 모두 사전투표와 당일
투표 비중값 차이를 기준으로 정렬을 하고, 더불어민주당 50%
득표율 기준으로 양수값과 음수값으로 나누어지도록 비율을 보정
했나? Yes면 아래로.

(xiv) 유령 프로그래머는 해커의 지문을 반드시 [follow_the_party]
라는 16개 문자를 숫자로 치환해서 넣으려고 했나?
No면 (xv), Yes면 (xvi)

(xv) 결론 1: [follow_the_ghost]나 기타 다른 문장일 수도 있고, 문장이
도출 안 될 수도 있다. 반드시 [follow_the_party]가 해커의 지문
이라는 주장은 중국 공산당을 음해하기 위해 만든 괴담이다.

(xvi) 결론 2: 반드시 [follow_the_party]를 삽입하려고 했던 전략적인
의지가 뚜렷하다. 그것은 해커의 실체를 밝혀주는 것이고, 이 부정
선거가 외국 개입임을 보여주는 뚜렷한 증거다. 따라서 우리는
이것을 설계해서 넣은 데이터를 '전략 목표 판세표'라고 부른다.

끝까지 따라 내려와서 (xv)의 결론에 도달하면 하태경 입장이고,
(xvi)의 결론을 내면 로이킴과 장영후 입장이다. 그렇다면 적어도 4.15
부정선거와 디지털 부정선거 존재는 인정해야 어느쪽 결론이든 가능
하다는 얘기가 된다. 독자들 중에는 (i)의 단계에서 벌써 NO이거나 아

예 무관심인 사람들이 여전히 다수다. (ii)부터에 해당하는 부정선거를 인지한 사람들이라고 해서 심각한 디지털 부정선거가 자행되었다고 생각하지는 않는다. 더구나 (vi)단계, 즉 사전에 전국 단위로 설계된 청사진이 완벽하게 있어 최종 표수까지 결정해 놓고 선거를 시작했다고 생각하는 사람들은 더욱 없다. 이제 심각한 디지털 부정선거가 있었고, 그것은 전자개표기 정도의 부정이 아니라 보이지 않는 중앙 콘트롤 타워에 의해 움직이고 있었고, 그들이 사전에 설계된 청사진을 실현하기 위해 사전투표와 당일투표에서 모두 심각하게 관여했고, 최종 개표 과정에서는 결국 전자개표기와 서버에 개입까지 했다고 보는 사람들 중에서도 [follow_the_party]의 존재까지는 수긍하지 않을 수 있다는 얘기다.

이 책의 많은 부분은 최종결론 2를 시뮬레이션하는 내용이다. 4장 장영후 프로그래머의 난해한 설명은 마치 높은 산을 일부러 목발을 짚고 올라가는 것처럼 촘촘하게 진행된다. 이 책을 집어든 독자들이 4장까지 꼼꼼이 읽어내지 못할 수도 있다. 말 그대로 이 책은 독자들이 "4.15총선은 부정선거였다"는 명제에 수긍하면 기본 목표가 달성된다. "4.15총선은 디지털 부정선거였다." 또는 "4.15총선은 사전 설계 청사진이 있는 디지털 부정선거였다." 또는 "4.15총선은 사전 설계도가 들어가 있는 디지털 부정선거였으며, 그 해커는 중국 공산당의 하수인일 가능성이 매우 크다."라는 결론은 이 책의 기본 목적 다음에 부수적으로 나오는 주제일 뿐이다.

로이킴과 장영후 필자의 설명을 납득하지 못한다고 해서 부정선거

주장이 부인되지는 않는다. 말하자면 [follow_the_party]가 납득 안 되므로 부정선거가 아니라는 결론에 이를 수는 없을 것이다. 각 단계마다 고유성을 갖는 명제이므로 부정선거를 부인하려면 위의 각 단계를 일일이 부인해야 할 것이다. 우리는 많은 사람들이 [follow_the_party]를 괴담시하며 곧바로 부정선거를 부인한 입장에 대해 심각하게 반대의사를 표명한다. 선거의 무결성은 신성한 원칙이다. 우리 각자가 나라의 주인됨을 지키는 일이기 때문이다. 선거에 관련된 의혹을 가볍게 여기는 사람들은 무책임하다고 생각한다. 각종 선거 감사제도는 한 점 의혹에도 만전을 기하기 위해 존재하는 것이다. 음모론자, 사기꾼, 코인팔이 등의 온갖 모독을 가한 것에 대해 스스로 돌아보기를 권유한다.

우리는 이 책을 통하여 기본적으로 4.15부정선거에 대한 투명한 규명이 중요하다는 설명을 하고 있다. 무엇보다 해커의 지문 [follow_the_party]에 대해 성실하게 접근하여 얻는 생산성이 매우 크다고 생각한다. IT 강국 한국의 프로그래머들이 [follow_the_party]의 진실성 (authenticity)을 이론의 여지 없이 규명해 낸다면 우리가 권력에 밀려 최종적으로 4.15부정선거 규명에 실패하는 일은 생기지 않을 것이기 때문이다. 2020년 4월 16일 중앙선거관리위원회가 발표한 선거 결과 데이터는 영원히 멸실되지 않는 범법자들의 '엎지러진 물'이다. 우리는 이 데이터에서 조작 패턴을 찾아내고 해커의 제작자 표시도 읽어냈다. 이 세대에서 규명에 실패해도 다음 세대는 반드시 모든 진실을 찾아낼 것이다. 이 책의 작업이 필수불가결한 이유는 여기에 있다.

6. 로이킴과 장영후 가설의 특징

이상의 설명을 통하여 우리는 4.15총
선은 부정선거였고, 또한 심각한 디지
털 부정선거였음에 동의하는 독자들에
게 해커의 지문 검증의 장을 열고자 한
다. 누누히 말하지만 이미 4.15총선이 부
정선거였다거나, 디지털 부정선거였다
거나 이런 결론에 도달하기 위해 해커의
지문 [follow_the_party]까지 이해해야
할 필요는 없다. 선거 1주일 후에 이미
맹주성 박사가 간단한 알고리즘으로 디
지털 게리맨더링이 가능하다는 가설을
제출했다.

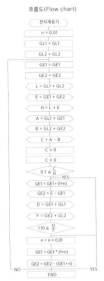

흐름도(Flow chart)

▲ 맹주성 가설 알고리즘

이근형 판세표가 사전에 존재했던 것에서 알 수 있듯 로이킴과 장영후
필자는 이 디지털 게리맨더링 작업이 사전에 선거구 별로 정밀하게 설계
되었고, 더구나 조작 표수를 최소화하기 위한 일종의 최적화 개념이 포함
되어 있음을 밝혀주고 있다. 그리고 제3의 로직이라고 할 수 있는 [follow_
the_party] 설계가 전체 청사진에 포함되어 있었다고 해설해주고 있다. 독
창성을 기준으로 말하자면, 맹주성 가설이 가장 먼저 제시된 디지털 게리
맨더링 알고리즘이라면, 로이킴은 해커의 지문 [follow_the_party] 설계 로
직을 비중값 계산과 그 차이값 비교를 통해 발견해 낸 것이다.

이 과정에서 약간의 이견이 있다면, 로이킴은 자신이 발견한 비중값 차이 그래프가 양수 음수값으로 양분되는 교점이 있는 것에 대해 하나의 게리맨더링 로직으로 인식한 것이다. 게리맨더링이란 선거구를 자당에 유리하게 획정하여 의석수를 늘린 미국 19세기 사건에서 나온 말이다. 디지털 프로그램 조작으로 의석수를 인위적으로 획정하는 것을 게리맨더링으로 부를 수 있다면 맹주성 알고리즘이야 말로 정확하게 디지털 또는 온라인 게리맨더링 알고리즘의 예시라고 할 수 있다.

로이킴은 자신이 발견한 비중값 그래프도 게리맨더링을 입증하는 그래프로 해석했다. 그는 더불어민주당 당일 득표율 50% 이상 지역구가 음수값, 반대로 이하가 양수값으로 나타나는 것은 일정한 '이동값'을 부여하여, 말하자면 남는 표를 옮겨 모자라는 쪽 선거구에 유리한 환경을 만들어준 결과라고 해석했다.

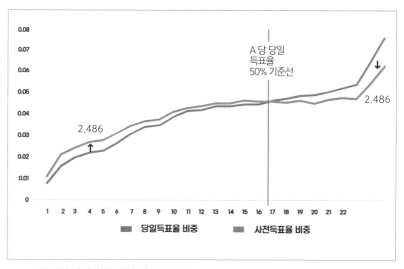

▲ 로이킴 발견 비중 차이 비교 그래프

비중값 그래프에 대한 발견자 로이킴 자신의 해석에 대해 장영후 프로그래머는 이견을 보냈다. 더불어민주당 당일 50%를 기준으로 삼은 것은 약간의 비율 조정을 통해서 [follow_the_party]를 설계해서 넣기 위한 알고리즘이고, 또한 더불어민주당 당일 50%를 기준으로 삼은 것은 매우 안정적인 기준은 맞지만 실제로 253개 선거구를 하나로 정렬하여 [follow_the_party] 를 삽입하기 위해 비율값을 조정한 일종의 설계사양으로 당락에 영향을 주는 수치에는 도달하지 않는다고 분석했다. 장영후 프로그래머는 맹주성 디지털 게리맨더링 알고리즘에 로이킴 [follow_the_party] 삽입 로직을 더하여 하나의 청사진을 완성했다.

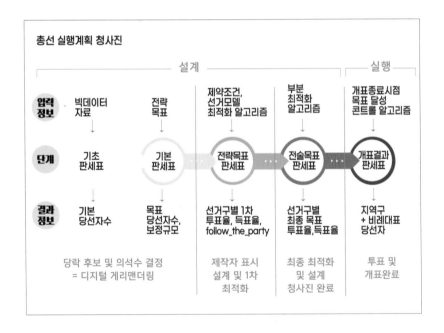

말하자면 정성적 분석을 했던 로이킴 가설은 정량적 분석을 시도했던

장영후 프로그래머의 계산으로 다소 수정될 수 있었다. 그럼에도 불구하고 목표에 영향을 주지 않기 위해 매우 안정적인 기준으로 양분한 것은 로이킴 가설과 맥을 같이 한다. 로이킴 가설이 놓친 부분은 당락 후보 결정을 한, 문자 그대로 게리맨더링은 선거구 별로 개별 설계되었다는 점이다. 로이킴 가설은 이 개별 설계된 253개 지역구를 하나로 엮는 로직을 발견한 데서 출발했는데, 이 로직은 엄밀하게 말해서 당락에 영향을 주는 게리맨더링 로직이 아니라, 당락에 영향을 주지 않고 성공적으로 [follow_the_party]를 설계해 넣기 위해 주의를 기울인 결과라는 해석이다. 장영후 프로그래머가 이것을 '전략'적이라고 부르고 실제로 이 로직이 반영된 데이터를 '전략 목표 판세표'라고 명명한 것은 수긍할 만한 것이다. [follow_the_party]를 넣겠다는 제작자의 의지는 매우 선명해서 전략적 의미가 있는 것으로 판단된다. 장영후 해설은 설계 청사진이 미세하게 디테일까지 조정된 일종의 전술적 목표까지 가해진 치밀한 작업이었다고 해설함으로써 '최적화' 모델을 완성했다.

요컨대 이 책에서 다루는 맹주성 가설은 선거 직후 '실행'에 초점을 맞추어 제출된 일종의 '디지털 게리맨더링' 가설이라면, 장영후 해설은 로이킴이 발견한 [follow_the_party] 로직과, 조작 표수를 줄이기 위한 미세 조정 로직까지 포함해서 종합 정리한 해설이라고 할 수 있다. 따라서, 맹주성 가설을 '디지털 게리맨더링' 가설, 로이킴 가설을 [follow_the_party] 설계 가설, 장영후 해설을 '디지털 최적화' 가설을 포함한 종합적 해설로 분리해서 이해해도 좋다.

문제는 순전히 [follow_the_party]에만 관련된 쟁점을 어떻게 해결하는가이다. 맹주성 가설은 기본적으로 간단한 알고리즘으로 당락을 바꿀 수 있다는 것이므로 '디지털 게리맨더링'에 한정된 것이다. 이 가설은 [follow_the_party] 설계와는 무관할 수 있다. 그러나 [follow_the_party] 설계는 구체적으로 어떻게 부정선거를 실행에 옮겼는지에 관한 시뮬레이션에 있어 여전히 중요하다. 위에서 설명했듯이 이 설계는 전체 253개 선거구가 서로 연결되어 있음을 증명해 준다. 사전 당일 비중 값 차이로 253개 선거구를 한 줄로 정렬한 것이 단지 해커의 지문 설계만을 위한 것이었는지에 관한 물음이다. 기본적으로 이 부분은 앞으로 논쟁을 더 불러들일 것으로 본다. [follow_the_party] 설계에 관한 자세한 설명은 4장을 숙독해 주기 바란다.

쟁점정리 문답

[문 1] 디지털 부정선거 문제를 해석하는 데 있어서 필자들은 전문가적 식견이 있다고 보나?

기본적으로 프로그램을 통해 낙선 지역을 당선 지역으로 바꾸는 일종의 디지털 게리맨더링 가설은 먼저 평생 공과대학에서 연구하고 관련 과목을 가르쳐온 맹주성 박사가 선거 직후 제출했다. 로이킴 장영후 두 필자는 연구자보다 발견자로 보는 것이 적절하고 전문성보다 성실성이 필요한 것이었다. 장영후 필자는 정유회사에서 관련 업무를 해온 현장 전문가로서 로이킴의 [follow_the_party] 로직이 디지털 게리맨더링과 별도로 설계되었으면서도 프로그램의 기본 목표를 훼손하지 않고, 최소한이지만 조작 표수를 줄이는 최적화에 일부 기여했음을 밝혀냈다. 선거 데이터에 인위적인 패턴이 있음을 합리적으로 설명했으므로 함께 연구해 나갈 파트너로서 자격이 충분하다고 판단했다.

요컨대 우리는 다음과 같은 사고 로직에 의해서 파트너십을 형성했다. 첫째, 4.15부정선거에 전산적 개입이 있었다고 합리적으로 의심해 볼 수 있었다. 둘째, 전산적 개입이 있었다면 프로그램이 있었을 것으로 추정할 수 있었다. 셋째, 프로그램이 있었다면 주문한 쪽의 요구사항이 있었을 것이다. 넷째, [follow_the_party]는 주문자의 요구사항과는 별도의 것으로 주문자가 아닌 제작자가 자의적으로 설계해서 삽입한 로직이라고 파악했다. 다섯째, 비중 비교 그래프와 [follow_the_party]를 발견한 로이킴의 신원이 확실했다. 여섯째, 로이킴의 선관위 결과 데이터 분석은 생업과 아무런 관련이 없는 것으로 순수한 호기심과 시민적 책임에 따른 작업이었다. 일곱째, 로이킴의 발견과 가설을 연역적으로 입증해준 장영후 프로그래머의 구체적인 설명이 [follow_the_party]의 진실성을 대변했다. 4.15부정선거 규명에 있어 선거 결과 데이터의 인위적 패턴을 찾아낸 로이킴과 장영후 두 필자의 공적은 아무리 강조해도 지나치지 않을 것으로 보인다.

[문 2] [follow_the_party]에 관한 민경욱 포스팅은 결과적으로 옳은 것으로 입증되었나?

부분적으로 수정할 것이 있지만 중요한 부분은 옳았던 것으로 판단된다. 앞에서 적시한 민경욱 페이스북 포스팅 내용 중에서 일부를 수정하자면 다음과 같다.

첫째, "2진법으로 푼 뒤 앞에 0을 붙여서"는 불필요한 작업이었다. 로이킴이 2진법 코드화를 통해 검색엔진에서 문자를 발견했던 것은 기본적으로 아스키코드에 대한 지식이 없었기 때문이었다. 둘째, 최종적으로 문제의 숫자열을 알파벳으로 변환했을 때 모두 소문자였다. 그리고 기호 "_" 두 개가 띄어쓰기를 대신하여 들어 있었다. 정확히 말하면 [follow_the_party] [follow_the_ghost] 등의 소문자로 된 문장이 추출된다. 민경욱 페이스북에서는 모두 대문자로 표기되어 있는데 의미를 전달하는 데 초점을 두어 대문자로 바꿔 발표했다. 아스키코드는 대소문자를 구분한다. [follow_the_party]만 발견되는 것은 아니라는 비판도 수용할 만하다. 그러나 처음부터 다른 문장도 도출되도록 설계되었는지 불분명하지만 중대한 사실은 앞서 로이킴이 중앙선관위 통계 속에서 [follow_the_party] 도출의 기초가 된 비중값 비교 그래프를 통해 독특한 규칙성을 발견해 낸 것이다. 따라서 로이킴이 '이동값'으로 표현했던 보정(조작) 데이터값에 대해 실물표 이동으로 오해할 소지가 있어 이 책에서 '이동값'이라는 표현은 사용을 자제했다. [follow_the_party] 배열에 관한 해설에서도 더 이상 '주는'(giving) 또는 '받는'(taking) 구간과 같은 용어 대신 상위그룹, 하위그룹 등의 용어만 사용했다.

[문 3] 로이킴은 미국에서 발간된 4.15부정선거 보고서 『Election Fraud South Korea 2020』(Vol.3, 한국어판, p.230)에서 디지털 게

리맨더링이라는 개념을 [follow_the_party]와 연관지었는데 적절한 해설이었나?

로이킴은 위 보고서에서 다음과 같이 기술했다. "21대 총선 더불어민주당 사전선거 비중값(전체 득표율 합에서 각 지역구 득표율을 나눈 값을 비중이라고 말함. - 편집자주)과 당일선거 비중값의 차이를 구해 보았다. 사전비중에서 당일비중을 뺀 그 차이값은 당일선거 50% 득표율을 기준으로 그 이상을 얻은 지역구에서 모두 음수가 나오고, 50% 득표율 이하를 받은 지역구에서 모두 양수가 나왔다. 그리고 50% 득표율 기준 이상 지역구의 비중값 차이를 모두 더하면 (-)2.486, 다른 쪽은 (+)2.486이 나왔다. 즉 50% 득표율을 교점으로 줄어든 양만큼 다른쪽에서 늘어났음을 확인할 수 있다. 당일선거 50% 득표율 교점으로 하여 양수와 음수가 나뉘고 나뉘어진 증감의 양이 같다는 규칙성을 발견한 것이다. 이러한 규칙성을 가지는 것은 가공된 데이터이기 때문이라는 추론을 바탕으로 일종의 프로그램으로 온라인 게리맨더링을 구현한 것으로 추정할 수 있었다."

우리는 오랜 토론을 거쳐 로이킴 해석에 약간의 수정할 점이 있다는 데 합의했다. 비중값 차이 비교를 통해 인위적 패턴을 발견한 것은 매우 가치 있게 평가될 수 있으나, 더불어민주당 당일 득표율 50% 이상을 교점으로 보정 비율 증감의 양이 같도록 설계한 것은 당락 후보를 바꿀 수 있는 일종의 디지털 게리맨더링 로직은 아니라고 본다. 당선 후보와 낙선 후보, 무리를 해서라도 당선시킬 후보와 낙선시킬 후보를 정하는 것은 기본적으로 개별적으로 설계된다. 장영후 필자는 이런 기본 목표를 결정한 것을 '기본 판세표'라는 개념으로 설명한다. 다시 말해서 비중값 차이를 통해 발견한 규칙성은 [follow_the_party] 설계를 위해 253개 전 지역구를 약간의 비율 보정을 통해 정렬했음을 보여준다. 이렇게 정렬된 지역구를 다시 상위그룹과 하위그룹으로 나누어 [follow_the_party]가 도출되도록 규칙성을 부여한 알고리즘으로 파악된다. 다시 말해서 당락에 영향을 끼치는 게리맨더링과 [follow_the_party]는 관련이 있더라도 아주 미미한 수준이다. (4장 [follow_the_party] 도출 과정 참조)

[문 4] 하태경은 격렬하게 반격하며 [follow_the_party]는 괴담이자 사기라는 공식적인 입장문을 냈다. 이에 대해 재반박을 한다면?

하태경 측은 민경욱 측의 [follow_the_party]가 미리 결과를 정해 놓고 중간 과정을 끼워 맞춘 제 2의 프로듀스 101 사건이라고 말했다. 본인들의 공식에서 원하는 결과가 나오지 않자 숫자를 바꿔치기 해서 결과를 맞추었다는 것이다. 조작된 수학 공식으로 부정선거 의혹을 품은 사람들을 현혹하고 대국민 사기극을 벌인 것이라는 입장에서 민경욱 전 의원 측에 "괴담꾼에게 농락당한 것이라면 깨끗이 인정하고 국민 앞에 사과하라"고 말했다. 하태경 의원 측 주장은 로이킴이 발표한 내용을 공식대로 따라가면 [follow_the_ghost]도 나온다고 했다가 한 차례 더 14글자 중에 네 글자(f.h.e.a)만 일치한다는 주장을 했다. 하태경 의원실은 2020년 6월 11일, 이 같은 설명을 보도자료로 배포했고, 같은 입장을 바꾸지 않고 2021년 10월, 국민의힘 대통령 후보를 결정하는 경선전에서도 거듭 천명했다.

'follow the party' 도출과정 조작을 밝힌
하태경 의원실 검증 보고서

[1] 하태경 의원실의 검증 결과, 민경욱 측이 유투브 등을 통해 밝힌 공식대로 계산하면, 'follow the party'가 나오지 않음. 14글자 중 4글자(follow the party)만 일치

[표1] 민경욱 측이 도출한 문자변환표
(https://youtu.be/-J7plsJx03s 유투브 영상 발췌)

문자변환																
	a	n	j	j	l	v	i	q	a	d	a	g	a	o	o	o
	b	o	k	k	m	w	m	r	b	e	b	h	b	p	p	p
	c	p	i	i	n	x	n	s	c	f	c	i	c	q	q	q
	d	q	m	m	o	y	o	i	d	g	d	j	d	r	r	r
	e		n	n		z	p	u	e	h	e	k	e		s	s
	f		o				q	v	f		f	l	f	t		t
	g		p				r	w	g		g	m	g	u	u	u
			q				s	z	h			n	h	v	v	v
							t		i			o	i	w	w	w
							u		j			p	j			x
							v		k			q	k			y
							w					r				g

[표2] 하태경의원실이 민경욱 측 공식대로 검증한 문자변환표
('follow the party' 중 4글자만 일치)

문자변환	1열	2열	3열	4열	5열	6열	7열	8열	9열	10열	11열	12열	13열	14열	15열	16열
	a	a	a	a	d	c	a	a	a	d	a	d	a	a	d	c
	b	b	b	b	e	d	b	b	b	e	b	e	b	b	b	d
	c	c	c	c	f	e	c	c	c	f	c	f	c	c	f	f
	d	d	d	d	g	f	d	d	d	g	d	g	d	d	g	g
	e	e	e	e	h	g	e	e	e	h	e		e	e	h	h
	f	f	f	f	i		f	f	f		f		f	f	i	i
	g	g	g	g	j		g	g	g		g		g	g	j	j
		h		h	k			h					h			k
		i		i	l			i					i			l
		j		j				j					j			m
				k				k					k			n

[표8] 그룹2의 '나눈수' 조작 증거

민경욱 측의 '나눈수' 계산 조작				하태경의원실이 검증한 나눈수 계산			
	그룹	1	2		그룹	1	2
	지역구순번합	924	1,247		지역구순번합	924	1,247
1LINE	나눈수1	10	12	1LINE	나눈수1	10	13
	나눈수2	9	11		나눈수2	9	12
	최소값	92	104		최소값	92	96
	최대값	103	113		최대값	103	104
	그룹	17	18		그룹	17	18
	지역구순번합	1,230	662		지역구순번합	1,230	662
2LINE	나눈수1	13	6	2LINE	나눈수1	13	7
	나눈수2	12	5		나눈수2	12	6
	최소값	95	110		최소값	95	95
	최대값	103	132		최대값	103	110
1LINE과 2LINE의 공통범위		95~103	110~113	1LINE과 2LINE의 공통범위		95~103	96~104

이런 식으로 1그룹부터 32그룹까지의 나눈수와 문자를 도출한 전체 과정은 [표8]과 같다. 표 하단의 노란색 칸에서 보이는 바와 같이 f, h, e, a는 나오지만, 'follow the party'의 나머지 글자들은 나오지 않는다.

민경욱 측은 'follow the party'란 글자가 나오게 하기 위해서 나눈수를 조작했던 것이다.

[표9] 하태경 의원실이 검증한 전체 문자도출과정

	그룹	1	2	3	4	5	6	7	8	9	10	11	12	13	14	15	16
1LINE	지역구순번합	924	1,247	1,128	845	1,292	826	711	652	815	521	939	700	862	666	711	990
	나눈수1	10	13	12	9	13	9	8	7	9	6	10	7	9	7	8	10
	나눈수2	9	12	11	8	12	8	7	6	8	5	9	6	8	6	7	9
	최소값	92	96	94	94	99	92	89	93	95	87	94	100	96	95	89	99
	최대값	103	104	103	106	108	103	102	109	107	104	104	117	108	111	102	110
	그룹	17	18	19	20	21	22	23	24	25	26	27	28	29	30	31	32
2LINE	지역구순번합	1,230	662	955	768	1,003	1,090	757	1,130	567	998	1,128	721	966	1,025	998	666
	나눈수1	13	7	10	8	10	11	8	12	6	6	12	8	10	11	10	7
	나눈수2	12	6	9	7	9	10	7	11	5	5	11	7	9	10	9	6
	최소값	95	95	96	96	100	99	95	94	95	100	94	90	97	93	100	95
	최대값	103	110	106	110	111	109	108	103	113	120	103	103	107	103	111	111
결과값	1,2라인 공통값 범위	95~103	96~104	95~103	96~106	100~108	99~103	95~102	94~103	95~107	100~104	94~103	100~103	97~107	95~103	100~102	99~110
	민경욱 측 주장	102	111	108	108	111	119	0	116	104	101	0	112	97	114	116	121
	문자	f	o	l	l	o	w		t	h	e		p	a	r	t	y
	비논리성	100에 가까운 최소값과 최대값을 구하지 않고 (분홍색 부분), 원하는 문자값이 나오도록 임의의 '나눈수1'과 '나눈수2'로 나눔															

다음은 2020년 6월 당시 하태경 의원 측이 보도자료를 통해 내어놓은 반박 그래픽이다.

하태경 의원실의 이 보도자료는 나중에 전주지방검찰청에서 부정선거 의혹을 제기하는 한 시민을 기소할 때 증거자료로 첨부되기도 했다. 이와 같은 인신공격성 반론은, 첫째 로이킴이 제시한 가설의 중요한 부분, 즉 비중 비교 그래프와 관련된 사실은 모두 무시하거나, 심지어 인정한 바탕 하에서 나온 반박이다. 만약 [follow_the_party] 도출을 가능케 한 그래프를 무시하고 반박했다면 불성실한 것이고, 인정한 바탕에서 반박했다면 "4.15 디지털 부정선거"라는 사실은 인정했고, 해커의 지문 로직에 대해서만 일부 부정한 것이 된다. 둘째, "조작된 수학 공식"으로 사람들을 현혹했다고 표현했는데, 로이킴의 발견과 장영후 해설은 수학 공식과는 관련이 없다. 정답풀이(exact solution)는 말 그대로 문제 풀이하는 세계지만, 로이킴 가설은 기본적으로 컴퓨터 프로그램이 개입된 세계를 설명하는 것이다. 말하자면 오차 또는 오류 분석(error analysis)이 필연적으로 인정되어야 한다. 로이킴이 처음에 내놓은 방정식이 항등식이라느니 하는 비판도 마찬가지로 디지털 부정선거 가설은 컴퓨터가 접근하는 근사해(approximate solution)라는 사실에 대한 이해가 부족했던 것으로 보인다.

로이킴은 "처음에 프로듀스 101에서 찾아진 것과 같은 정확한 해답이 나오는 식을 찾으려고 노력했던 것은 사실이나, 이 식을 추구하는 과정에서 독특한 비율을 찾아낸 것이었다."고 말했다. 로이킴은 하태경 류의 맹렬한 인신공격에 대해 "더불어민주당 당일 득표율 50%를 기준점으로 해서 미만인 구간과 이상인 구간으로 구분하여 더불어민주당의 사전득표율 비중과 당일 득표율 비중의 차이값을 각각 구하고 구한 두 개의 값을 더하였을 때 그 값이 0(zero)가 될 확률이 얼마인지" 물었지만 답이 없었다고 말했다. 로이킴의 이 질문은 문자 테이블에서 정확히 어떤 단어나 문장이 나왔는지가 본질이 아니라는 뜻이다. 전국 1번 종로에서 253번 서귀포 지역구의 순번을 어떤 규칙에 따라 줄을 세웠는지, 또 그런 규칙이 등장하는 것이 왜 인위적인 조작의 산물인지에 대해서는 물어보려 하지 않았고 어떤 면에서는 쉽게 양해될 수 있는 미미한 오류를 내세워 본질을 흐리는 이유를 모르겠다고 말했다. 컴퓨터의 세계에서 대략 ±3% 내외의 오차는 참으로 인정된다.

[문 5] 개표 당시 부여에서 전자개표기가 한 차례 리셋된 것은 [follow_the_party] 입증과 어떻게 연관이 되나?

투표지분류기라고 불리는 전자개표기는 김대중 대통령 재임기였던 2002년 6월 13일 전국 동시 지방선거 때 처음 도입되었다. 전자개표기는 도입 당시부터 2020년 총선에 이르기까지 끝없는 논란의 대상이 되어왔다. 영화 <더 플랜(The Plan)>은 전자개표기 부정이 간단한 USB 삽입으로도 가능하다는 것을 시연하며 보여주기도 했다. 통신이 연결되어 있지 않아도 USB 삽입 등의 방법으로 간단하게 부정 분류되도록 셋팅할 수 있다는 주장이었다. 2020년 4.15총선 충남 부여 개표 과정에서 참관인들이 표가 잘못 분류되는 것을 보고 개표 중단을 요구하여 리셋 후 재분류했을 때 더불어민주당 후보가 앞섰던 결과가 뒤바뀌었다.

구분	더불어민주당	미래통합당
재검표 전	180 표	80 표
재검표 후	159 표	170 표

전자개표기와 수개표가 현격한 차이를 내는 것은 전자개표기의 문제를 다시금 제기하는 것일 수 있다. 이렇게 전자개표기 리셋으로 표수가 바뀐 상황이 일어나지 않았다고 가정하고 재검표 전의 설계된 비율로 끝까지 개표가 완료되었다고 했을 때의 결과치로 바꾸어서 지역구 순번 정렬을 다시 했을 때 [follow_the_party]가 도출되었다. 이 책의 4장에서 자세히 설명되었다. 기본적으로 로이킴은 시행착오 방식으로 패턴을 더듬어 가면서 문장을 완성했던 것이다. 장영후 프로그래머는 로이킴의 이런 방식의 발견을 '사기'라고 몰아붙이는 것은 부당하다고 말한다. 두 지역구에서 다소 이질적인 데이터가 등장하는데, 한 곳이 충남 부여, 다른 한 곳은 울산 동구다. 애초에 작성했던 설계 청사진이 개표 과정에서 어떤 이유로 왜곡되었을 수 있는데 로이킴은 이런 왜곡을 합리적 추론에 따라 교정해 가며 [follow_the_party]를 완성시킨 것으로 보인다고 말했다. 이런 상황은 의미 있는 시도로 이해할 수 있다.

[문 6] 4.15 디지털 부정선거 설계 청사진은 어떤 방식으로 실현되어 선관위 발표 결과 데이터로 나타났다고 보는가?

우선 디지털 부정선거를 정의하면 투개표 과정에 컴퓨터 프로그램이 개입되었다는 것이 가장 간단한 설명이다. 이 책에서는 선거 직후 맹주성 박사의 직관을 담은 설명을 하나의 가설로서 수록했다. 물론 투표지 분류기를 부정하게 사용하는 것도 디지털 부정선거의 한 유형이라고 할 수 있다. 로이킴과 장영후 필자의 해설은 투개표 과정에서 컴퓨터 프로그램이 활용되었을 뿐 아니라 선거가 시작되기 전에 이미 알고리즘이 적용된 조작 선거 설계 청사진이 완비되어 있었고, 그 데이터 값에는 [follow_the_party] 로직이 적용되어 있었다고 말한다. 전수 조사에 가까운 철저한 민심 파악, 즉 빅데이터 조사를 통하여 사전에 전국 선거 판세를 조사하고, 목표 의석과 반드시 당선시켜야 할 후보, 반드시 낙선시켜야 할 후보, 선거비용 보전을 위한 최소 득표율 등의 제약조건이 반영된 표 계산이 미리 되어 있었다는 의견을 제시하고 있다. 마침 선거 직후 여당 전략기획위원장을 맡았던 이근형 씨가 자신의 페이스북을 통해 선거 전 판세표 요약본을 공개했으므로 이러한 추정이 가능했다. 당락 후보 결정은 이미 기본 판세표에서 이루어졌고, 전략 목표 판세표는 [follow_the_party] 로직이 적용된 것이고, 여기에 인구수 등을 고려한 미세 조정이 이루어져서 전술 목표 판세표로 명명한 최종 설계도가 나온 것이다. 이 설계도를 중앙 콘트롤 타워를 통해 현실화시킨 것이 투개표 과정이고, 그 결과물이 중앙선관위가 홈페이지를 통해 발표한 선거 결과 판세표라는 설명이다.

[문 7] 더불어민주당이 253개 전 지역구에 후보를 낸 것도 [follow_the_party] 설계와 관련되어 있는가?

더불어민주당 등 어떤 정당도 전국 전 지역구에 후보를 낸 것은 선례를 찾기 어렵다. 더불어민주당이 2016년 20대 총선은 253개중 234개 (92%), 19대는 246개중 209개(80%), 17대는 243개중 181개(74%) 지역구에서 후보자를 낸 것에 비해 2021년 21대 총선은 253개중 253개 (100%) 국회의원 후보자를 냈다. 100% 후보자 배출은 초유의 일이다. 이와 같은 상황은 우연의 일치로 보이지 않는다. 외부에 드러나지 않게 최대한 은밀하게 설계 청사진을 실현하기 위해서 실행의 편의상 사전투표율과 사전득표율 조작으로 목표 수치에 접근해야 했으므로 한 지역이라도 제외되면 전체 투표 경향에 의혹이 제기될 수 있다. 비례대표 득표수를 확보하는 데도 유리하고, [follow_the_party] 로직 설계를 위해서 253개 선거구가 일정한 규칙 속에서 정렬되므로 또한 전 지역구가 필요했을 수 있다. 전 지역구에서 후보가 배출되지 못하는 기본적인 이유는 당선 가능성이 없는 지역은 선거 비용 마련의 어려움이 있기 때문이다. 그러나 지난 21대 총선에서 더불어민주당은 전국 252개 지역구에서 선거비 전액을 보전받았다. 모두 최하 15% 이상의 득표율을 획득한 것이다. 반액을 보전받은 경주조차 0.2% 정도 미달일 뿐이었다. 이런 일은 한국 헌정 사상 처음 발견되는 이변으로 분류할 수 있다. 따라서 이런 현상도 디지털 부정선거의 한 양상으로 추정되는데 향후 조사가 더 필요하다.

[문 8] 재검표를 했을 때 '배춧잎 투표지' '화살표 투표지' '몸 붙은 투표지' 등이 대량 발견되는 이유는 디지털 부정선거와 관련이 있나?

인천 연수을 민경욱 후보 재검표가 있었던 2021년 6월 28일 다음

날 발견된 '배춧잎 투표지'는 우리가 명명한 것이다. 우리는 2020년 4월 21일경부터 본격적으로 디지털 부정선거 의혹을 제기하고, [follow_the_party]에 대해서도 검증해 왔으므로 부정선거 실행 모델에 대해서도 어느 정도 설명해왔다. 만일 우리의 가설대로 사전 설계된 통계표를 현장에서 실현해 나가는 방식으로 투개표를 진행했다면 사전투표율과 사전득표율 조작이 주된 방법이었을 것이고, 당일 투개표 과정에서는 부정이 있다 해도 최소한일 것이므로 사전투표 조작이 주종이었을 것으로 예측한 것이다.

미리 당락에 필요한 표가 계산되어 있었다면 사전에 필요한 표를 준비하는 과정은 비교적 간단했을 수 있다. 우편투표에서 여러 가지 의혹이 제기된 것도 같은 맥락이다. 그러나 사전 통계 청사진을 실물 투표지가 온전하게 따라잡는 것은 간단한 일이 아닐 것이고, 실제로 당락이 확정된 이후에 개표는 참관도 철저하지 못하고 실제로 형식적인 절차에 불과했을 것으로 보았다. 최종적으로 발표된 중앙선관위 통계에 실물표를 온전히 부합시키는 작업은 마무리 못했을 것으로 본 것이다. 실제로 선거 직후부터 의혹이 쏟아졌고 본격적으로 선거무효 당선무효 소송에 들어갔으므로 법원 투표지 보전에 들어가는 대개 1주일에서 한 달 사이 중앙선관위 통계와 실물표를 맞추는 작업을 마쳐야 하는데 물리적으로 매우 어려운 작업이 될 수밖에 없다. 따라서 투표지 보전이 된 곳은 따로 법원 잠금장치를 풀고 들어가서 바꿔치기하지 않는 이상 절대적 시간 부족으로 급조된 투표지를 투입했을 것으로 추정했다.

배춧잎 투표지 등의 발견은 우리의 이러한 추정을 입증해주는 일련의 과정이다. 법원에 투표지가 보전된 곳은 모두 이런 이상 투표지가 발견될 수밖에 없다고 본다. 영등포을처럼 심지어 법원 잠금장치에 손을 댄 흔적이 보이는 곳도 있었는데 그렇다고 해서 완전한 증거 조작은 쉽지 않았을 것으로 본다. 요컨대 배춧잎 투표지 등의 이상 투표지는 선거가 끝난 사후에 조작된 것이 주종이고, 그밖에 빳빳한 투표지 등은 사전투표 후 실물 투표지를 준비하는 과정에서 들어간 것들로 추정한다.

[문 9] 더불어민주당이 사전투표에서 압승한 이유가 디지털 부정선거와 어떻게 관련되어 있나?

4.15 디지털 부정선거 모델이란 사전에 빅데이터 조사를 통해 이길 지역구와 질 지역구를 예측하고, 반드시 당선시킬 후보, 반드시 낙선시킬 후보까지 확정한 후, 조작표수를 최대한 줄이는 일종의 최적화에 프로그래머의 지문같은 로직까지 넣은 것으로 규정했다. 이를 실행함에 있어 가장 중요한 방법은 사전투표율을 전반적으로 10% 이상 높이고, 이에 상응하여 경합 지역을 당선 지역으로 바꾸는 방법을 쓴 것으로 추정한다. 이렇게 되면 최종 투개표 전에 우편투표 등으로 실물표를 준비하여 개표 과정에서 조작해야 할 필요를 최소한도로 줄여 발각 우려를 줄일 수도 있기 때문이다. 21대 총선은 사전투표율이 26.69%로 20대 총선 12.19%에 비해 14.5%가 높아졌을 뿐 아니라 2013년 첫 도입시 4.9%에 비하면 무려 5배가 넘는 수치다. 무엇보다 21대 총선에서

더불어민주당은 압도적으로 사전투표에 힘입어 180석을 확보할 수 있었다. 사전투표율과 사전득표율 조작이 부정선거의 주된 방법이라고 보는 이유이기도 하다. 사전투표율과 사전득표율 조작은 처음이 아니었을 수 있다. CCTV 금지, QR코드 고집 등의 비정상적인 행태가 이를 뒷받침한다. 코로나 상황에서 역대로 높은 투표율이 나타난 것도 조작된 투표율의 결과일 수 있다. 전주시 완산구 삼천3동 관내사전 투표 인수보다 10매나 더 많은 투표지수가 나온 경우, 출입이 자유롭지 않은 민통선 지역인 파주시 진동면 사전투표소에 타 지역에서 와서 사전투표를 한 유권자가 70명이나 된 경우, 부천 신중동과 같이 1~4초마다 한 사람씩 투표한 것으로 집계되는 상황도 모두 이와 같은 조작의 결과로 추정된다.

[문 10] 더불어민주당이 비례대표를 포함하여 뚜렷이 180석을 목표로 했다고 보는 이유는?

2012년 5월 개정된 국회법, 즉 국회선진화법은 일명 몸싸움 방지법이다. 법을 원활하게 통과시키기 위해서는 여야 합의와 교차 투표를 통하여 5분의 3, 즉 180석 이상의 여야 공동의 다수를 형성하라는 취지를 담고 있어 300석 중 5분의 3이 확보되지 않으면 야당과 합의 없이는 법제정이 용이치 않다. 자매정당 더불어시민당 비례대표 의석을 17석으로 맞춘 정황이 드러나는 것을 보면 설계 당시부터 180석으로 고정한 것으로 추정된다. 선거 전에 180석 달성 운운한 인사들이 유시민 전 의원을 비롯해서 여러 명이 있었던 것을 보았을 때 확실히

180석이라는 숫자는 목표 의석수로서 유의미한 것으로 보인다.

이 책의 4장 장영후 해설에서 비례대표 장을 따로 마련했던 것은 유독 비례표에 관해서는 재판 진행이 더욱 완강히 거절되고 있기 때문이다. 단 한 번의 재검표도 이루어지지 않았다. 법원 보전 당시에도 비례표 열람 자체를 완강히 거부했던 선관위 측의 움직임을 보았을 때, 우선 비례표에 관해서도 심각한 조작이 있었던 것으로 추정된다. 무효표가 대량으로 쏟아져 나온 것도 문제적이고, 심각한 교차투표 상황이 부정선거 의혹을 증폭시켰음에도 불구하고 여당측에서 비례표는 도리어 줄여 의석수가 180석 이상까지 늘어나는 상황은 피하려는 의사를 분명히 보이고 있다. 비례표에 관한 조작은 강성 우파 정당의 원내 진출을 막고, 여당의 의석 조정 등에 관련되어 있는 것으로 보인다. 연동형 비례 대표제로 인해 전례 없이 길어진 비례투표지 급조는 쉽지 않았을 것이므로 비례 재검표는 요원한 일로 보인다.

02

4.15총선의
통계학적 이상성에 대한
공학적 해설

02 가설 1

4.15총선의 통계학적 이상성에 대한 공학적 해설

맹주성[*]

[편집자주] 2020년 10월 29일 맹주성 박사의 '부정선거 알파와 오메가' 영상을 녹취하여 편집한 글이다. 맹주성 박사는 공학박사의 전문적 식견을 갖고 4.15부정선거는 온라인 디지털 부정선거와 오프라인 아날로그 부정선거가 결합된 초유의 조직범죄였음을 설명해내고 있다. 2020년 4월 24일 '프로그래밍으로 보는 21대 총선 부정의 개연성' 영상 내용 일부도 들어 있다.

4.15총선결과가 발표되었을 때 필자가 눈여겨 본 것은 사전투표와 당일투표의 결과가 지금까지 있었던 다른 선거 결과와는 현저하게 달랐다는 것이다. 사전투표의 결과를 제외한 당일투표 결과에서 지역구의 경우 더불어민주당은 123석, 미래통합당은 124석에서 승리하였지만

---

* 프랑스 ENSEEIHT대학에서 석사와 박사학위를 취득하고 33년간 한양대학교 공과대학 기계공학과 교수로 재직했다. 한양대학교 교무처장과 대학원장을 역임했고 2012년부터 명예교수로 있다. 4.15총선이 디지털 알고리즘 기술을 활용한 부정선거일 가능성을 주시하며 부정선거 진상 규명 작업에 앞장서 왔다.

사전투표 결과를 합산했을 때 더불어민주당은 163석, 미래통합당은 84석을 얻는데 그쳤다. 사전투표에서 미래통합당이 40석을 빼앗긴 결과를 가져온 것이다.

4.15총선 개표결과가 발표된 후 전 통계학회 회장이었던 박성현 서울대 명예교수, 박영아 명지대 물리학과 교수 등은 중앙선거관리위원회가 발표한 결과의 수치가 인위적 통계일 가능성을 강력하게 주장했다. 필자는 여기에 덧붙여 공학자의 관점에서 전산상 어떤 문제가 있었는지, 통계학자들이 발견한 선거 결과 수치의 이상성에 대해 공학자의 입장에서 어떻게 저런 결과가 도출되었는지를 설명해 보려 한다.

오프라인 선거와 온라인 집계 차이점

현행 선거제도가 이루어지는 과정을 필자는 둘로 구분했다. 먼저 유권자들이 현실세계에서 투표소를 찾아 투표하고 투표지가 담긴 투표함을 열어 개표하고 계수하는 것을 오프라인 선거, 개표한 결과가 전산상으로 집계되고 그 결과를 토대로 당선자를 발표하는 것을 온라인 집계라 명명하기로 한다. 오프라인 선거의 결과는 온라인 집계를 통해 집계되고 발표된다. 온라인 집계는 모든 과정이 컴퓨터에 의해 관리되기 때문에 프로그램의 개입이 가능하다.

오프라인 선거의 결과를 온라인 집계로 넘기는 과정에서 불순한 의도를 가진 특정 세력이 프로그램을 통해 오프라인 선거 결과를 왜곡할 수 있다는 것이다. 어떤 목표치를 설정해 결과로 만드는 프로그램을 설계해 온라인 집계에 개입했다면 오프라인 선거는 단순히 선거 데이터를 온라인으로 넘겨주는 역할만 할 뿐 선거 결과에 영향을 미치지 못한다. 만약 더불어민주당이 180석의 의석이 필요하다면 몇 줄의 명령어로 오프라인 선거 결과를 왜곡할 수 있는 것이다.

최대한 쉬운 설명을 위해 중학교 수준의 간단한 가상 프로그램을 만들어 보기로 한다. 들어가기 앞서 필자가 후술할 프로그램의 로직이 이번 선거에 반드시 사용되었다는 것은 아니다. 하지만 지금 단계에서는 이번 선거 결과의 통계적 이상성을 설명하기에는 충분하다.

프로그램 로직이 발견되는 선거

프로그래머가 프로그램을 설계하기 전에 선행하는 과정, 로직(logic)을 설계한다. 이 과정은 프로그램 실행을 위한 논리적인 흐름도를 만드는 것인데 글을 쓰기 전 구성안, 건축하기 전 설계도 정도로 생각하면 된다. 흔히 로직은 플로우 차트(flow chart)로 표현된다. 아래 표에 표현되었듯 선거구, 당일득표수, 사전득표수, 총 투표수 등을 컴퓨터가 인식할 수 있는 기호로 정의(define)한다. 253개 선거구는 각 고유 선거구 번호에 따라 정의하는데 현재 선관위의 분류대로 종로구를 1로, 마지막 서귀포시를 253으로 정의해 보겠다.

가설

1. 4.15총선 선관위 발표자료 통계분석 표준편차 히스토그램(histogram)은 인위적 조작 없이 존재하지 않는다.

2. 컴퓨터는 시스템 설계에 따라 숫자 조작 프로그램을 적용시킬 수 있다.

3. 조작 프로그램은 서버와 전자개표기용 두 개가 사용되었다.

조작 프로그램 로직

아래 그림은 보정값(n)을 사용하는 프로그램의 로직 흐름도이다. 각 계각층 독자들이 조작의 원리를 쉽게 이해할 수 있도록 최대한 단순화 하였다. 예를들면 다자 경쟁 전체를 다루는 것이 아니라 유력정당 두 후보만을 대상으로 한다.

물론 조작 프로그램을 다자 경쟁에 적용할 경우에 기타 정당, 무소속 후보가 당선 유력자로 예상되는 지역에는 보정값 [n=0]을 적용시키면 득표수에 변화를 주지 않는다.

<table>
<tr><td>Element</td><td>첫째, 선거구 고유번호</td></tr>
<tr><td></td><td>종로구 : 1 투표소 1-1, 1-2, …</td></tr>
<tr><td></td><td>중구   2 : 투표소 2-1, 2-2,…</td></tr>
<tr><td></td><td>…</td></tr>
<tr><td></td><td>제주 : 253 투표소 253-1, 253-2, …</td></tr>
<tr><td></td><td>둘째, 투표</td></tr>
<tr><td></td><td>당일투표(Local Vote) : L1, L2, …, L253</td></tr>
<tr><td></td><td>투표소 : L11, L22,…</td></tr>
<tr><td></td><td>사전투표(Early Vote) : E11, E22, …, E253</td></tr>
<tr><td></td><td>투표소 : E11, E22, …</td></tr>
<tr><td></td><td>셋째, 득표수</td></tr>
<tr><td></td><td>1번후보   당일투표 : GL1</td></tr>
<tr><td></td><td>투표소별 : GL11, GL12,…</td></tr>
<tr><td></td><td>사전투표 : GE1</td></tr>
<tr><td></td><td>투표소별 : GE11, GE12,…</td></tr>
<tr><td></td><td>2번후보 당일투표 : GL2</td></tr>
<tr><td></td><td>투표소별 : GL21, GL22,…</td></tr>
<tr><td></td><td>사전투표 : GI2</td></tr>
<tr><td>Reading</td><td>득표수 : L1, L2, E1, E2, GL1, GE1, GL2, GE2</td></tr>
<tr><td></td><td>고유번호 : 1,2,…,253</td></tr>
<tr><td></td><td>보정값 : n</td></tr>
</table>

흐름도(Flow chart)

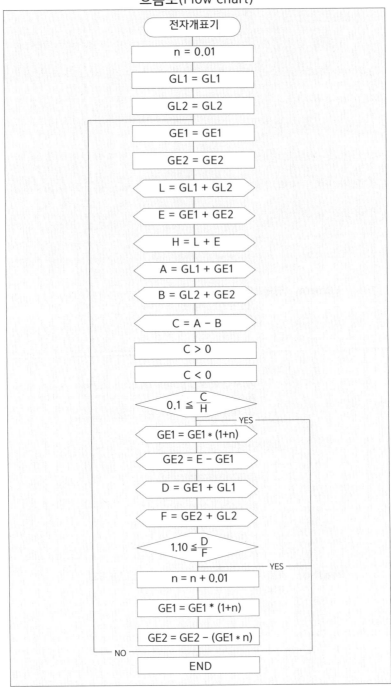

전자개표기

n = 0.01

GL1 = GL1

GL2 = GL2

GE1 = GE1

GE2 = GE2

L = GL1 + GL2

E = GE1 + GE2

H = L + E

A = GL1 + GE1

B = GL2 + GE2

C = A − B

C > 0

C < 0

$0.1 \leq \dfrac{C}{H}$

YES

GE1 = GE1 * (1+n)

GE2 = E − GE1

D = GE1 + GL1

F = GE2 + GL2

$1.10 \leq \dfrac{D}{F}$

YES

n = n + 0.01

GE1 = GE1 * (1+n)

GE2 = GE2 − (GE1 * n)

NO

END

이런 로직이 반복되면 통계학자들이 말한 서울, 경기 지역 통계의 유사성이 나타나게 된다. 전국적 단위에서 결정값이 같다면 유사한 패턴이 나타날 수밖에 없다. 히스토그램의 특이성은 이런 프로그램 조작이 있었다는 것을 방증하고 있는 것이다.

사전투표 득표수를 조작했다고 추론한 이유는 미래통합당이 당일투표에서는 이기고 있었는데 사전투표함이 개봉되면서 결과가 뒤집혔기 때문이다. 서울·경기·인천의 더불어민주당과 미래통합당의 득표율이 모두 63:36라는 같은 패턴의 비율이 나온 것도 역시 조작 값이 유사했기 때문이라고 생각한다.

전체적으로 필자는 이번 부정선거는 세 차례에 걸쳐 조작이 있었다고 생각한다. 1차 조작은 빅데이터를 통해 얻은 정보를 통해 사전투표에서 이루어졌을 가능성이 크다. 사전투표 용지 채우기, 바꿔치기 등 사전 조사를 통해 얻은 정보를 이용해 필요한 표를 채워 넣었을 것으로 본다. 빵 상자에 담긴 투표용지, 봉인함이 훼손된 사전투표함 등이 이를 방증한다.

보다 더 중요한 증거는 사전투표의 주요 방법 중 하나인 우편투표에서 대규모의 이상성이 발견되었는데 관외사전투표지 2,724,653장을 전수 조사한 결과 110만표에서 이상성이 발견되었다. 그 이상성은 표현할 수 없을 정도로 기상천외했다. 기표된 투표지가 든 우편물은 반드시 선관위 직원이 수령해야 함에도 깨씨, 들씨 등 국적을 알 수 없는 사람들이 수령했고, 교통이 불편한 외딴 섬 울릉도, 민간인 통제선 안에 위치한 진동면 같은 지리적 제약을 가진 곳에서 적게는 수십, 많게는 수

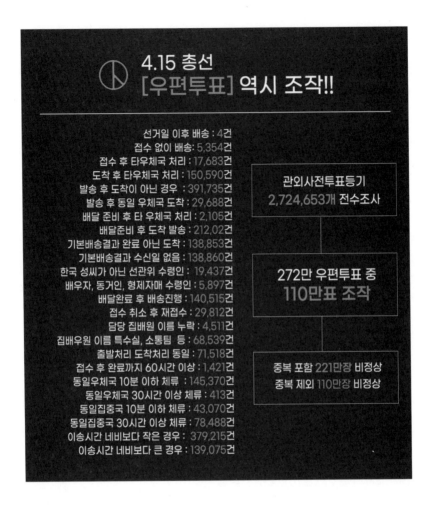

4.15 총선
[우편투표] 역시 조작!!

선거일 이후 배송 : 4건
접수 없이 배송 : 5,354건
접수 후 타우체국 처리 : 17,683건
도착 후 타우체국 처리 : 150,590건
발송 후 도착이 아닌 경우 : 391,735건
발송 후 동일 우체국 도착 : 29,688건
배달 준비 후 타 우체국 처리 : 2,105건
배달준비 후 도착 발송 : 212,02건
기본배송결과 완료 아닌 도착 : 138,853건
기본배송결과 수신일 없음 : 138,860건
한국 성씨가 아닌 선관위 수령인 : 19,437건
배우자, 동거인, 형제자매 수령인 : 5,897건
배달완료 후 배송진행 : 140,515건
접수 취소 후 재접수 : 29,812건
담당 집배원 이름 누락 : 4,511건
집배우원 이름 특수실, 소통팀 등 : 68,539건
출발처리 도착처리 동일 : 71,518건
접수 후 완료까지 60시간 이상 : 1,421건
동일우체국 10분 이하 체류 : 145,370건
동일우체국 30시간 이상 체류 : 413건
동일집중국 10분 이하 체류 : 43,070건
동일집중국 30시간 이상 체류 : 78,488건
이송시간 네비보다 작은 경우 : 379,215건
이송시간 네비보다 큰 경우 : 139,075건

관외사전투표등기
2,724,653개 전수조사

272만 우편투표 중
110만표 조작

중복 포함 221만장 비정상
중복 제외 110만장 비정상

백의 관내외사전투표가 이루어졌는데 이것은 전산을 통한 조작이라는 의심을 강하게 만들었다.

한 시민의 조사에서도 역시 빅데이터를 통한 조작의 정황을 볼 수 있었다. 그는 통계청의 주민등록 시스템과 행정안전부의 거주자 데이터를 통해 거소불명자, 군 입대자 등 투표할 수 없는 사람들이 투표한 것이 약 110만표라는 것을 발견하였다. 이것은 박주현 변호사가 조사한 것과 거의 일치한다. 여기서 필자는 이 110만표가 소위 빅데이터를 통해 거동이 불편한 노년층 혹은 장기 입원 환자, 교도소 입소자, 사망자 등 투표를 할 수 없는 사람들의 정보를 입수해 만들어 낸 유령투표라는 강한 의혹을 갖게 되었다.

앞에 필자가 제시한 표를 보면 조작된 A당 사전득표수 [$T_1 = T_1 \times (1+n)$]의 n은 가중치 값이다. 더불어민주당 전 전략기획위원장 이근형이 페이스북에서 자신들이 예측한 것과 일치하는 선거결과를 자랑하며 제시한 보정값이 바로 이것이다. 이 보정값을 프로그램에 입력해 조작했기 때문에 똑같은 결과를 얻어 낸 것이다. 즉 빅데이터를 통해 얻은 정보로 이 보정값을 계산해 내고 이것을 토대로 180석을 목표로 하는 프로그램을 만들어 낸 것이라 추측한다.

1차 조작 이후, 당일투표에서의 2차 조작은 미세 조작으로 전자 투표지 분류기를 통해 이루어진 것으로 보인다. 위에서 설명한 로직과 유사한 프로그램에서 계산된 숫자를 맞추기 위한 조정값이 서버에서 전자 분류기로 보내졌고 전자 분류기는 서버의 명령에 따라 실행된 것으로 예상된다. 실제로 전자 분류기의 오류가 잡힌 영상은 SNS 플랫폼에 수두룩하다. 통계학자들이 개표결과 수치의 이상성을 말했을 때 아무도 컴퓨터에 의한 전산 조작에 대해 의심하지 않았지만 필자는 전산 조작으로만 가능한 통계결과라고 생각했다.

그 후 이런 전산 조작의 가능성들이 여러 사람들에 의해 제기되었다. IBM에서 오랜 기간 컴퓨터시스템 설계 담당자로 있었던 벤자민 윌커슨 씨는 구리선관위의 전자개표기에서 임베디드 시스템(embedded system)의 흔적을 발견하였다고 주장하였다. 임베디드 시스템은 일반적 CPU와는 달리 특정 목적을 수행하는 프로그램 코드를 작성하여 메모리에 기록하고 이를 동작시키는 방식이다. 이것은 선거 조작을 목적으로 설계된 프로그램을 수행하기 위해 숨겨져 있었을 가능성이 있다.

중앙선관위 시연 투표지분류기 내부   구리선관위 시연 투표지분류기 내부

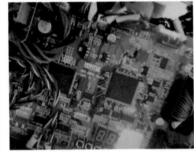 

윌커슨 씨는 그 뿐 아니라 4개의 USB포트와 외부 PC와 연결하는 단자를 통해 외부와 통신할 수 있는 기능까지 갖추고 있는 것을 발견하였다. 전자개표기에 딸린 USB포트에 무엇을 연결하느냐에 따라 무선통신, 특정 프로그램 수행, 해킹 등 다양한 외부 명령이 가능하기에 조작도 쉽게 이루어질 수 있다. 외국의 해킹 프로그램이 쉽게 들어올 수 있는 여지마저 있었던 것이다. 윌커슨 씨에 따르면 중앙선관위가 시연한 전자개표기의 하드웨어 설계시스템은 일부러 외부 프로그램에 의해 조작이 쉬운 구조로 설계되어 있었고, 그 조작의 증거가 남지 않는 설계였다고 한다. 자일링스 데이터 분산 시스템은 해커가 특정한 목적을

임베디드 시스템에 명령을 내려 실행한 후 조작이 완료되면 증거를 없앨 수 있도록 활용될 수 있다. 월커슨 씨의 주장대로 전자개표기가 통신이 가능한 고성능의 컴퓨팅 시스템이라면 외부 통신망은 못 달게 되어 있는 규정을 선관위가 스스로 어기고 있는 것이다.

이렇게 개표기를 통해 분류된 투표구별 득표수는 선거구별로 외국인이 포함되었을 수도 있는 집계심사과정을 거쳐 해당지역 위원장의 승인을 거쳐 선관위 집계시스템에 입력하면서 투표구별 후보 득표수가 확정된다. 이때 정상표로 분류되지 않은 재분류된 표는 집계심사원이 주의깊게 보나 대다수표를 차지하는 분류기를 통해 분류된 표는 집계심사원의 양심에 의존할 수밖에 없다. 결국 집계심사과정에서 수개표에 해당하는 수준의 점검이 이루어지지 않으면 전자개표기에서 분류되고 계수된 수치가 최종 결과와 유사할 확률이 높다.

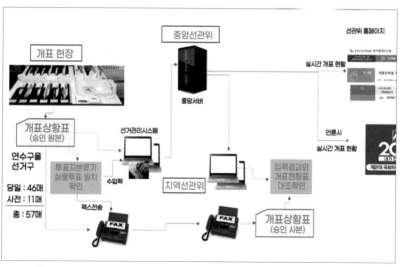

▲ 개표결과가 선관위 집계시스템에 통합되고 언론매체에 전달되는 과정

중앙선관위의 서버 프로그램의 목적은 각 개표소에서 올라오는 단순한 각 후보별 득표수의 합산으로 제한될 것이기에 중앙선관위의 서버엔 단순 합계 프로그램만 들어 있을 가능성이 높다.

관악청사 서버의 중대성

그렇다면 전자개표기를 조작한 프로그램은 어디에 있을까? 2020년 9월 경 중앙선관위의 전산센터가 서울시 관악구에 있는 선관위 관악청사에 있다는 것을 알게 되었다. 필자는 관악청사에 있는 서버가 전자개표기의 프로그램에 중요한 역할을 하고 조작의 모든 기록이 남겨져 있을 것으로 보았다. 관악청사의 서버가 한 역할은 무엇이었을까? 관악청사 서버로 들어오는 정보는 전자개표기를 통해 계수된 득표수다.

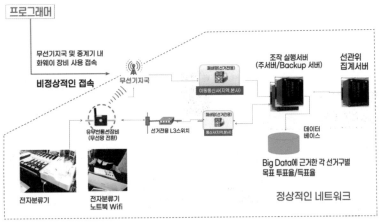

▲ 전자개표기 조작과정 중 관악청사 서버역할 ([VON 특별기획] 부정선거 알파와 오메가 방송 중)

이렇게 투표구별로 집계된 수치의 연산 결과 목표 득표율이 나오지 않을 시 다음 투표구의 개표시 적용될 보정값을 다시 전자개표기로 보내 부족한 득표수를 채워가며 목표 득표수에 도달하기까지 조작이 계속된다. 이때 집계시스템에 입력된 투표구별 확정된 득표수가 지속적으로 반영되고 이리하여 서버에 로그가 발생한다.

필자는 이 디지털 기록이 고스란히 남아 있는 관악청사 서버는 중요한 증거이기 때문에 선관위가 이 서버에 들어있는 조작과 관련된 기록들은 파기할 것이라고 예측했다. 예상했던 대로 선관위는 관악청사 서버를 보존하라는 시민들의 요구를 묵살하고 2020년 추석 연휴 기간에 군사작전을 하듯 서둘러 서버를 과천청사로 이동시켰고 이동 중 몇몇 자료들은 손상되었다고 변명을 늘어놓았다.

또 하나의 의심스러운 정황은 선관위가 총선기간 동안 지역별로 임시사무소를 비밀리에 운영했다는 것이다. 2020년 10월 말 현재 11개 임시사무소의 존재가 확인되었다. 이 임시사무소들은 전국적으로 존재했을 가능성이 크다. 관악청사의 서버를 통해 전국을 관장할 수 있는데 굳이 각 지역에 임시사무소가 필요한 이유는 무엇이었을까? 필자는 1차 조작을 할 때 가짜 투표용지의 제작 혹은 보관 장소로 쓰였을 가능성을 의심하고 있다. 또한 관악청사 서버에서 조작 프로그램을 다운 받아 해당지역구 개표소의 전자개표기를 좀 더 세밀하게 관리하던 곳이라고 짐작하고 있다.

종합하자면 관악청사 서버와 각 지역별 임시사무소에서 프로그램에 의해 조작된 전자개표기의 득표수가 중앙선관위 서버로 보내지고 중앙선관위 서버는 단순히 득표수를 집계해 언론사 등으로 보냈던 것으로 파악된다.

그렇다면 2차 조작이 필요한 이유는 무엇이었을까? 비록 빅데이터 및 여론 조사를 활용한 1차 조작을 통해 어느 정도 목표에 가깝게 도달했더라도 당일투표의 결과는 아무도 정확하게 예측할 수 없었기에 좀 더 확실한 승리를 위해 실시간 조작 프로그램이 필요했던 것으로 파악된다. 여러 영상에서 확인된 2번 기표지가 1번 기표지로 분류되는 전자개표기의 오류는 이 프로그램에 의해 의도된 것이라고 할 수 있다.

▲ 인천 인하대 앞에 붙은 현수막. 2021년 추석 주간에 전국 곳곳에서 현수막 시위를 펼쳤다.

이런 조작 의혹에도 중앙선관위는 서버를 절대 내놓지 않고 있다. 결백하다면 서버에 남겨진 디지털 기록을 통해 그 의혹을 해소할 기회가 있음에도 선관위는 지금까지 서버에 대한 기록은 영업비밀이라는 둥 파기하거나 훼손되었다는 둥 여러 이유를 들어 내놓지 않고 있다. 필자는 이것이야말로 심각한 증거인멸이며 4.15총선이 전산 조작에 의한 부정선거였다는 결정적 증거라고 생각한다.

 [VON특별기획] 부정선거 알파와 오메가 (2020.10.29.)

 [VON특별기획] 프로그래밍으로 보는 21대 총선 부정의 개연성(2020.4.24.)

03
가설 2

해커의 지문
[follow_the_party]는
어떻게 발견되었나

03 가설 2

해커의 지문 [follow_the_party]는
어떻게 발견되었나

로이킴[*]

[편집자주] 로이킴은 4.15총선 이후 중앙선관위 발표 선거 결과 데이터 분석에 비중값 개념을 도입하여 어떤 종류의 조작 패턴이 있는지 밝혀냈다. 하나의 정성적 연구(qualitative study)로써 선거 진실 규명에 크게 기여했다. 로이킴 가설 및 연구 내용은 뒷장에 이어지는 장영후 해설에 병합되도록 했다. 이 장에서는 발견 경위를 밝히고 각 지역구 비중값과 초기 데이터를 첨부하여 독보적인 그의 연구 궤적을 알리고자 했다.

 2020년 4월 15일 제21대 총선을 치르고 개표가 마무리된 후 중앙선거관리위원회("선관위" 또는 "중앙선관위")가 다음날 16일 선거 결과가 담긴 데이터를 홈페이지에 업로드했다. 여당이 180석을 차지하는 결과가 잘 납득이 되지 않아 데이터를 면밀히 관찰해 보게 되었다. 쉽게 예상치 못할

---

* 미국 CSU Long Beach에서 회계학을 전공하고 벤처회사 E. Color의 이사를 역임했다. 성균관대학교 서울대학교 공동 나노 물질 국제연구 프로젝트의 선임연구원으로 일했고 현재 개인사업을 하고 있다. 회계와 자료 분석의 전문가로 VON뉴스, OKN 등 다수의 유튜브 방송에 출연해 4.15총선 부정에 관련한 중요한 단서들을 설명했다.

이 선거 결과가 불법적 조작에 의한 것이라고 가정한다면, 이 데이터에서 어떤 종류의 인위적인 패턴이 찾아질 수 있을 것으로 생각했다.

이런 아이디어가 떠오른 것은 음악전문채널(Mnet) 'PRODUCE 101'(프로듀스원오원) 투표 조작 사건 때문이었다. 이 프로그램은 2016년부터 열린 아이돌 그룹 선발 오디션 프로그램으로 국민 프로듀서라는 개념을 도입하여 온라인 투표와 문자 투표로 참가자들의 합격과 탈락이 결정되는 식이었다. 생방송에서 시청자들의 유료 문자투표 결과를 조작한 것으로 관련자들이 징역형 포함 실형을 받았던 사건이다.

이 사건의 경우 온라인에서 조작 함수를 찾아 경우의 수를 사람들이 역으로 알아내며 이슈가 되었고, 검찰 조사를 통해 이러한 시청자들의 주장이 사실로 확인된 경우였다. 프로듀스 101의 조작방식에서 착안하여 중앙선관위에서 발표한 통계에서 일정한 규칙성이 있을 수 있다고 생각했던 것이다.

프로듀스 101의 투표 조작 방법은 미리 연습생 별로 조작된 득표율을 정하고, 그것과 전체 득표 수를 곱한 후 소수점 아래 첫번째 자리에서 반올림하여 각 출연자 득표 수를 구하는 방법으로 조작이 이루어진 것으로 추정된다고 한다. 투표가 시작되기 전에 미리 선발되는 사람과 순위까지 정해져 있었던 것이고, 문자 투표는 시청자들의 눈을 속이기 위한 쇼였다고 알려져 있었다. 개표 전에 결과표가 미리 작성되어 있었던 것과 같다.

그러나 프로듀스 48과 프로듀스 101을 통해 데뷔한 조 모두가 아주 작은 오차로 소수점 아래 두번째 또는 세번째 이하 자리가 모두 영(0)인 득표율을 가진 점이 시청자들의 의심을 샀다. 많게는 9명의 참가자가 1%의 득표율 차이 내에서 경합하는 상황에서 조작 득표율을 0.05%라는 큰 단위로 설정하여 출연자들 간의 득표율 차이가 같은 숫자인 경우가 여럿 관찰되어 조작 사실이 눈에 띄게 되었다는 것이다.

프로듀스 101 사건은 국회의원 선거에 비하면 규모가 비교할 수 없이 작은 사건이었다. 그러나 4.15총선 결과가 누가 보아도 매우 의심스러운 정황이 많았고, 또 여러 사람들이 이미 통계적 이상 현상에 대해 말하고 있었기 때문에 만일 프로듀스 48이나 프로듀스 101처럼 디지털 사기라고 가정한다면, 조작 방법을 찾아낼 수 있을 것으로 보았던 것이다.

총선 결과에 의문을 갖고 난 후 한달 이상을 중앙선거관리위원회 발표 결과 데이터에서 인위적인 조작의 흔적을 찾아 집중 추적했다. 한달 여 선관위 데이터 속에서 어떤 규칙을 발견하기 위한 여러 시도 중 [follow_the_party]같은 뜻밖의 문자열을 찾아내게 된 것이다. 말하자면 [follow_the_party]는 어떤 규칙이 발견된 후 부수적으로 확인된 것이다.

앞에서도 말했듯이 특정 사람들을 합격자로 정해 놓고 투표를 쇼로 만들었던 프로듀스 101에서 발견된 조작 함수 같은 것을 찾아내 보려고 노력했던 결과로 선관위 발표 결과 데이터에 찍혀 있는 해커의 지문 [follow_the_party]를 우연히 발견한 것이다.

다만 프로듀스 101은 일정한 상수값을 갖는 수식을 적용했던 것이고, 4.15총선은 최적화(optimization) 개념이 포함되어 프로그램된 것이었다. 253개 선거구 전체를 대상으로 개별적인 동시에 전체를 연관지어 한 프로그램이었던 이유로 애초에 프로듀스 101과는 그 규모와 성격이 다른 종류의 사건이었다. 말하자면 프로듀스 101과 같은 사건이 253개 동시에 일어난 것과 같은 대규모였다.

일정한 규칙의 정식화에 집중한 결과로 제 1 차 수식을 만들었다. 이 수식 검증에 참여하였던 다수의 시민들이 253개 전 지역구에서 일정한 상수값을 적용시킬 수 없다는 결론을 얻게 되었다. 그러나 이러한 시행착오는 매우 중대한 사실을 확인하는 데 있어 거쳐간 과정에 불과했다. 이 부분에 대한 자세한 이해는 나의 가설을 면밀하게 분석해준 장영후 프로그래머의 해설을 참고해 주기 바란다. 컴퓨터 프로그램에 대해 이해가 없는 필자도 프로그래머의 해설에서 많은 도움을 받았다.

필자의 노력의 가치는 253개 선거구의 인위적 연관성을 찾아낸 것과, 그 연관성을 보다 선명하게 드러내는 해커의 지문을 찾아낸 것이 아닐까 생각한다.

비중값 적용으로 조작 확인

한국의 국회의원 선거는 2016년에 있었던 20대 총선부터 당일투표와 사전투표 제도를 도입했다. 20대, 21대 모두 이틀간 사전에 투표할 수 있도록 되었다. 21대 선거에서 사전투표는 4월 11일과 12일, 이틀에 걸쳐 진행되었다.

21대 총선의 특이점은 집권 여당이 사전투표에서 당일투표보다 거의 전 지역에서 평균 10% 이상 득표했다는 점이다. 이러한 분석은 중앙선관위가 공식 홈페이지에 발표한 데이터를 바탕으로 한 것이다. 학문적인 방법론을 도입하여 분석한 것이 아니라 시행착오(trial and error) 방식으로 규칙성을 찾고자 하였다.

중앙선거관리위원회
홈페이지 통계자료

사전투표와 당일투표를 다른 집합으로 구분하였다. 더불어민주당의 당일투표 각 지역구 득표율은 조작이 있었더라도 소규모였을 것으로 추측하였다. 왜냐하면 아무리 많은 협조자가 있었다고 해도 첫째, 폐쇄회로(CCTV) 카메라를 가렸던 사전투표와 달리 당일투표는 그런 제한이 없었다.

둘째, 조작이 필요하다면 사전투표에서 조작하는 것이 관내, 관외가 따로 있어 외부에 표가 덜 날 수 있다는 이점이 있다. 따라서 당일투표에서는 조작이 있었다 해도 최소일 것으로 보고 당일득표율을 기준으로 삼아 사전득표율의 이상성을 추적해 보는 방법을 택했다.

더불어민주당 지역구 별 당일득표율이 전체 더불어민주당 당일득표율에서 어느 정도 비중을 차지하는지 알아보기 위해서 전체 득표율로 각 지역구 득표율을 나누고 이를 '비중값'으로 명명했다. 같은 방법으로 사전투표 비중값을 구하였다.

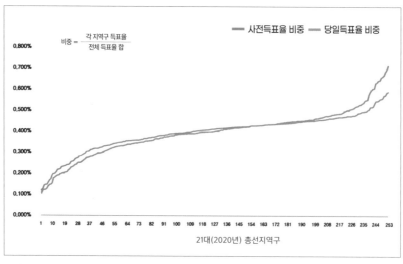

[그래픽 1] 2020년 총선 더불어민주당 각 지역구 비중값 비교

[그래픽 1]은 21대 총선의 지역구별로 비중값을 작은 순서에서 큰 순서로 표시한 그래프이다. 당일과 사전의 비중값 곡선에서 하나의 교점이 발견되었다. 이 교차 지점은 더불어민주당이 득표율 약 50%를 획득한 지역구를 의미한다.

당일득표율 50%란 그 이상을 받았을 때 반드시 당선이 되는 지역구를 의미하는 기준이 된다. 왜냐하면 50% 초과된 표는 당락에는 무의미하므로 일정값을 열세 지역구로 이동시켜서 다른 곳의 당락에 영향을 미치게 할 수 있기 때문이다.

[그래픽 2]는 2016년 총선의 비중값 곡선이다.

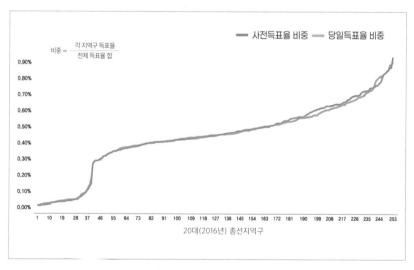

[그래픽 2] 2016년 총선 더불어민주당 각 지역구 비중값 비교

2020년 총선에서 더불어민주당 전 지역구당일득표율에서 50% 이상을 획득한 지역구는 89개가 존재하고 이하를 획득한 구간은 164개 지역

구가 존재한다.

교차점 이전·이후의 사전투표율·당일투표율의 범위가 허용오차 ±3% 이내이다. 이 의미는 당일투표와 사전투표의 모집단 숫자는 차이가 있지만 모집단의 성격이 동일하다는 것을 나타내는 것이다.

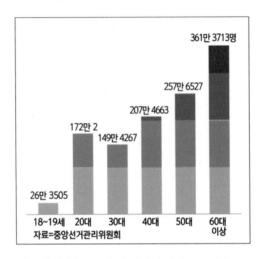

[그래픽 3] 21대 총선 연령별 사전투표 결과

위 그림은 연령별 사전투표 모집단을 나타낸 것이다. 연령대가 높아질수록 사전투표에 많이 참여했음을 보여준다. 21대 총선에서 [그래픽 1]의 교차점 출현에 대해 보수 성향의 유권자들이 사전투표를 기피하였고 진보 성향의 유권자들이 적극 참여한 결과라고 설명한다.

박성현 서울대학교 통계학 명예교수의 통계적 분석으로는 특별히 사전투표에 진보 성향의 더불어민주당 지지 유권자들이 적극 참여했음을 보여주지 않는 결과를 나타낸다.

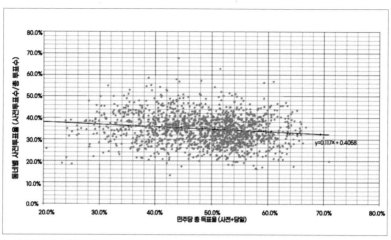

자료 : 와세다대학 정치경제학부 정훈 교수 제공

[그래픽 4] 동네별 사전투표율과 더불어민주당 득표율 (서울, 경기, 인천, 강원, 대전, 부산 1537개 동, 읍, 면,리)

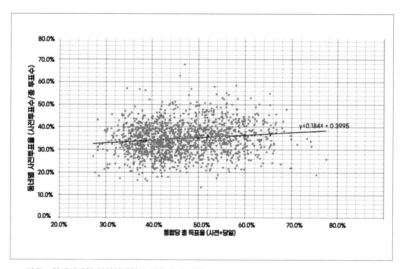

자료 : 와세다대학 정치경제학부 정훈 교수 제공

[그래픽 4-1] 동네별 사전투표율과 미래통합당 득표율 (서울, 경기, 인천, 강원, 대전, 부산 1537개 동, 읍, 면,리)

[그래픽 4]에서 보는 바와 같이 연령대가 높아질수록 비중값이 하향 곡선을 그리고 있다. [그래픽 3]에서는 연령대가 높아질수록 사전투표에 많이 참여하였던 바 [그래픽 4]에서는 오히려 비중값이 하향 곡선을 나타내고 있다. 따라서 진보 성향 유권자가 적극 참여하여 교차점이 발생했다는 논리는 성립하지 않는다. 그럼에도 불구하고 사전투표에서 더불어민주당은 56.3%, 미래통합당은 34.9%를 득표하였다. 그러나 당일투표에서는 더불어민주당이 45.6%, 미래통합당이 46.0%로 미래통합당이 근소한 차이로 이겼다. 이 현상은 사전투표에서 인위적 조작이 있었다는 의구심을 갖게 한다.

요컨대 어떤 방식으로 비교를 해도 21대 총선의 분포도는 대수의 법칙(Law of Large Number)에서 멀어져 있는 비정상 분포도이다. 대수의 법칙에서 큰 모집단 두 표본의 분포 차이는 0(zero)에 수렴해야 한다.

[그래픽 1]의 사전과 당일 각각 득표율 비중값 비교에서 하나의 '교점'이 존재한다는 사실이 인위적 조작을 강력히 시사한다.

다시 21대 총선의 더불어민주당 사전투표 비중과 당일투표 비중의 차이값을 구해 보았다. 각 지역구의 사전 비중에서 당일 비중을 뺀 그 차이값은 당일 선거 기준 50% 이상의 득표율을 획득한 전 지역구에서 음수(-)값이 나온다. 사전투표, 당일투표 두 유사하지만 다른 투표 행태를 객관적으로 비교하기 위해서 각각의 지역구의 비중값, 즉 전체 득표율에서 각각의 지역구가 몇 퍼센트의 비중값을 갖는지 백분율 계산을 한 것은 가령 사람들의 허리 높이를 비교해 보기 위해 키 차이는 일단 맞춰놓고 보는 방식이라고 생각해 보면 될 듯하다. 키가 다른 사람들의 허리 높이 비교는 의미가 없기 때문이다. 모든 지역구의 사전 당일 득표율을 전체에 대한 득표율로 각각 환산해 보면 패턴을 찾는 데 용이할 것으로 보았다. 그 결과 자연으로 나타나기 어려운 확실히 인위적인 어떤 패턴 하나가 나타난 것이다.

말하자면 50% 이상의 득표율을 얻은 지역구는 모두 사전 비중이 당일 비중보다 작다는 것이다. 반대로 50% 득표율 이하를 획득한 전 지역구가 양수(+) 값이 나온다. 말하자면 사전 비중이 당일 비중보다 더 크다는 것이다.

이렇게 각 지역구마다 사전 비중에서 당일 비중을 뺀 차이값을 모두 더하면 50% 이상 득표율을 얻은 지역구 총합은 (-) 2.486, 다른 쪽은 (+) 2.486이 나왔다. 이런 현상을 다르게 표현하면 마치 50% 이상 득표한 지역구들에서 줄어든 비중 만큼 50% 이하 득표한 지역구들에서는 사전 비중이 늘어난 것처럼 보인다. 당일 선거 기준으로 더불어민주당 득표율 50%를 교점으로 사전선거 득표율 비중에서 당일선거 득표율 비중을 뺀 값이 음수 양수로 나뉠 뿐 아니라 그 증감의 양이 동일하다는 것은 매우 흥미로운 데이터가 아닐 수 없다.

이런 현상은 교점이 하나만 나타나고, 또 일정한 패턴으로 주고 받는 경우에 기능하다. 20대 총선에서는 기본적으로 교점이 하나가 아니며 이런 인위적인 패턴이 나타나지 않았다.

결국, 이러한 규칙성이란 중앙선관위가 발표한 21대 총선 통계가 가공된 데이터라는 가설을 세우기에 충분한 근거이다. 이 가정 아래 게리맨더링 이론을 접목하게 된 것이다. 이 온라인 게리맨더링에 관한 자세한 설명은 장영후 프로그래머의 가설 분석을 참고해 주시기 바란다.*

해커의 지문 [follow_the_party] 발견은 이 패턴 발견 다음에 이루어진 일이다. 왜 이런 비율 보정(조작)을 가했을까 탐구해 보다가 일정한 비율을 더하고 뺀 규칙을 확인해 보기 위해서 움직여진 비율을 오름차순으로 정렬시켜 본 것이다. '이동값'이란 각각 움직여진 비율이라고 해석될 수 있다. 결국 이러한 정렬을 통해 또 하나의 패턴을 발견하게 되는데 그것이 이 책에서 말하는 해커의 지문 [follow_the_party]다. 현재로서 누가 이런 독특한 배분을 설계해 넣었는지는 알 수 없다. 꼭 [follow_the_party]가 아니고 [follow_the_ghost]일 수도 있다. 아니면 전혀 다른 배분 규칙으로 전혀 엉뚱한 문장을 만들어낼 수 있을지도 모른다. 그럼에도 불구하고 어떤 문장이든 일정한 규칙을 명령값으로 넣지 않으면 자연 발생하지는 않을 것이다. 이에 대한 전문가들의 반론을 기다린다. [follow_the_party]에 대한 자세한 해설은 역시 이어지는 장에서 자세히 읽어주시기 부탁 드린다.

끝으로 [follow_the_party]가 단순히 [(즐거운) 파티를 즐깁시다.] 의미를 담고 있다 주장한들 반론할 의사가 없다. 일단 복잡한 정치적 입장은 필자의 분석과는 또 다른 차원의 일이라고 생각한다. 많은 분들이 열린 마음으로 연구에 참여하게 되기를 바란다.

---

* 장영후 프로그래머는 이를 게리맨더링으로 보는 것은 부적절하다고 보고 최적화 개념으로 수정할 것을 권유한다.

[편집자주] '이동값' 개념은 '보정비율' 또는 '조작비율'로 바꾸는 것이 낫겠다는 장영후 프로그래머의 의견을 수용하여 이 책에서는 로이킴이 최초로 발견했을 때 사용한 '이동값' 개념 사용을 유보했으나 다음의 표는 로이킴 가설 수립의 궤적을 밝혀 두기 위해 원자료 그대로 두었다. 이 표는 2020년 선거 직후 로이킴이 작성한 것으로 장영후 해설은 이 표에서 출발하여 진일보된 것이다.

민주당 사전투표율 = {(당일 지역 득표율/ 총 당일득표율+ 이동값/당일득표수) + 0.00072228007198174%) x 이동값/이동변환값

100% 만드는 절대값	이동값/이동변환값
0.00072228007198174%	14071.69%

| 총합 | 11491% | | | -0.1500% | | | | 100% |

지역구	지역	선거구	당일득표수	당일	이동값	이동변환값	실이동변환값(반올림)	이동변환값 비율	지역별 비중	결과	실제 사전	차이
224	경북	경주시	9,375	11.94%	281.4338856437040	2	2	0.019%	1	0.12%	17.34%	17.34%	0.00%
250	경남	산청합천거창합천	7,741	13.94%	140.7169428218520	1	1	0.007%	2	0.13%	18.18%	18.18%	0.00%
231	경북	상주문경	6,896	14.09%	281.4338856437040	2	2	0.022%	3	0.15%	20.46%	20.46%	0.00%
236	경남	창원시성산구	11,944	14.22%	422.1508284655560	3	3	0.024%	4	0.15%	20.86%	20.86%	0.00%
71	대구	서구	9,366	14.83%	281.4338856437040	2	2	0.019%	5	0.15%	20.87%	20.87%	0.00%
233	경북	군위의성청송영덕	6,215	15.98%	140.7169428218520	1	1	0.018%	6	0.16%	22.24%	22.24%	0.00%
225	경북	김천시	6,390	16.90%	140.7169428218520	1	1	0.022%	7	0.17%	23.86%	23.86%	0.00%
229	경북	영주영양봉화울진	10,736	17.02%	422.1508284655560	3	3	0.025%	8	0.17%	24.47%	24.47%	0.00%
230	경북	영천청도	8,807	17.75%	562.8677712874080	4	4	0.041%	9	0.20%	27.63%	27.63%	0.00%
234	경북	고령성주칠곡	12,677	20.51%	422.1508284655560	3	3	0.020%	10	0.20%	28.01%	28.01%	0.00%
75	대구	수성구을	13,226	20.87%	281.4338856437040	2	2	0.018%	11	0.20%	28.21%	28.21%	0.00%
111	울산	울산동구	11,515	21.58%	281.4338856437040	2	2	0.020%	12	0.21%	29.35%	29.35%	0.00%
72	대구	대구북구갑	14,581	21.93%	562.8677712874080	4	4	0.028%	13	0.22%	30.90%	30.90%	0.00%
226	경북	안동예천	14,249	22.20%	562.8677712874080	4	4	0.026%	14	0.22%	30.99%	30.99%	0.00%
69	대구	동구갑	10,887	22.62%	422.1508284655560	3	3	0.026%	15	0.22%	31.41%	31.41%	0.00%
232	경북	상주시	21,120	23.10%	985.0185997529640	7	7	0.031%	16	0.23%	32.76%	32.76%	0.00%
76	대구	달서구갑	15,261	23.38%	703.5847141092600	5	5	0.030%	17	0.23%	32.93%	32.93%	0.00%
78	대구	달서구병	12,982	23.42%	562.8677712874080	4	4	0.031%	18	0.24%	33.17%	33.17%	0.00%
79	대구	달성군	21,969	23.78%	985.0185997529640	7	7	0.031%	19	0.24%	33.61%	33.61%	0.00%
143	경기	고양시갑	21,817	23.83%	985.0185997529640	7	7	0.034%	20	0.24%	34.05%	34.05%	0.00%
77	대구	달서구갑	24,387	24.93%	844.3016569311120	6	6	0.026%	21	0.24%	34.23%	34.23%	0.00%
246	경남	밀양의령함안창녕	20,776	25.41%	703.5847141092600	5	5	0.024%	22	0.25%	34.67%	34.67%	0.00%
68	대구	중구남구	20,565	26.38%	844.3016569311120	6	6	0.027%	23	0.26%	36.23%	36.23%	0.00%
227	경북	구미시갑	18,803	26.76%	703.5847141092600	5	5	0.025%	24	0.26%	36.34%	36.34%	0.00%
70	대구	동구을	21,107	27.22%	703.5847141092600	5	5	0.026%	25	0.26%	36.88%	36.88%	0.00%
44	서울	강남구병	19,741	27.93%	703.5847141092600	5	5	0.027%	26	0.27%	38.13%	38.13%	0.00%
222	경북	포항시북구	27,825	28.07%	1125.7355425748200	8	8	0.029%	27	0.27%	38.59%	38.59%	0.00%
237	경남	창원시마산합포구	17,837	29.02%	562.8677712874080	4	4	0.024%	28	0.28%	38.95%	38.95%	0.00%
108	울산	울산중구	23,214	29.02%	985.0185997529640	7	7	0.027%	29	0.28%	40.09%	40.09%	0.00%
241	경남	진주시을	14,144	29.10%	562.8677712874080	4	4	0.031%	30	0.29%	40.16%	40.16%	0.00%
73	대구	대구북구을	28,204	29.71%	1125.7355425748200	8	8	0.029%	31	0.29%	40.62%	40.62%	0.00%
40	서울	서초구갑	21,575	30.33%	844.3016569311120	6	6	0.027%	32	0.29%	41.10%	41.10%	0.00%
223	경북	포항시남구울릉	26,913	30.91%	985.0185997529640	7	7	0.027%	33	0.30%	41.72%	41.72%	0.00%
59	부산	해운대구갑	26,376	31.72%	985.0185997529640	7	7	0.027%	34	0.30%	42.79%	42.79%	0.00%
182	강원	홍천횡성영월평창	20,506	31.89%	844.3016569311120	6	6	0.028%	35	0.31%	43.04%	43.04%	0.00%
228	경북	구미시을	19,756	32.05%	844.3016569311120	6	6	0.031%	36	0.31%	43.34%	43.34%	0.00%
235	경남	김해시장구	32,032	32.45%	1407.1694282185200	10	10	0.031%	37	0.31%	44.23%	44.23%	0.00%
243	경남	사천남해하동	19,435	32.50%	844.3016569311120	6	6	0.032%	38	0.32%	44.35%	44.35%	0.00%
242	경남	통영고성	19,205	32.88%	844.3016569311120	6	6	0.032%	39	0.32%	44.85%	44.85%	0.00%
240	경남	진주시갑	20,993	33.17%	844.3016569311120	6	6	0.031%	40	0.32%	45.06%	45.06%	0.00%
179	강원	원주시을	22,839	33.57%	844.3016569311120	6	6	0.028%	41	0.32%	45.08%	45.08%	0.00%
174	경기	여주양평	24,968	33.82%	844.3016569311120	6	6	0.025%	42	0.32%	45.09%	45.09%	0.00%
42	서울	강남구갑	22,722	33.94%	844.3016569311120	6	6	0.026%	43	0.32%	45.28%	45.28%	0.00%
247	경남	거제시	26,179	34.05%	985.0185997529640	7	7	0.028%	44	0.33%	45.76%	45.76%	0.00%
62	부산	사하구갑	22,450	34.23%	844.3016569311120	6	6	0.027%	45	0.33%	45.88%	45.88%	0.00%
74	대구	수성구갑	32,073	34.79%	1125.7355425748200	8	8	0.024%	46	0.33%	46.15%	46.15%	0.00%
63	부산	금정구	30,298	35.04%	1125.7355425748200	8	8	0.026%	47	0.33%	46.67%	46.67%	0.00%
65	부산	수영구	22,811	35.46%	703.5847141092600	5	5	0.023%	48	0.33%	46.83%	46.83%	0.00%
110	울산	울산남구을	19,586	35.65%	562.8677712874080	4	4	0.024%	49	0.33%	46.94%	46.94%	0.00%
189	충북	보은옥천영동괴산	18,494	36.03%	562.8677712874080	4	4	0.019%	50	0.34%	47.18%	47.18%	0.00%
82	인천	동구미추홀구을	25,151	36.33%	703.5847141092600	5	5	0.019%	51	0.34%	47.21%	47.21%	0.00%
51	부산	서구동구	24,204	36.70%	562.8677712874080	4	4	0.017%	52	0.34%	47.48%	47.48%	0.00%
180	강원	동해태백삼척정선	27,190	37.06%	703.5847141092600	5	5	0.017%	53	0.34%	47.94%	47.94%	0.00%
55	부산	부산남구갑	18,214	37.26%	422.1508284655560	3	3	0.018%	54	0.34%	48.21%	48.21%	0.00%
54	부산	동래구	37,787	37.54%	985.0185997529640	7	7	0.017%	55	0.34%	48.50%	48.50%	0.00%
84	인천	연수구을	30,575	37.72%	703.5847141092600	5	5	0.016%	56	0.34%	48.53%	48.53%	0.00%
109	울산	울산남구갑	24,359	37.92%	562.8677712874080	4	4	0.016%	57	0.35%	48.94%	48.94%	0.00%
147	경기	의왕과천	31,388	37.98%	703.5847141092600	5	5	0.016%	58	0.35%	49.04%	49.04%	0.00%
113	울산	울주군	29,270	38.16%	703.5847141092600	5	5	0.016%	59	0.35%	49.09%	49.09%	0.00%
238	경남	창원시마산회원구	27,844	38.23%	562.8677712874080	4	4	0.016%	60	0.35%	49.19%	49.19%	0.00%
53	부산	부산진구을	23,746	38.26%	562.8677712874080	4	4	0.016%	61	0.35%	49.59%	49.59%	0.00%
181	강원	속초인제고성양양	21,362	38.51%	562.8677712874080	4	4	0.017%	62	0.35%	49.66%	49.66%	0.00%
41	서울	서초구을	32,454	38.57%	844.3016569311120	6	6	0.016%	63	0.36%	50.03%	50.03%	0.00%
248	경남	양산시갑	26,903	39.02%	562.8677712874080	4	4	0.016%	64	0.36%	50.12%	50.12%	0.00%
58	부산	북구강서구을	38,733	39.03%	844.3016569311120	6	6	0.016%	65	0.36%	50.15%	50.15%	0.00%

지역구	지역	선거구	당일득표수	당일	이동값	이동변환값	실이동변환값(반올림)	이동변환값 비중	지역별 비중	결과	실제 사전	차이
198	충남	서산태안	27,565	39.03%	562.8677712874080	4	4	0.016%	66	0.36%	50.19%	50.19%	0.00%
50	부산	중구영도구	20,708	39.30%	422.1508284655560	3	3	0.015%	67	0.36%	50.36%	50.36%	0.00%
188	충북	제천단양	20,745	39.45%	422.1508284655560	3	3	0.014%	68	0.36%	50.43%	50.43%	0.00%
52	부산	부산진구갑	26,001	39.61%	422.1508284655560	3	3	0.013%	69	0.36%	50.47%	50.47%	0.00%
138	경기	동두천시연천군	16,151	39.67%	281.4338856437040	2	2	0.013%	70	0.36%	50.52%	50.52%	0.00%
201	충남	홍성예산	21,500	39.67%	422.1508284655560	3	3	0.013%	71	0.36%	50.55%	50.55%	0.00%
176	강원	춘천화천철원양구을	18,968	39.91%	281.4338856437040	2	2	0.012%	72	0.36%	50.62%	50.62%	0.00%
200	충남	당진시	20,019	40.01%	281.4338856437040	2	2	0.012%	73	0.36%	50.73%	50.73%	0.00%
187	충북	충주시	25,620	40.21%	422.1508284655560	3	3	0.012%	74	0.36%	51.02%	51.02%	0.00%
194	충남	공주부여청양	24,892	40.25%	422.1508284655560	3	3	0.012%	75	0.36%	51.03%	51.03%	0.00%
4	서울	용산구	30,715	40.34%	703.5847141092600	5	5	0.015%	76	0.37%	51.60%	51.60%	0.00%
163	경기	이천시	25,752	40.74%	422.1508284655560	3	3	0.012%	77	0.37%	51.64%	51.64%	0.00%
43	서울	강남구을	24,837	40.77%	422.1508284655560	3	3	0.012%	78	0.37%	51.66%	51.66%	0.00%
46	서울	송파구을	36,528	40.78%	703.5847141092600	5	5	0.014%	79	0.37%	52.07%	52.07%	0.00%
60	부산	해운대구을	26,389	40.85%	562.8677712874080	4	4	0.014%	80	0.37%	52.09%	52.09%	0.00%
173	경기	포천가평	27,096	40.99%	562.8677712874080	4	4	0.013%	81	0.37%	52.14%	52.14%	0.00%
67	부산	기장군	24,372	41.06%	562.8677712874080	4	4	0.015%	82	0.37%	52.53%	52.53%	0.00%
157	경기	용인시갑	33,813	41.16%	703.5847141092600	5	5	0.015%	83	0.37%	52.56%	52.56%	0.00%
124	경기	성남시분당구을	37,246	41.91%	422.1508284655560	3	3	0.009%	84	0.37%	52.68%	52.68%	0.00%
112	울산	북구	31,623	41.97%	422.1508284655560	3	3	0.010%	85	0.38%	52.86%	52.86%	0.00%
45	서울	송파구갑	28,016	41.98%	422.1508284655560	3	3	0.012%	86	0.38%	53.19%	53.19%	0.00%
137	경기	평택시을	33,517	41.99%	703.5847141092600	5	5	0.014%	87	0.38%	53.48%	53.48%	0.00%
134	경기	광명시갑	23,139	42.42%	422.1508284655560	3	3	0.011%	88	0.38%	53.60%	53.60%	0.00%
177	강원	원주시갑	22,370	42.51%	281.4338856437040	2	2	0.010%	89	0.38%	53.64%	53.64%	0.00%
64	부산	연제구	34,308	42.62%	422.1508284655560	3	3	0.010%	90	0.38%	53.72%	53.72%	0.00%
239	경남	창원시진해구	25,469	42.94%	281.4338856437040	2	2	0.008%	91	0.38%	53.78%	53.78%	0.00%
183	충북	청주시상당구	25,665	43.02%	281.4338856437040	2	2	0.009%	92	0.38%	54.12%	54.12%	0.00%
66	부산	사상구	33,992	43.12%	422.1508284655560	3	3	0.009%	93	0.38%	54.13%	54.13%	0.00%
80	인천	중구강화옹진	29,928	43.16%	422.1508284655560	3	3	0.010%	94	0.39%	54.41%	54.41%	0.00%
209	전북	남원임실순창	14,211	43.44%	140.7169428218520	1	1	0.005%	95	0.39%	54.64%	54.64%	0.00%
35	서울	영등포구을	23,925	43.55%	281.4338856437040	2	2	0.010%	96	0.39%	54.78%	54.78%	0.00%
123	경기	성남시분당구갑	42,334	43.57%	562.8677712874080	4	4	0.010%	97	0.39%	54.81%	54.81%	0.00%
193	충남	천안시병	26,347	43.63%	422.1508284655560	3	3	0.010%	98	0.39%	54.96%	54.96%	0.00%
195	충남	보령서천	20,678	44.15%	140.7169428218520	1	1	0.006%	99	0.39%	55.05%	55.05%	0.00%
81	인천	동구미추홀구갑	33,647	44.20%	281.4338856437040	2	2	0.007%	100	0.39%	55.17%	55.17%	0.00%
6	서울	광진구을	28,276	44.38%	281.4338856437040	2	2	0.005%	101	0.39%	55.21%	55.21%	0.00%
191	충남	천안시갑	26,637	44.44%	140.7169428218520	1	1	0.005%	102	0.39%	55.27%	55.27%	0.00%
212	전남	목포시	24,458	44.49%	140.7169428218520	1	1	0.005%	103	0.39%	55.29%	55.29%	0.00%
249	경남	양산시율	26,045	44.56%	140.7169428218520	1	1	0.005%	104	0.39%	55.32%	55.32%	0.00%
107	대전	대덕구	26,118	44.58%	140.7169428218520	1	1	0.005%	105	0.39%	55.43%	55.43%	0.00%
33	서울	금천구	35,516	44.63%	281.4338856437040	2	2	0.006%	106	0.39%	55.55%	55.55%	0.00%
184	충북	청주시서원구	29,399	44.76%	281.4338856437040	2	2	0.006%	107	0.40%	55.73%	55.73%	0.00%
199	충남	논산계룡금산	29,169	44.80%	281.4338856437040	2	2	0.006%	108	0.40%	55.85%	55.85%	0.00%
251	제주	제주시갑	35,707	44.82%	281.4338856437040	2	2	0.006%	109	0.40%	55.90%	55.90%	0.00%
196	충남	아산시갑	21,868	44.82%	281.4338856437040	2	2	0.008%	110	0.40%	56.07%	56.07%	0.00%
102	대전	대전중구	34,915	44.84%	422.1508284655560	3	3	0.010%	111	0.40%	56.42%	56.42%	0.00%
61	부산	사하구갑	22,826	44.85%	422.1508284655560	3	3	0.012%	112	0.40%	56.68%	56.68%	0.00%
245	경남	김해시을	40,495	44.89%	703.5847141092600	5	5	0.012%	113	0.40%	56.76%	56.76%	0.00%
190	충북	증평진천음성	25,962	45.06%	422.1508284655560	3	3	0.011%	114	0.40%	56.90%	56.90%	0.00%
56	부산	부산남구을	22,450	45.14%	422.1508284655560	3	3	0.011%	115	0.41%	57.05%	57.05%	0.00%
101	대전	대전동구	31,409	45.40%	422.1508284655560	3	3	0.011%	116	0.41%	57.18%	57.18%	0.00%
156	경기	하남시	41,613	45.51%	562.8677712874080	4	4	0.010%	117	0.41%	57.23%	57.23%	0.00%
175	강원	춘천화천철원양구갑	34,053	45.56%	562.8677712874080	4	4	0.011%	118	0.41%	57.42%	57.42%	0.00%
38	서울	관악구갑	43,346	45.65%	703.5847141092600	5	5	0.010%	119	0.41%	57.47%	57.47%	0.00%
167	경기	화성시갑	33,001	45.68%	562.8677712874080	4	4	0.011%	120	0.41%	57.55%	57.55%	0.00%
3	서울	중구성동구을	32,957	45.74%	422.1508284655560	3	3	0.011%	121	0.41%	57.60%	57.60%	0.00%
37	서울	동작구을	31,465	45.74%	422.1508284655560	3	3	0.011%	122	0.41%	57.64%	57.64%	0.00%
26	서울	양천구갑	42,057	45.82%	562.8677712874080	4	4	0.011%	123	0.41%	57.70%	57.70%	0.00%
48	서울	강동구갑	44,116	45.83%	703.5847141092600	5	5	0.011%	124	0.41%	57.81%	57.81%	0.00%
151	경기	남양주시병	44,769	45.90%	844.3016569311120	6	6	0.012%	125	0.41%	58.05%	58.05%	0.00%
159	경기	용인시병	48,014	45.93%	844.3016569311120	6	6	0.013%	126	0.41%	58.17%	58.17%	0.00%
244	경남	김해시갑	38,859	46.05%	703.5847141092600	5	5	0.012%	127	0.41%	58.18%	58.18%	0.00%
57	부산	북구강서구갑	27,250	46.37%	422.1508284655560	3	3	0.010%	128	0.41%	58.30%	58.30%	0.00%
142	경기	안산시단원구갑	24,739	46.41%	422.1508284655560	3	3	0.012%	129	0.42%	58.57%	58.57%	0.00%
7	서울	동대문구갑	26,694	46.55%	422.1508284655560	3	3	0.010%	130	0.42%	58.60%	58.60%	0.00%
136	경기	평택시갑	38,084	46.62%	562.8677712874080	4	4	0.010%	131	0.42%	58.66%	58.66%	0.00%
164	경기	안성시	26,562	46.94%	281.4338856437040	2	2	0.009%	132	0.42%	58.85%	58.85%	0.00%
47	서울	송파구병	43,426	46.94%	562.8677712874080	4	4	0.009%	133	0.42%	58.87%	58.87%	0.00%
178	강원	원주시을	24,379	47.32%	140.7169428218520	1	1	0.006%	134	0.42%	58.91%	58.91%	0.00%
144	경기	고양시율	45,836	47.33%	422.1508284655560	3	3	0.006%	135	0.42%	58.92%	58.92%	0.00%
25	서울	마포구을	36,828	47.45%	281.4338856437040	2	2	0.006%	136	0.42%	59.10%	59.10%	0.00%
22	서울	서대문구갑	25,392	47.61%	281.4338856437040	2	2	0.006%	137	0.42%	59.23%	59.23%	0.00%
39	서울	관악구을	37,238	47.65%	281.4338856437040	2	2	0.005%	138	0.42%	59.28%	59.28%	0.00%
16	서울	도봉구을	28,961	47.73%	281.4338856437040	2	2	0.005%	139	0.42%	59.30%	59.30%	0.00%
5	서울	광진구갑	30,808	47.88%	281.4338856437040	2	2	0.005%	140	0.42%	59.55%	59.55%	0.00%
153	경기	시흥시갑	42,487	48.01%	281.4338856437040	2	2	0.005%	141	0.42%	59.60%	59.60%	0.00%
160	경기	용인시정	45,894	48.19%	281.4338856437040	2	2	0.004%	142	0.42%	59.63%	59.63%	0.00%
19	서울	노원구병	30,230	48.25%	140.7169428218520	1	1	0.003%	143	0.42%	59.63%	59.63%	0.00%
118	경기	수원시병	27,740	48.25%	140.7169428218520	1	1	0.004%	144	0.42%	59.78%	59.78%	0.00%
125	경기	의정부시갑	30,831	48.28%	140.7169428218520	1	1	0.004%	145	0.43%	59.82%	59.82%	0.00%
146	경기	고양시정	51,647	48.29%	281.4338856437040	2	2	0.004%	146	0.43%	59.84%	59.84%	0.00%
31	서울	구로구갑	43,238	48.42%	281.4338856437040	2	2	0.004%	147	0.43%	59.91%	59.91%	0.00%
2	서울	중구성동구갑	36,466	48.50%	140.7169428218520	1	1	0.003%	148	0.43%	59.93%	59.93%	0.00%
127	경기	안양시만안구	39,862	48.51%	140.7169428218520	1	1	0.003%	149	0.43%	59.93%	59.93%	0.00%
162	경기	파주시을	27,175	48.66%	140.7169428218520	1	1	0.003%	150	0.43%	59.95%	59.95%	0.00%
15	서울	도봉구갑	27,536	48.71%	0.0000000000000	0	0	0.003%	151	0.43%	59.98%	59.98%	0.00%
129	경기	안양시동안구을	26,118	48.75%	0.0000000000000	0	0	0.000%	152	0.43%	60.05%	60.05%	0.00%
49	서울	강동구을	32,029	48.91%	140.7169428218520	1	1	0.003%	153	0.43%	60.44%	60.44%	0.00%
8	서울	동대문구을	32,950	48.98%	140.7169428218520	1	1	0.003%	154	0.43%	60.48%	60.48%	0.00%
91	인천	인천서구갑	43,485	49.11%	140.7169428218520	1	1	0.002%	155	0.43%	60.54%	60.54%	0.00%
145	경기	고양시병	46,031	49.17%	140.7169428218520	1	1	0.002%	156	0.43%	60.56%	60.56%	0.00%
36	서울	동작구갑	36,967	49.19%	140.7169428218520	1	1	0.002%	157	0.43%	60.56%	60.56%	0.00%
122	경기	성남시중원구	33,924	49.32%	0.0000000000000	0	0	0.001%	158	0.43%	60.59%	60.59%	0.00%
85	인천	남동구을	41,510	49.44%	0.0000000000000	0	(0)	0.000%	159	0.43%	60.64%	60.64%	0.00%
186	충북	청주시청원구	32,323	49.52%	0.0000000000000	0	(0)	0.000%	160	0.43%	60.78%	60.78%	0.00%
165	경기	김포시갑	37,585	49.67%	0.0000000000000	0	(0)	-0.001%	161	0.43%	60.82%	60.82%	0.00%

지역번호	지역	선거구	당일득표수	당일	이동값	이동변환값	실이동변환값(반올림)	이동변환값 비중	지역별 비중		결과	실제 사전	차이
1	서울	종로구	23,959	49.87%	0.0000000000000	0	0	0.000%	163	0.43%	61.18%	61.18%	0.00%
128	경기	안양시동안구갑	31,256	49.92%	0.0000000000000	0	0	0.000%	164	0.43%	61.20%	61.20%	0.00%
166	경기	김포시을	37,511	50.01%	0.0000000000000	0	(0)	-0.001%	165	0.43%	61.21%	61.21%	0.00%
106	대전	유성구갑	27,459	50.08%	0.0000000000000	0	(0)	0.000%	166	0.44%	61.36%	61.36%	0.00%
34	서울	영등포구갑	38,488	50.08%	0.0000000000000	0	(0)	-0.001%	167	0.44%	61.38%	61.38%	0.00%
86	인천	남동구을	44,623	50.18%	0.0000000000000	0	(0)	-0.001%	168	0.44%	61.41%	61.41%	0.00%
253	제주	서귀포시	28,333	50.26%	0.0000000000000	0	(0)	0.000%	169	0.44%	61.46%	61.46%	0.00%
114	세종	세종갑	25,373	50.33%	0.0000000000000	0	(0)	-0.002%	170	0.44%	61.52%	61.52%	0.00%
131	경기	부천시율	49,772	50.34%	(140.7169428218520)	(1)	(1)	-0.001%	171	0.44%	61.58%	61.58%	0.00%
28	서울	강서구갑	35,229	50.47%	(140.7169428218520)	(1)	(1)	-0.002%	172	0.44%	61.61%	61.61%	0.00%
29	서울	강서구을	36,859	50.67%	(140.7169428218520)	(1)	(1)	-0.003%	173	0.44%	61.70%	61.70%	0.00%
103	대전	대전서구갑	41,883	50.72%	(140.7169428218520)	(1)	(1)	-0.004%	174	0.44%	61.71%	61.71%	0.00%
252	제주	제주시을	37,600	50.88%	(281.4338856437040)	(2)	(2)	-0.004%	175	0.44%	61.81%	61.81%	0.00%
32	서울	구로구을	29,694	50.99%	(140.7169428218520)	(1)	(1)	-0.005%	176	0.44%	61.84%	61.84%	0.00%
120	경기	수원시무	48,709	51.15%	(422.1508284655560)	(3)	(3)	-0.005%	177	0.44%	62.02%	62.02%	0.00%
211	전남	완주진안무주장수	22,741	51.25%	(422.1508284655560)	(3)	(3)	-0.006%	178	0.44%	62.04%	62.04%	0.00%
185	충북	청주시흥덕구	43,503	51.30%	(422.1508284655560)	(3)	(3)	-0.006%	179	0.44%	62.12%	62.12%	0.00%
88	인천	부평구갑	41,953	51.49%	(422.1508284655560)	(3)	(3)	-0.007%	180	0.44%	62.15%	62.15%	0.00%
105	대전	유성구갑	30,643	51.53%	(281.4338856437040)	(2)	(2)	-0.007%	181	0.44%	62.22%	62.22%	0.00%
21	서울	은평구을	42,452	51.64%	(281.4338856437040)	(2)	(2)	-0.008%	182	0.44%	62.26%	62.26%	0.00%
17	서울	노원구갑	31,212	51.70%	(281.4338856437040)	(2)	(2)	-0.008%	183	0.44%	62.33%	62.33%	0.00%
13	서울	강북구갑	26,062	51.72%	(281.4338856437040)	(2)	(2)	-0.007%	184	0.44%	62.49%	62.49%	0.00%
27	서울	양천구을	35,724	51.84%	(281.4338856437040)	(2)	(2)	-0.007%	185	0.44%	62.61%	62.61%	0.00%
126	경기	의정부시을	43,290	51.85%	(422.1508284655560)	(3)	(3)	-0.006%	186	0.45%	62.74%	62.74%	0.00%
83	인천	연수구갑	24,690	51.96%	(140.7169428218520)	(1)	(1)	-0.005%	187	0.45%	62.99%	62.99%	0.00%
104	대전	대전서구을	37,474	51.98%	(281.4338856437040)	(2)	(2)	-0.006%	188	0.45%	63.03%	63.03%	0.00%
141	경기	안산시단원구갑	25,635	51.99%	(140.7169428218520)	(1)	(1)	-0.005%	189	0.45%	63.09%	63.09%	0.00%
115	세종	세종을	22,978	52.09%	(140.7169428218520)	(1)	(1)	-0.005%	190	0.45%	63.23%	63.23%	0.00%
170	경기	광주시갑	31,008	52.15%	(140.7169428218520)	(1)	(1)	-0.004%	191	0.45%	63.39%	63.39%	0.00%
87	인천	부평구을	44,477	52.18%	(281.4338856437040)	(2)	(2)	-0.004%	192	0.45%	63.47%	63.47%	0.00%
171	경기	광주시을	31,979	52.44%	(281.4338856437040)	(2)	(2)	-0.005%	193	0.45%	63.56%	63.56%	0.00%
155	경기	군포시	53,778	52.46%	(422.1508284655560)	(3)	(3)	-0.005%	194	0.45%	63.64%	63.64%	0.00%
133	경기	부천시정	33,407	52.64%	(281.4338856437040)	(2)	(2)	-0.006%	195	0.45%	63.66%	63.66%	0.00%
119	경기	수원시을	45,314	52.70%	(422.1508284655560)	(3)	(3)	-0.007%	196	0.45%	63.66%	63.66%	0.00%
9	서울	중랑구갑	29,474	52.73%	(281.4338856437040)	(2)	(2)	-0.006%	197	0.45%	63.78%	63.78%	0.00%
152	경기	오산시	39,028	52.74%	(422.1508284655560)	(3)	(3)	-0.006%	198	0.45%	63.78%	63.78%	0.00%
140	경기	안산시상록구을	26,001	52.96%	(281.4338856437040)	(2)	(2)	-0.008%	199	0.45%	63.83%	63.83%	0.00%
30	서울	강서구병	33,254	53.42%	(422.1508284655560)	(3)	(3)	-0.010%	200	0.46%	64.06%	64.06%	0.00%
90	인천	계양구을	28,857	53.43%	(422.1508284655560)	(3)	(3)	-0.010%	201	0.46%	64.12%	64.12%	0.00%
148	경기	구리시	38,429	53.49%	(422.1508284655560)	(3)	(3)	-0.009%	202	0.46%	64.34%	64.34%	0.00%
149	경기	남양주시갑	36,781	53.70%	(562.8677712874080)	(4)	(4)	-0.011%	203	0.46%	64.36%	64.36%	0.00%
139	경기	안산시상록구갑	34,387	53.88%	(562.8677712874080)	(4)	(4)	-0.012%	204	0.46%	64.43%	64.43%	0.00%
12	서울	성북구갑	39,427	54.03%	(703.5847141092600)	(5)	(5)	-0.013%	205	0.46%	64.44%	64.44%	0.00%
10	서울	중랑구을	41,840	54.32%	(844.3016569311120)	(6)	(6)	-0.014%	206	0.46%	64.60%	64.60%	0.00%
150	경기	남양주시을	42,843	54.55%	(985.0185997524080)	(7)	(7)	-0.016%	207	0.46%	64.68%	64.68%	0.00%
116	경기	수원시갑	44,962	54.69%	(844.3016569311120)	(6)	(6)	-0.014%	208	0.46%	65.06%	65.06%	0.00%
11	서울	성북구을	42,829	54.72%	(844.3016569311120)	(6)	(6)	-0.015%	209	0.46%	65.06%	65.06%	0.00%
121	경기	성남시수정구	40,018	54.84%	(844.3016569311120)	(6)	(6)	-0.014%	210	0.46%	65.32%	65.32%	0.00%
97	광주	북구갑	26,029	54.96%	(562.8677712874080)	(4)	(4)	-0.014%	211	0.46%	65.39%	65.39%	0.00%
130	경기	부천시을	31,734	55.35%	(844.3016569311120)	(6)	(6)	-0.018%	212	0.46%	65.40%	65.40%	0.00%
192	충남	천안시갑	49,881	55.45%	(1266.4524853966700)	(9)	(9)	-0.017%	213	0.47%	65.56%	65.56%	0.00%
158	경기	용인시을	53,190	55.65%	(1266.4524853966700)	(9)	(9)	-0.018%	214	0.47%	65.73%	65.73%	0.00%
23	서울	서대문구을	31,317	55.71%	703.5847141092600	5	5	* 0.016%	215	0.47%	66.02%	66.02%	0.00%
89	인천	계양구갑	25,522	55.82%	(562.8677712874080)	(4)	(4)	-0.016%	216	0.47%	66.14%	66.14%	0.00%
197	충남	아산시을	27,328	55.84%	(562.8677712874080)	(4)	(4)	-0.016%	217	0.47%	66.21%	66.21%	0.00%
215	전남	순천광양곡성구례갑	37,814	55.92%	(844.3016569311120)	(6)	(6)	-0.017%	218	0.47%	66.24%	66.24%	0.00%
132	경기	부천시병	49,490	56.14%	(1266.4524853966700)	(9)	(9)	-0.018%	219	0.47%	66.25%	66.25%	0.00%
117	경기	수원시병	51,413	56.60%	(1547.8863710403700)	(11)	(11)	-0.022%	220	0.47%	66.34%	66.34%	0.00%
161	경기	파주시갑	54,779	57.11%	(1970.0371995059300)	(14)	(14)	-0.026%	221	0.47%	66.42%	66.42%	0.00%
92	인천	인천서구을	48,827	57.45%	(1829.3202566840800)	(13)	(13)	-0.027%	222	0.47%	66.65%	66.65%	0.00%
172	경기	양주시	38,478	57.96%	(1547.8863710403700)	(11)	(11)	-0.030%	223	0.48%	66.92%	66.92%	0.00%
18	서울	노원구을	42,811	57.98%	(1829.3202566840800)	(13)	(13)	-0.032%	224	0.48%	66.95%	66.95%	0.00%
205	전북	군산시	43,282	58.31%	(1970.0371995059300)	(14)	(14)	-0.032%	225	0.48%	66.97%	66.97%	0.00%
20	서울	은평구갑	44,529	58.56%	(2110.7541423277800)	(15)	(15)	-0.034%	226	0.48%	66.99%	66.99%	0.00%
203	전북	전주시을	34,580	58.75%	(1688.6033138622200)	(12)	(12)	-0.034%	227	0.48%	67.27%	67.27%	0.00%
14	서울	강북구을	32,992	59.14%	(1688.6033138622200)	(12)	(12)	-0.037%	228	0.48%	67.28%	67.28%	0.00%
135	경기	광명시을	34,836	59.70%	(1970.0371995059300)	(14)	(14)	-0.040%	229	0.48%	67.61%	67.61%	0.00%
213	전남	여수시갑	24,120	60.04%	(1266.4524853966700)	(9)	(9)	-0.036%	230	0.48%	68.09%	68.09%	0.00%
219	전남	고흥보성장흥강진	28,416	60.23%	(1407.1694282185200)	(10)	(10)	-0.036%	231	0.49%	68.84%	68.84%	0.00%
169	경기	화성시병	53,555	60.79%	(3095.7727420807400)	(22)	(22)	-0.040%	232	0.49%	68.88%	68.88%	0.00%
168	경기	화성시을	60,517	60.90%	(3236.4896849026000)	(23)	(23)	-0.038%	233	0.49%	69.27%	69.27%	0.00%
216	전남	순천광양곡성구례을	44,559	61.46%	(2532.9049707933400)	(18)	(18)	-0.040%	234	0.50%	69.72%	69.72%	0.00%
204	전북	전주시병	51,168	61.96%	(3236.4896849026000)	(23)	(23)	-0.044%	235	0.50%	69.77%	69.77%	0.00%
210	전북	김제부안	22,520	63.02%	(1688.6033138622200)	(12)	(12)	-0.051%	236	0.50%	70.04%	70.04%	0.00%
154	경기	시흥시을	42,811	63.43%	(3236.4896849026000)	(23)	(23)	-0.050%	237	0.50%	70.06%	70.06%	0.00%
220	전남	해남완도진도	27,695	63.63%	(1970.0371995059300)	(14)	(14)	-0.050%	238	0.50%	70.95%	70.95%	0.00%
208	전북	정읍고창	28,978	66.30%	(2955.0557992589900)	(21)	(21)	-0.071%	239	0.51%	71.30%	71.30%	0.00%
214	전남	여수시을	29,188	68.02%	(3095.7727420807400)	(22)	(22)	-0.074%	240	0.52%	72.97%	72.97%	0.00%
94	광주	남구갑	27,336	68.96%	(3095.7727420807400)	(22)	(22)	-0.082%	241	0.52%	73.05%	73.05%	0.00%
202	전북	전주시갑	32,433	69.74%	(3940.0743990118600)	(28)	(28)	-0.086%	242	0.52%	73.42%	73.42%	0.00%
207	전북	익산시을	25,965	69.75%	(2673.6219136151900)	(19)	(19)	-0.087%	243	0.53%	75.14%	75.14%	0.00%
96	광주	광주서구을	30,004	72.65%	(3517.9235705463000)	(25)	(26)	-0.087%	244	0.55%	76.89%	76.89%	0.00%
221	전남	영암무안신안	33,351	73.07%	(4221.5082846555600)	(30)	(30)	-0.089%	245	0.55%	77.05%	77.05%	0.00%
93	광주	동구남구갑	34,957	74.01%	(4643.6591131211200)	(33)	(33)	-0.095%	246	0.55%	77.30%	77.30%	0.00%
217	전남	나주화순	33,060	74.08%	(4221.5082846555600)	(30)	(30)	-0.089%	247	0.56%	78.23%	78.23%	0.00%
99	광주	광산구갑	36,149	75.74%	(5206.5268844085200)	(37)	(37)	-0.102%	248	0.56%	78.48%	78.48%	0.00%
206	전북	익산시갑	27,537	76.06%	(3940.0743990118600)	(28)	(28)	-0.102%	249	0.56%	78.86%	78.86%	0.00%
98	광주	광주북구을	55,497	76.92%	(7598.7149123800100)	(54)	(54)	-0.097%	250	0.57%	80.69%	80.69%	0.00%
218	전남	담양함평영광장성	34,336	78.53%	(5347.2438272303800)	(38)	(38)	-0.110%	251	0.57%	80.81%	80.81%	0.00%
95	광주	광주서구갑	33,476	79.82%	(5065.8099415866700)	(36)	(36)	-0.109%	252	0.57%	82.57%	82.57%	0.00%
100	광주	광산구을	54,885	82.27%	(9709.4690547077900)	(69)	(69)	-0.126%	253	0.59%	83.14%	83.14%	0.00%

* 원자료에 (+)로 된 것은 오기임. -0.016%.

조작 설계 청사진과
[follow_the_party]
도출 과정

04 해설

조작 설계 청사진과 [follow_the_party] 도출 과정

장영후[*]

[편집자주] 이 장은 로이킴 데이터를 바탕으로 한 정량적 분석이나 체계화 단계에 이르지 못하여 향후 이 분야 전문가들의 활발한 참여를 기대한다. 조작의 설계와 실행 과정에 모두 컴퓨터 프로그램이 사용되었음을 전제하고 있으므로 여러 요인에 의해 수치상 다소 오차가 있을 수 있음을 밝혀둔다. 분석의 바탕이 된 원 자료는vonnewskorea@gmail.com 으로 문의할 수 있다.

Ⅰ. 21대 총선의 설계된 청사진

더불어민주당이 전례 없이 253개 전체 선거구에 대해서 후보를 낼 수밖에 없었던 것에는 뚜렷한 이유가 있었던 것 같다. 또 지역구와 비례대표를 합하여 더불어민주당이 총 180석을 얻어야 한다는 목표도 분

---

[*] 서강대 화학공학과를 졸업하고 화학공학엔지니어로 석유화학회사인 SK이노베이션(구 유공)에서 생산운전/콘트롤 및 IT부서에서 26년간 근무한 특급소프트웨어기술자로서 현재 석유화학 회사 생산현장을 위한 소프트웨어 솔루션을 개발해 공급하는 스타트업 회사를 운영하고 있다. 산업 프로그래머 경험을 바탕으로 4.15부정선거의 진상을 밝히기 위해 노력해 왔다.

명했던 것으로 추측된다. 2020년 사상 처음으로 253개 선거구에 모두 후보를 낸 더불어민주당의 후보들이 각기 별개로 결과를 내었다면 불가능했겠지만, 미리 마련된 거대한 청사진에 따라 253개 지역구가 함께 움직였다면 그 결과치 속에 [follow_the_party]라는 설계자의 일종의 제작자 표시 또는 낙관(해커의 지문)을 삽입할 방법도 찾을 수 있었을 것이다. 설계자의 입장에서 180석을 만들어 내기 위해 취했을 방법을 단계별로 추정해보면 다음과 같다.

1. 기초 판세표 작성

우선 빅데이터 조사 및 분석, 과거 선거 통계자료, 여론조사 결과 등을 통하여 선거구 별로 다음 항목의 정보를 정리한다.

> (i) 예상 전체 투표율(당일투표율 + 사전투표율)
> (ii) 예상 득표율(당일득표율 + 사전득표율)
> (iii) 당일·사전의 투표율 변동폭
> (iv) 당일·사전의 득표율 변동폭

빅데이터 여론 조사와 함께 투표율·득표율 추정으로 1차 당선자 수를 예측한다. 이하 이를 '기초 판세표'라고 하겠다. 참고로 이 표는 투표 이전에 만들어진 것이다. 4.15총선 직후 당시 더불어민주당 전략기획위원장을 맡았던 이근형 씨의 판세분석은 이 빅데이터 조사 판세표의 존재를 확인해 준 것이다. 이 판세분석은 지역구 163석을 목표값으로 하였고, 선거 결과도 정확히 163석을 차지하였다.

광역	전체 의석	현재 민주 지역구의석	우세 (~+15)	경합우세 (+15~+7)	경합 (+7~+3)
전국	253	118	68	67	28
			135		
			163		
서울	49	36	17	18	6
경기	59	38	19	22	7
인천	13	7	5	6	1
대전	7	4		4	2
세종	2	1	1	1	
충북	8	4		3	2
충남	11	6	2	4	1
광주	8	1	7		
전북	10	2	7	1	2
전남	10	3	9	1	
부산	18	6		1	2
울산	6	1			1
경남	16	3		2	2
대구	12	3			

Ⅱ-1. 광역별 판세 (사전투표 보정값)

광역	전체 의석	현재 민주 지역구의석	우세 (~+15)	경합우세 (+15~+7)	+경합 (+7~+
전국	253	118	68	67	28
			135		
			163		
서울	49	36	17	18	6
경기	59	38	19	22	7
인천	13	7	5	6	1
대전	7	4		4	2
세종	2	1	1	1	
충북	8	4		3	2
충남	11	6	2	4	1
광주	8	1	7		
전북	10	2	7	1	2
전남	10	3	9	1	
부산	18	6		1	2
울산	6	1			1
경남	16	3		2	2
대구	12	2			

[그래픽 5] 광역별 판세 및 사전투표 보정값*

---

* 이 표는 이근형씨가 자신의 페이스북에 올린 판세표를 재현한 것. 오른쪽은 이근형 페이스북 공개본.

2. 기본 판세표 작성

  목표 당선자수를 달성하기 위해 열세 지역 선거구들의 당선가능성, 필히 당선시켜야 할 후보, 필히 낙선시켜야 할 상대 후보 등의 고려사항을 반영하여 2차 당선자를 선정한다. 2차 당선자가 당선되기 위해 열세 선거구에 추가로 필요한 최소 표수를 계산한다. 그리고 계산된 보정 필요 표 수를 사전투표와 당일투표에 어떻게 분배할 것인지를 결정한다. 이 작업을 할 때 다음 사항이 고려되어야 한다. 이를 '기본 판세표'라 부르고 기초 판세표 상에서 다음 제약조건을 추가한다.

개표결과 제약조건

(i) 각 선거구별 총 투표율이 어떤 값(예: 73%)을 넘기지 않아야 한다. 왜냐하면 지난 국회의원 선거를 통해 그동안 발생해 온 투표율보다 지나치게 높은 투표율이 나오면 의심을 받기 때문이다.

(ii) 원칙적으로 같아야 하는 후보 별 사전투표 득표율과 당일투표 득표율 차이가 일정 범위(예: 사전투표 득표율 - 당일투표 득표율 = 18%)내에 있어야 한다. 지금까지 선거에서 사전과 당일의 표심이 일률적으로 극심하게 차이가 난 적이 없기 때문이다. 차이가 지나치게 많이 나면 역시 관심거리가 된다.

(iii) 모든 선거구에서 선거 비용 보전을 위해 더불어민주당의 사전과 당일득표율의 합이 15%를 초과해야 한다.

  사전투표와 당일투표를 동시에 보정해야 하는 상황도 필요하다. 상대

후보와 득표율 차이가 적지 않은 경우(예: 10% 열세), 열세에 있는 후보자가 단 한 표 차이(+1)로 이기기 위해서 몇 표가 추가로 필요한지, 이때 투표율, 득표율 등이 어떻게 변하는지 주목해볼 필요가 있다. '기초 판세표'에서 '기본 판세표'로 진화되는 과정을 예로 들어 설명해 보자.

먼저 후보별 지지율에 따른 정상적인 득표 상황시 개표의 경우를 예로 들어 보겠다. 유권자가 10만 명인 선거구에서 투표율 60%, 사전투표율 15%, 당일투표율 85%의 경우 당일투표수는 60,000 x 85% = 51,000표이다. 당일, 사전투표의 후보별 지지율이 각각 40%, 50%, 10%로 동일하다고 가정하면 사전투표에서 (A)후보는 9,000 x 40% = 3,600, (B)후보는 9,000 x 50% = 4,500, (D)후보는 9,000 x 10% = 900이다. 당일투표는 (A)후보는 51,000 x 40% = 20,400, (B)후보는 51,000 x 50% = 25,500, (D)후보는 51,000 x 10% = 5,100이다.

(B) - (A)후보 = 6,000, 즉 (A)후보는 (B)후보에 6,000표 차이로 낙선하게된다. [그래픽 6]은 위 계산을 표로 나타낸 것이다.

지지율에 따른 득표 시			지지율 약세후보 (A)	지지율 우세후보 (B)	기타후보 (D)	계
유권자수	100,000	후보 지지율	40%	50%	10%	
투표자수	60,000	사전투표 득표수	3,600	4,500	900	9,000
투표율	60%	당일투표 득표수	20,400	25,500	5,100	51,000
사전투표율	15%	총 득표수	24,000	30,000	6,000	60,000
당일투표율	85%	사전투표 득표율	40%	50%	10%	
		당일투표 득표율	40%	50%	10%	
	사전득표율 – 당일득표율 차이		0	0	0	
	우세후보 대비 약세후보 부족표수		−6,000			

[그래픽 6] 정상적인 투표 및 개표 결과

이 상황을 역전시켜 A후보를 단 한 표 차이(+1)로 이기도록 조작해 보기로 한다. 즉 A후보의 사전투표에 부족표수 6,000표를 극복하고 1표 차로 이기기 위해서 6,001표를 추가해보자. A후보의 사전투표에 6,001 표를 추가하니 A후보는 3만1표로 B후보 3만표 보다 1표 앞서 당선되게 된다. 이로 인해 A후보는 사전·당일득표율 차이가 24%로 늘어났으며, 반대로 B후보는 -20%로 감소하게 된다. 이런 과정 때문에 정상적으로 는 0%를 중심으로 하나의 원추형으로 나오는 선거구별 사전·당일득표 율 차이가 이번 4.15선거에서는 -15%와 15% 정도에 두개의 봉우리를 형성했던 것이다. 사전투표수 추가로 인해 총 투표율 및 사전투표율도 각각 6%와 8% 늘어났으며, 아무 변동이 없는 당일투표는 투표율이 자 연적으로 85%에서 77%로 줄어들게 된다.

			지지율 약세후보 (A)	지지율 우세후보 (B)	기타후보 (D)	계
유권자수	100,000	후보 지지율	40%	50%	10%	100%
투표자수	66,001	사전투표 득표수	3,600	4,500	900	
투표율	**66.0%**	당일투표 득표수	6,001			
		계	9,601	4,500	900	15,001
			20,400	25,500	5,100	51,000
사전투표율	**23%**	총 득표수	30,001	30,000	6,000	66,001
당일투표율	**77%**	사전투표 득표율	64%	30%	6%	
		당일투표 득표율	40%	50%	10%	
	사전득표율 - 당일득표율 차이		**24%**	**-20%**	**-4%**	
	우세후보 대비 약세후보 부족표수		**1**			

[그래픽 7] A후보가 사전투표 보정을 통해 한 표 차(+1)로 이기는 경우

그러나 1표 차이는 너무 불안하기 때문에 실제로는 이렇게 박빙의 차

이로 설계하지 않을 것이다. 그럼 좀 더 표 차이를 키워서 1표차 대신 1,001표 차이로 A후보가 이기는 경우를 가정해 보겠다.

				지지율 약세후보 (A)	지지율 우세후보 (B)	기타후보 (D)	계
유권자수	100,000		후보 지지율	40%	50%	10%	100%
투표자수	67,001		사전투표 득표수	3,600	4,500	900	
투표율	**67.0%**		당일투표 득표수	7,001			
		계		10,601	4,500	900	16,001
				20,400	25,500	5,100	51,000
사전투표율	**24%**		총 득표수	31,001	30,000	6,000	67,001
당일투표율	**76%**		사전투표 득표율	66%	28%	6%	
			당일투표 득표율	40%	50%	10%	
			사전득표율 - 당일득표율 차이	**26%**	**-22%**	**-4%**	
	우세후보 대비 약세후보 부족표수			**1001**			

[**그래픽 8**] 사전투표를 보정하여 A후보가 1001 표차로 이기는 경우

1,001표를 사전투표에서 늘리자 열세였던 A후보의 사전과 당일득표율의 차이는 26%로 늘어나게 된다. 설계자는 이 상황을 허용할 것인가를 고민해야 했을 것이다. 그러나 이 값은 허용하기에는 눈에 띄게 너무 큰 값이다. 실제로 21대 총선에서 (사전득표율 - 당일득표율 차이)가 가장 큰 선거구는 충남 당진시 선거구였고 그 값은 18%였다. 26%는 이 최대값보다 더 높은 수치이다.

사전투표에만 7,001표까지는 추가하는 것이 무리인 상황에서 A후보를 무조건 당선시켜야 한다면 설계자는 그 방법이 무엇일지 고민해야 할 것이다. 이 때 당일투표를 통해 어느 정도 보정하는 방법을 찾게 된다. 사전투표

에 추가했던 7,001표 중 4,001표를 남기고 3,000표를 당일투표에서 추가하는 경우를 가정한 결과는 26% 차이에서 15% 차이로 줄어든다는 것이다.

			지지율 약세후보 (A)	지지율 우세후보 (B)	기타후보 (D)	계
유권자수	100,000	후보 지지율	40%	50%	10%	100%
투표자수	64,001	사전투표 득표수	3,600	4,500	900	
투표율	**64.0%**	당일투표 득표수	4,001			
		계	7,601	4,500	900	13,001
			20,400	25,500	5,100	
			3,000			
		계	23,400	25,500	5,100	54,000
사전투표율	**19%**	총 득표수	31,001	30,000	6,000	67,001
당일투표율	**81%**	사전투표 득표율	58%	35%	7%	
		당일투표 득표율	43%	47%	9%	
		사전득표율 – 당일득표율 차이	**15%**	**−13%**	−3%	
		우세후보 대비 약세후보 부족표수	**1001**			

[그래픽 9] 사전·당일투표를 보정하여 1001표로 A후보가 이기는 경우

다시 말하면 이렇게 추가표를 사전득표와 당일득표에 분산시키자 사전·당일득표율 차이가 15%로 줄어들어 외부에 덜 눈에 띄면서 A후보를 넉넉히 당선시킬 수 있게 된다.

지금까지는 지지율의 차이가 10%인 경우를 가정하여 1차 기본 판세표를 만드는 과정을 살펴보았다. 이 경우와 달리 지지율 차이가 크지 않은 초경합 지역구나 유권자의 정치참여 성향이 높아 전통적으로 투표율이 높은 선거구 등 선거구 마다의 특성이 있고 이를 고려하여 사전, 당일 보정 필요표수를 선거구별로 결정한다. 예를 들어 지지율 차

이가 5% 이하이고 투표율이 높지 않은 경우 사전투표 보정만으로도 앞에서 기술했던 제약 조건을 만족하면서 당락을 바꾸어 원하는 사람을 당선시킬 수 있다. 반면 투표율이 높은 선거구는 투표지를 필요한 만큼 추가하기 힘든 상황이 발생할 수도 있다.

요컨대 위 [그래픽6, 7, 8, 9]는 당선에 필요한 지역구의 사전투표와 당일투표 수를 어떻게 보정하여 필요한 표수를 미리 결정했는지를 보여준다. 각 지역구마다 사정이 다른 것을 반영하여 목표 표수를 조정한 것이 '기본 판세표'가 된다.

전체 180석은 일명 몸싸움 방지법인 국회선진화법의 장벽을 쉽게 넘는 최소 의석이다. 이 목표를 달성하기 위해서는 지역구 뿐 아니라 비례대표 의석도 어느 정도 획득해야 한다. 예를 들어 163석을 지역구에서 획득한다면 나머지 17석은 비례대표에서 얻어와야 하는 것이다. 따라서 비례대표에 대해서도 다소 조작이 필요했을 것으로 보인다. 비례대표의 조작 범위는 기초 판세표에 드러난 지역구 예상 개표 결과와 비례대표 "의석" 배분에 필요한 비례대표 득표율, 또 아래 제약조건을 고려하여 산정하게 된다. (비례대표는 뒤에서 좀 더 자세히 설명하기로 한다.)

비례대표에 대한 보정 조건

(i) 더불어민주당 입장에서 국회 입성을 원치 않는 특정 정당은 의석을 한 석도 차지하지 않도록 3% 미만의 득표율을 갖게 한다.

(ii) 당선 선거구를 제외한 선거구의 비례대표 보정은 당일 투표에서 어려우므로 사전투표를 통해 보정한다.

3. 전략 목표 판세표 작성

253개 전체 선거구에 대하여 보정된 투표 결과와 빅데이터 분석을 통해 결정한 경쟁 후보의 정보를 통합하여 사전투표율, 당일투표율, 총 투표율, 사전득표수, 당일득표수가 1차로 확정된다. 그 결과를 바탕으로 사전투표율이 산정된다. 이 경우 설계자는 조금이라도 보정값을 줄일 수 있는 방법을 더 찾아야 했을 것이다.

253개 선거구의 각종 제약사항과 목표값이 있는 상태에서 사전투표 보정율 결정하는 최적해(Optimized Solution)를 구하는 것은 매우 수학적인 일이다. 선거조작 설계자 중에 수에 밝은 사람

[FNTODAY]
사전투표 이용한 4.15
선거조작 의혹

이 전체 해를 풀었을 것이고, 그런 인물이 없었다면 시중에 유통되는 많은 최적화 상용툴 프로그램을 사용하여 전체 제약조건을 만족하면서도 보정표수를 최소화하는 해를 찾았을 것이다.

전체 선거구 사전투표율이 최적화되어 각 선거구별 투표율, 득표율, 보정 필요 규모 등을 포함한 선거 목표 모델(이하 전략 목표 판세표)이 수립되었을 것으로 보인다. 이른바 해커의 지문 [follow_the_party]는 조작 표수를 줄이기 위한 최적화 과정에서 발견되었다.

말하자면 프로그램 제작의 목적과 별도로 제작자 인증용으로 일종의 지문을 남겨두는 것이 '기본 판세표' 수립 이후 미세 조정한 전략 목표 판세표에서 나타난다. 이 부분은 뒤에서 상세히 설명을 하기로 한다.

4. 전술 목표 판세표 작성

한편 전략 목표 판세표에서 멈추지 않고 추가적으로 보정해야 할 표수를 줄일 수 있는 선거 목표 모델 (이하 전술 목표 판세표)을 수립하였다. [follow_the_party]를 도출하는 로직은 정해진 수치가 아닌 비율, 즉 사전투표 보정 지지율에 대한 정해진 규칙에 따른 순서로 정렬 시에 결정되도록 되어 있다. 이로 인해 보정표를 부분적으로 더 최적화할 수 있는 요소가 있었으며 이를 도식화하여 설명하면 다음과 같다. (만일 [follow_the_party]를 넣는 단계가 없었다면 기본 판세표에서 전술 판세표로 바로 최적화를 실행하면 되는데 그렇게 하지 않았다는 것은 설계자들에게는 한 단계 더 일을 줄이는 것보다는 [follow_the_party]를 추가하는 것이 더 필수적인 일이었음을 보여주는 증거라고 할 수 있다.)

선거구번호	시도	선거구	사전투표수	전략 목표 (더불어민주당)		전술 목표 (더불어민주당)		전술 – 전략 사전득표차	누계
				사전득표율	사전득표수	사전득표율	사전득표수		
231	경북	상주문경	54,551	20.38%	11,120	20.80%	11,348	228	734
71	대구	서구	36,933	20.80%	7,683	22.17%	8,189	506	**-215**
233	경북	군위의성청송영덕	53,062	22.17%	11,765	20.38%	10,816	-949	

[그래픽 10] 전략 목표와 전술 목표 차이 사례

[그래픽 10]은 최적화 과정 하나의 예시이다. '전략' 목표를 달성하기 위해 경북 상주문경 선거구는 20.38%의 사전득표율이 정해졌는데 '전술' 목표에서는 대구서구의 전략목표치 20.80%를 적용하였다는 의미

이며 3개 선거구간 전략 목표치를 서로 바꾸면 결과적으로 215표가 줄어든다.

요컨대 보정 비율을 조정한 '전략 목표 판세표'에서 다시 표수 최적화를 하여 실제 투개표장에 적용할 투표율, 득표율 등 선거 목표 모델이 확정되었던 것으로 보인다. 이후 이를 '전술 목표 판세표' 라고 부르기로 한다.

5. 청사진의 실현 : 개표 결과 판세표

이상에서는 전산 데이터상의 조정이지만 여전히 실제 투표에서는 유권자의 표심의 향방에 따른 사전·당일투표율의 변동, 지지율의 변동이 변수로 남아 있다. 이러한 통제 불가능한 요소는 설계값에 오차를 갖게 한다. 따라서 실제 개표 과정에서 또 다른 조정이 필요하다. 이 조정은 미세한 정도이고 투표지분류기, 즉 전자개표기에서 수행한다.

따라서 유권자의 표심의 변동성에 대한 실시간 대처방안의 수립을 위한 프로그램 또한 필요하다. 실시간 개표상황을 공유할 수는 있으나 보안 유지 절차의 간단화 등으로 전체를 관장하는 콘트롤 타워와 같은 것이 필요하며 이를 위해 투표지분류기의 통신기능이 필요했을 것으로 추측한다.

이렇게 하여 개표가 모두 끝난 후 나온 21대 4.15총선 최종 개표결과는 용어의 일관성을 위하여 '개표 결과 판세표'라고 부르기로 한다. 이 판세표는 중앙선거관리위원회가 개표 완료 후 홈페이지를 통해 발표하는 공식 통계 결과를 말한다.

더불어민주당 당일득표율 50% 이상이라는 기준점

21대 총선 개표결과에는 곳곳에 특이한 숫자가 발견된다. 그 중에 하나가 더불어민주당의 당일득표율 50% 이상과 미만 구간으로 구분하여 전체 선거구 당일투표수를 합계해 보면 50% 미만인 구간이 11,440,788 이고, 이상인 구간이 5,807,317이며 이 값의 백분율은 각각 66.3307%, 33.6693% 즉, 완벽한 2:1의 비율에서 단 57,949표 정도의 오차를 갖는다. 총 당일투표수 1천7백여만표 기준 57,949표 0.33%의 정밀도이다. 이를 도식화하면 [그래픽 11]과 같다. 이 더불어민주당 당일 50% 득표율 기준 2:1의 비율은 중요한 의미를 가지고 있는 것으로 보이므로 추후 연구과제로 남겨 놓겠다.

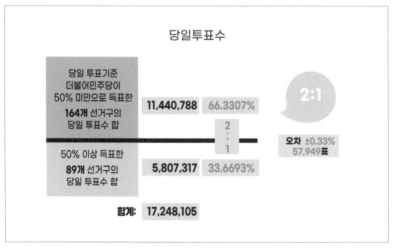

[그래픽 11] 더불어민주당 당일득표율 50% 이상/미만 선거구 당일투표수 총합 및 비율

지금까지 언급한 내용들을 정리해 보기로 하자. 맨 처음에는 빅데이

터 분석 등 각종 방법과 자료를 통하여 조작이 없는 상태의 실제 당선자를 파악하는 기초 판세표를 만들었을 것이다. 그 다음 지역구 선거에서 목표로 하는 당선자 수를 확보하고 비례대표 의석수를 고려하여 최종 목표 당선자 수를 달성하기 위한 '기본 판세표'가 작성되었으며, 동시에 목표가 이루어졌을 때 프로그래머의 비밀 지문 [follow_the_party]이 나타나도록 하는 최적화된 전략 목표 판세표가 작성되었다. 전술 목표 판세표 작성 단계를 거쳐 개표장에서 전술 목표를 달성하기 위한 개표기 등의 조작을 통한 실행 전술이 적용되고 실제상황에 대한 부분적인 차이가 보정되면서 최종적 개표 결과 판세표가 만들어졌을 것이다. 이것이 중앙선관위가 개표 직후 발표한 최종 개표 결과 판세표, 즉 선관위 공식 통계이다.

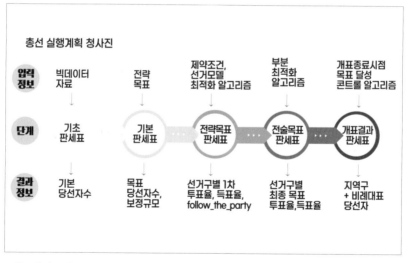

[그래픽 12] 총선 실행계획 청사진

Ⅱ. [follow_the_party]의 도출 과정

프로그래머의 지문 [follow_the_party]는 전략 목표 판세표를 수립했을 때 도출된다. [follow_the_party] 존재에 대해서는 전혀 알 수 없는 상황에서 개표 결과, 즉 선관위가 발표한 개표 결과 판세표로부터 로이킴이 미지의 세계를 탐색해나가듯 규칙성을 찾아 분석하여 이를 발견해낸 것이다.

1. 결과 설계와 실행 계획

기초 및 기본 판세표에 대해서는 필자가 2020년 9월경 추정한 바가 있다. (유튜브 : VON뉴스, 부정으로 패한 미래통합당 후보 50인(추정)_산업프로그래머가 규명하는 부정선거 2020. 9. 7 일자 동영상, 이봉규TV 이공계 출신들 꼭 봐야 할 영상 [장영후 프로그래머] 2020. 10. 2 일자 동영상 참조)

[VON뉴스]
산업프로그래머 규명하는 부정선거

[이봉규tv]
이공계 출신들 꼭 봐야 할 영상_장영후 프로그래머

로이킴은 [follow_the_party]를 포함한 선거 조작 청사진에서 기초 판세표, 기본 판세표, 전략 목표 판세표 등의 존재에 대해 인식하지 못한 채 탐색을 시작했을 것이다. 프로그램 설계자들이 미리 파악하고 있었던 정확한 빅데이터 기초자료 등에 대한 인식이 없이 개표 결과 판세표에서 시작하여 역으로 추적하여 배열의 규칙성을 발견해낸 것이다.

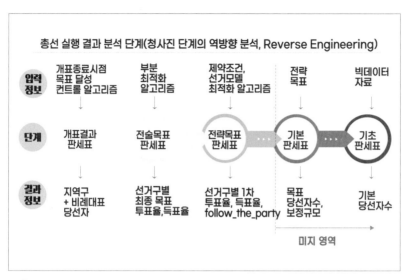

[그래픽 13] [follow_the_party] 분석 방향 – 시간상 수립 역방향*

로이킴이 [그래픽 13]과 같이 개표 결과 판세표에서 시작하여 역방향으로 분석해 들어갔던 시점인 2020년 5월 초에는 드러나지 않았던 사건이 얼마 지나지 않아 기사화되었다. 2020년 5월 14일 중앙일보 김방현 기자는 <"부여개표소 분류기 이상했다" 선관위 "기계 이상 없다">**라는 제목의 보도를 통해 전자개표기 조작 의혹을 강하게 제기했던 것이다.

부여군의 참관인이 노트북 화면에 뜬 투표지분류기의 개표 결과에서 더불어민주당의 후보가 참관인 자신의 판단에 부합하지 않게 많이 나오자 실물표 확인을 요청하였다. 확인 결과 더불어민주당 후보의 표 묶음에서 미래통합당 후보의 표가 많이 드러났고

---

* 앞 페이지 시간상 수립 순방향 그림 참조.
** https://news.joins.com/article/23776496

참관인이 강력히 항의하여 선관위 직원이 투표지 분류기의 운영체제가 실린 노트북을 리부팅하였다. 그 후로는 정상적으로 분류되었다는 내용의 기사였다. 이 개표장에서 미래통합당 후보의 표를 읍·면 단위별로 많게는 30~60장씩 되찾아 왔다는 충격적인 내용이 기사에 담겨 있었다.

이 기사 내용은 이로부터 일년이 지난 2021년 6월 15일, 중앙일보 김방현 기자의 <4.15총선 때 부여서 투표지 분류기 오류 사실로>라는 제목의 기사를 통해 확인되었다. 부여 개표소에서 참관인의 항의 후에 재분류를 개시하기 전 개표상황표를 기술협력요원이 찢고 새로 출력한 사건을 김소연 변호사 등이 고발하였는데, 이 사건을 경찰이 수사하는 과정에서 고발당한 선관위 직원의 진술을 통해 옥산면 투표용지 집계 오류가 인정되었던 것이다.

[중앙일보]
부여개표소 분류기 이상했다

2020년 5월 이후 김방현 기자의 기사로 드러난 부여에서의 상황은 조작 프로그램을 짠 입장에서는 돌발상황이었을 것이다. 따라서 2020년 5월 초에 로이킴이 개표결과를 분석하여 [follow_the_party]를 도출했을 때에는 이 돌발상황이 감안되지 않았을 것이다. 부여에서 이런 상황이 일어났던 것을 몰랐던 상태에서 로이킴이 실행했을 분석과정을 도식화하면 다음과 같다.

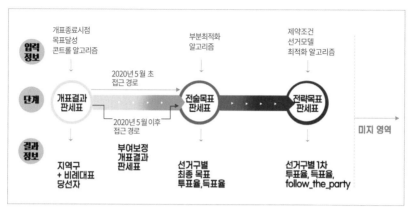

[그래픽 14] 로이킴의 [follow_the_party] 입증 시점 별 접근 경로

    설명의 편의를 위해 조작 프로그램에서 사용된 알고리즘의 명칭을 다음과 같이 정의하도록 한다. 그리고 [그래픽 14]에 여기서 정의된 알고리즘의 이름을 입력정보에 반영하여 도식화하겠다.

알고리즘 명명법

    (i) ftp 알고리즘: 전략목표 판세표 결정 시 사용된 제약 조건 중 [follow_the_party]를 만들기 위한 알고리즘.

    (ii) 비중최적화 알고리즘: 전략목표 판세표 결정시 [follow_the_party] 제약 조건하에 최소 보정득표율을 결정하기 위해 사용된 선거모델 최적화 알고리즘.

    (iii) 부분최적화 알고리즘: 전술목표 판세표 결정시 적용된 당일득표율이 유사한 지역구 간 보정표수를 줄이기 위한 부분최적화 알고리즘.

    (iv) 디지털 누적 개표 콘트롤 알고리즘: 개표 종료시점 목표달성 콘트롤 알고리즘. 선거구별로 개표를 완료하는 시점에 정해진 목표값을 달성하도록 실시간으로 분류기를 통해 개표 콘트롤을 하는 알고리즘.

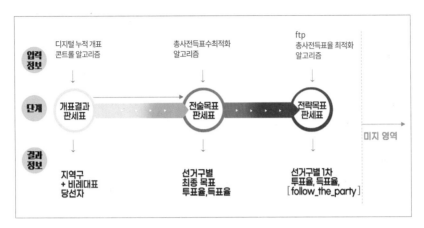

[그래픽 15] [follow_the_party] 입증 단계별 적용 알고리즘

판세표 작성을 위한 입력정보인 알고리즘의 작성과정을 ftp 알고리즘 →
사전득표율 최적화 알고리즘 → 사전득표수 최적화 알고리즘 순으로 기술하
려고 한다.

2. 선거구 순번 정의 현황

전략 목표 판세표 작성을 위해 필요한 ftp 알고리즘의 기초 정보는 선관
위가 253개 선거구에 코드번호로 부여한 번호를 정렬한 표이다. 이 표의 정
렬순서 1순위부터 7개 선거구를 하나의 그룹으로 하여 상위 그룹 16개와
하위 그룹 16개, 총 32개 그룹 224개 선거구에 대해서 설계자만 알 수 있는
알고리즘을 적용하여 지문을 남기려 한 것으로 보인다. 이 작업은 제작자
가 자신의 흔적을 남기기 위한 용도 외 다른 의미는 없어 보인다. 그럼에도
불구하고 '전략 목표 판세표'라고 명명한 것은 그 함의의 중대성 때문이다.

[follow_the_party] 도출 과정 이해를 위해 가장 먼저 알아야 할 것은 중앙선관위가 각 선거구에 붙이는 일련번호(코드)가 있다는 사실이다. 전국의 선거구는 모든 도로가 시작되는 원표가 있는 서울 종로구를 1번으로 하여 이곳을 기준으로 가장 먼 곳인 제주도 서귀포시를 마지막 253번으로 하는 행정구역 번호를 사용한다. 서울을 중심으로 광역시, 자치시, 서울에서 가까운 도 소재지 순서로 번호가 부여된다.

선거구 번호 부여 결과

선거구 번호	시도	선거구명	선거구 번호	시도	선거구명
			~ 중략 ~		
1	서울	종로구	240	경남	진주시갑
2	서울	중구성동구갑	241	경남	진주시을
3	서울	중구성동구을	242	경남	통영시고성군
4	서울	용산구	243	경남	사천남해하동
5	서울	광진구갑	244	경남	김해시갑
6	서울	광진구을	245	경남	김해시을
7	서울	동대문구갑	246	경남	밀양의령함안창녕
8	서울	동대문구을	247	경남	거제시
9	서울	중랑구갑	248	경남	양산시갑
10	서울	중랑구을	249	경남	양산시을
11	서울	성북구갑	250	경남	산청함양거창합천
12	서울	성북구을	251	제주	제주시갑
13	서울	강북구갑	252	제주	제주시을
14	서울	강북구을	253	제주	서귀포시
15	서울	도봉구갑			

정치1번지
→ 종로구 선거구
: 1번 선거구

특별시
광역시
특별자치시

가장 원거리
→ 제주 서귀포시 선거구
: 253 번 선거구

[그래픽 16] 선거구 번호 부여 규칙

선관위 홈페이지에서 통계 자료를 조회하게 되면 모두 이와 같은 순서로 되어 있음을 알 수 있다.

[그래픽 17] 선관위 홈페이지 21대 총선 개표현황 조회화면

중앙선관위가 통계를 발표할 때 일련번호가 노출되지는 않지만 종로부터 서귀포까지 일련번호가 부여된다는 것은 관행으로서 비밀에 속하지 않는다. [follow_the_party]는 숫자를 알파벳으로 변환한 코드이므로 이 숫자들의 기저에 253개 행정구역의 일련번호가 들어있다는 것을 먼저 알아둘 필요가 있다. 특히 디지털 조작에 관련되어 있으므로 이는 매우 중요한 사실이다. 좀 더 구체적으로 설명하면 다음과 같다.

첫째, 데이터베이스 저장소는 일반 PC와 마찬가지로 저장장치를 통해 데이터를 보관한다. 보관 시 숫자 코드로 하면 3자릿수 선거구 번호의 경우 숫자 하나가 1바이트이므로 3바이트만 가지고 253이라는 값을 저장할 수 있다. 그러나 253 숫자 대신 이 선거구의 이름인 서귀포시로 저장하게 되면 한글 2바이트 체계 데이터베이스에서는 2 x 3 = 6바이트, 요즘 가장 많이 사용하는 한글 3바이트 체계에서는 3 x 3 = 9바이트를 필요로 하게 된다. 따라서 데이터 규모가 작은 경우는 저장용량이 작아 운영비용이 차이가 많이 나지 않겠지만 규모가 큰 데이터베이스에서는 많은 저장용량이 필요하여 하드웨어 비용의 증가를 가져온다.

둘째, 선거구 이름이 변경되는 경우가 있기 때문이다. 가령 인천미추홀구의 경우 남구에서 개명된 경우이다. 남구라는 이름으로 자료에 저장이 되었다면 이름이 변경되는 순간 변경되기 전과 변경된 이후 데이터 간 연결성이 끊어지게 된다. 그래서 시스템을 개발할 때 이름 변경 가능성이 있는 정보는 코드번호 1번 종로구, 2번 중구성동구갑 등과 같이 코드 테이블을 만들어 놓고 개표결과와 같이 시간과 함께 저장되는 이력(History) 테이블에는 이름 대신 코드번호를 적용하여 저장한 후 보고서나 화면 등에 불러낼 때는 이력테이블의 선거구 번호와 코드테이블의 선거구 번호를 연결하여 선거구명을 찾아 보여주는 방법으로 시스템을 개발한다. 이러한 형태의 데이터베이스를 관계형데이터베이스 (Relational Data Base, RDB)라고 한다.

sggName	num		num	time	투표수
종로구	1	←→	1	2020.4.15 12:00	22,224
중구성동구갑	2	←→	2	2020.4.15 12:00	34,032
중구성동구을	3	←→	3	2020.4.15 12:00	34,549
용산구	4	←→	4	2020.4.15 12:00	34,157

[예: 코드테이블과 투표인수 이력테이블 연결]

선관위가 선거구를 코드 형태 번호로 관리하고 있는 시스템적 증거는 대한민국의 정부기관, 헌법기관, 지자체 및 공공기관의 개방된 데이터를 조회할 수 있는 공공데이터포털(www.data.go.kr)에서 다음과 같은 접근경로와 활용신청을 통해 조회해 볼 수 있다.

[접근 경로 (2021년 7월 현재 기준)]
(i) www.data.go.kr로 접속한다.
(ii) 조회된 화면내 "어떤 공공데이터를 찾으시나요?"라고 표시된 검색창에 "중앙선거관리위원회 코드정보"를 입력한 후 돋보기를 클릭한 후 조회된 화면내 아래 [그래픽 18]에 해당하는 정보를 클릭한다.

오픈 API (5,313건)

| 공공행정 | 헌법기관 |

XML 중앙선거관리위원회 코드정보

선거ID와 선거종류코드, 선거명, 선거구등 선거에 관련된 기초코드를 조회할 수 있는 기능을 제공하는 조회서비스
제공기관 중앙선거관리위원회 **수정일** 2021-07-13 **조회수** 1689 **활용신청** 252 **키워드** 중앙선거관리위원회,코드,선거

| 공공행정 | 헌법기관 |

XML 중앙선거관리위원회 **투·개표정보**

투개표 정보를 조회 할 수 있는 서비스 이다.
제공기관 중앙선거관리위원회 **수정일** 2020-10-29 **조회수** 2969 **활용신청** 108 **키워드** 중앙선거관리위원회,**투개표**,선거

[그래픽 18] 선관위 코드 공개정보 조회 결과

검색된 "중앙선거관리위원회 코드정보"를 클릭한 후 조회된 화면내 참고문서에 제공되는 "OpenAPI활용가이드(코드정보)_v3.2.hwp" 한글 파일을 다운로드하여 본문을 보면 "국가 선거정보(코드 정보 조회 서비스)"라고 되어 있으며, 7쪽에 보면 "(2) 선거구 코드 조회 오퍼레이션 명세"에 선거구 코드 조회에 대한 내용이 있으며 이 API를 회원가입 후 활용 신청하면 데이터 요청 URL을 통해 즉시 웹브라우저에서 XML형태로 조회해 볼 수 있다. 4.15총선 253 개 선거구를 한 페이지에 표시하려면 numOfRows를 253으로 변경하여 실행하면 된다.*

(iii) 매뉴얼 7쪽에 조회를 하였을 경우 응답으로 나오는 결과에 대한 설명이 있으며 다음 [그래픽 19]와 같다.

---

* http://apis.data.go.kr/9760000/CommonCodeService/getCommonSggCodeList?sgId=20200415&sgTypecode=2&pageNo=1&numOfRows=253&resultType=xml&ServiceKey=서비스키.

(나) 응답 메시지 명세

항목명(영문)	항목명(국문)	항목크기	항목구분	샘플데이터	항목설명
resultCode	결과코드	10	1	INFO-00	INFO-00:성공
resultMsg	결과메시지	50	1	NORMAL SERVICE	
Items			0..n		
num	결과순서	8	1	1	결과순서
sgId	선거ID	10	1	20200415	선거ID
sgTypecode	선거종류코드	2	1	2	선거종류코드
sggName	선거구명	80	1	서울특별시	선거구명
sdName	시도명	40	0	서울특별시	시도명 (대선, 비례국선 : 전국 으로 표기 그 외 : 선거구를 관할 하는 시도명)
wiwName	구시군명	40	0		구시군명 (대선, 시도지사, 비례국선, 비례광역, 교육감 : 공란 그 외 : 선거구를 관할 하는 구시군명)
sggJungsu	선출정수	2	1	1	선출정수(명)
sOrder	순서	3	0	1	순서
numOfRows	목록건수	100	1	10	목록건수
pageNo	페이지 번호	100	1	1	페이지 번호
totalCount	총건수	100	1	10	총건수

※ 항목구분 : 필수(1), 옵션(0), 1건 이상 복수건(1..n), 0건 또는 복수건(0..n)
※ 주의사항 : 재·보궐선거의 경우 추가적으로 선거구지역이 추가될 수 있습니다.

[그래픽 19] 선거구 코드조회 응답메시지 명세

(iv) 이러한 과정을 거쳐 조회한 결과는 다음 [그래픽 20]과 같다.

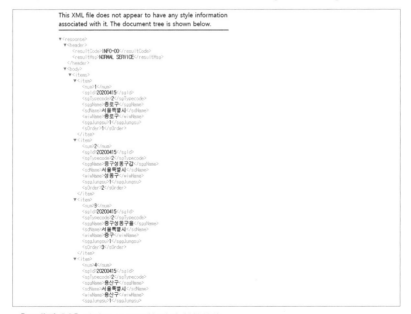

[그래픽 20] 선거구 코드조회 결과 (일부분)

상기 설명을 통하여 253 선거구에 대해 고유한 선거구 번호가 부여되어 사용되고 있고, 또한 데이터를 관리하는 관점에서 매우 중요하게 활용되고 있음을 이해할 수 있었을 것이다. 253개 선거구를 선거구 번호와 함께 표시하면 다음 [그래픽 21]과 같다.

선거구번호	시도	선거구명	선거구번호	시도	선거구명
1	서울	종로구	41	서울	서초구을
2	서울	중구성동구갑	42	서울	강남구갑
3	서울	중구성동구을	43	서울	강남구을
4	서울	용산구	44	서울	강남구병
5	서울	광진구갑	45	서울	송파구갑
6	서울	광진구을	46	서울	송파구을
7	서울	동대문구갑	47	서울	송파구병
8	서울	동대문구을	48	서울	강동구갑
9	서울	중랑구갑	49	서울	강동구을
10	서울	중랑구을	50	부산	중구영도구
11	서울	성북구갑	51	부산	서구동구
12	서울	성북구을	52	부산	부산진구갑
13	서울	강북구갑	53	부산	부산진구을
14	서울	강북구을	54	부산	동래구
15	서울	도봉구갑	55	부산	남구갑
16	서울	도봉구을	56	부산	남구을
17	서울	노원구갑	57	부산	북구강서구갑
18	서울	노원구을	58	부산	북구강서구을
19	서울	노원구병	59	부산	해운대갑
20	서울	은평구갑	60	부산	해운대을
21	서울	은평구을	61	부산	사하구갑
22	서울	서대문구갑	62	부산	사하구을
23	서울	서대문구을	63	부산	금정구
24	서울	마포구갑	64	부산	연제구
25	서울	마포구을	65	부산	수영구
26	서울	양천구갑	66	부산	사상구
27	서울	양천구을	67	부산	기장군
28	서울	강서구갑	68	대구	중구남구
29	서울	강서구을	69	대구	동구갑
30	서울	강서구병	70	대구	동구을
31	서울	구로구갑	71	대구	서구
32	서울	구로구을	72	대구	북구갑
33	서울	금천구	73	대구	북구을
34	서울	영등포구갑	74	대구	수성구갑
35	서울	영등포구을	75	대구	수성구을
36	서울	동작구갑	76	대구	달서구갑
37	서울	동작구을	77	대구	달서구을
38	서울	관악구갑	78	대구	달서구병
39	서울	관악구을	79	대구	달성군
40	서울	서초구갑	80	인천	중구강화옹진
			81	인천	동구미추홀구갑

선거구번호	시도	선거구명	선거구번호	시도	선거구명
82	인천	동구미추홀구을	127	경기	안양시만안구
83	인천	연수구갑	128	경기	안양시동안구갑
84	인천	연수구을	129	경기	안양시동안구을
85	인천	남동구갑	130	경기	부천시갑
86	인천	남동구을	131	경기	부천시을
87	인천	부평구갑	132	경기	부천시병
88	인천	부평구을	133	경기	부천시정
89	인천	계양구갑	134	경기	광명시갑
90	인천	계양구을	135	경기	광명시을
91	인천	서구갑	136	경기	평택시갑
92	인천	서구을	137	경기	평택시을
93	광주	동구남구갑	138	경기	동두천시연천군
94	광주	동구남구을	139	경기	안산시상록구갑
95	광주	서구갑	140	경기	안산시상록구을
96	광주	서구을	141	경기	안산시단원구갑
97	광주	북구갑	142	경기	안산시단원구을
98	광주	북구을	143	경기	고양시갑
99	광주	광산구갑	144	경기	고양시을
100	광주	광산구을	145	경기	고양시병
101	광주	광산구을	146	경기	고양시정
102	대전	중구	147	경기	의왕시과천시
103	대전	서구갑	148	경기	구리시
104	대전	서구을	149	경기	남양주갑
105	대전	유성구갑	150	경기	남양주을
106	대전	유성구을	151	경기	남양주병
107	대전	대덕구	152	경기	오산시
108	울산	중구	153	경기	시흥시갑
109	울산	남구갑	154	경기	시흥시을
110	울산	남구을	155	경기	군포시
111	울산	동구	156	경기	하남시
112	울산	북구	157	경기	용인시갑
113	울산	울주군	158	경기	용인시을
114	세종	세종갑	159	경기	용인시병
115	세종	세종을	160	경기	용인시정
116	경기	수원시갑	161	경기	파주시갑
117	경기	수원시을	162	경기	파주시을
118	경기	수원시병	163	경기	이천시
119	경기	수원시정	164	경기	안성시
120	경기	수원시무	165	경기	김포시갑
121	경기	성남 수정구	166	경기	김포시을
122	경기	성남 중원구	167	경기	화성시갑
123	경기	성남 분당구갑	168	경기	화성시을
124	경기	성남 분당구을	169	경기	화성시병
125	경기	의정부시갑	170	경기	광주시갑
126	경기	의정부시을	171	경기	광주시을

선거구번호	시도	선거구명	선거구번호	시도	선거구명
173	경기	포천시가평군	214	전남	여수시을
174	경기	여주시양평군	215	전남	순천광양곡성구례군갑
175	강원	춘천철원화천양구갑	216	전남	순천광양곡성구례군을
176	강원	춘천철원화천양구을	217	전남	나주시화순군
177	강원	원주시갑	218	전남	담양함평영광장성
178	강원	원주시을	219	전남	고흥보성장흥강진
179	강원	강릉시	220	전남	해남완도진도
180	강원	동해태백삼척정선	221	전남	영암무안신안
181	강원	속초인제고성양양	222	경북	포항북구
182	강원	홍천횡성영월평창	223	경북	남구울릉
183	충북	청주시상당구	224	경북	경주시
184	충북	청주시서원구	225	경북	김천시
185	충북	청주시흥덕구	226	경북	안동예천
186	충북	청주시청원구	227	경북	구미갑
187	충북	충주시	228	경북	구미을
188	충북	제천단양	229	경북	영주영양봉화울진
189	충북	보은옥천영동괴산	230	경북	영천청도
190	충북	증평진천음성	231	경북	상주문경
191	충남	천안갑	232	경북	경산
192	충남	천안을	233	경북	군위의성청송영덕
193	충남	천안병	234	경북	고령성주칠곡
194	충남	공주부여청양	235	경남	창원시의창구
195	충남	보령서천	236	경남	창원시성산구
196	충남	아산갑	237	경남	창원시마산합포구
197	충남	아산을	238	경남	창원시마산회원구
198	충남	서산태안	239	경남	창원시진해구
199	충남	논산계룡금산	240	경남	진주시갑
200	충남	당진시	241	경남	진주시을
201	충남	홍성예산	242	경남	통영시고성군
202	전북	전주시갑	243	경남	사천남해하동
203	전북	전주시을	244	경남	김해시갑
204	전북	전주시병	245	경남	김해시을
205	전북	군산시	246	경남	밀양의령함안창녕
206	전북	익산시갑	247	경남	거제시
207	전북	익산시을	248	경남	양산시갑
208	전북	정읍고창	249	경남	양산시을
209	전북	남원임실순창	250	경남	산청함양거창합천
210	전북	김제부안	251	제주	제주시갑
211	전북	완주진안무주장수	252	제주	제주시을
212	전남	목포시	253	제주	서귀포시
213	전남	여수시갑			

[그래픽 21] 21대 총선 선거구 번호 및 선거구명

3. 16개 문자 도출 위한 그룹짓기 규칙

16개의 문자 수인 [follow_the_party] 도출에 사용된 선거구는 모두 253개 선거구 중 224개의 선거구이다. 29개 선거구는 ftp 알고리즘에는 사용되지 않았다.

[16개 선거구 그룹 x 2개의 상위/하위 그룹 x 7개 선거구를 한 그룹으로 묶음 = 224개 선거구]

정렬규칙에 따라 정리한 후 첫번째부터 7개씩 그룹번호 1번부터 부여하여 정리한 224개 선거구는 다음 [그래픽 22]와 같다.

그룹	선거구 번호	시도	선거구	그룹	선거구 번호	시도	선거구
1	100	광주	광산구을	3	94	광주	동구남구을
	98	광주	광주북구을		214	전남	여수시을
	218	전남	담양함평영광장성		169	경기	화성시병
	99	광주	광산구갑		208	전북	정읍고창
	95	광주	광주서구갑		207	전북	익산시을
	93	광주	동구남구갑		216	전남	순천광양곡성구례을
	221	전남	영암무안신안		20	서울	은평구갑
2	217	전남	나주화순	4	161	경기	파주시갑
	206	전북	익산시갑		205	전북	군산시
	202	전북	전주시갑		220	전남	해남완도진도
	96	광주	광주서구을		135	경기	광명시을
	154	경기	시흥시을		92	인천	인천서구을
	168	경기	화성시을		18	서울	노원구을
	204	전북	전주시병		14	서울	강북구을

그룹	선거구 번호	시도	선거구		그룹	선거구 번호	시도	선거구
5	203	전북	전주시을		11	171	인천	광주시을
	210	전북	김제부안			87	경기	부평구갑
	172	경기	양주시			252	제주	제주시을
	117	경기	수원시을			32	서울	구로구을
	219	전남	고흥보성장흥강진			103	대전	대전서구갑
	213	전남	여수시갑			211	전북	완주진안무주장수
	158	경기	용인시을			83	인천	연수구갑
6	132	경기	부천시병		12	170	경기	광주시갑
	192	충남	천안시을			141	경기	안산시단원구갑
	150	경기	남양주시을			29	서울	강서구을
	116	경기	수원시갑			115	세종	세종을
	215	전남	순천광양곡성구례갑			28	서울	강서구갑
	11	서울	성북구갑			131	경기	부천시을
	10	서울	중랑구을			86	인천	남동구을
7	130	경기	부천시갑		13	114	세종	세종갑
	121	경기	성남시수정구			253	제주	서귀포시
	23	서울	서대문구을			166	경기	김포시을
	12	서울	성북구을			106	대전	유성구을
	197	충남	아산시을			34	서울	영등포구갑
	89	인천	계양구갑			24	서울	마포구갑
	139	경기	안산시상록구갑			165	경기	김포시갑
8	149	경기	남양주시갑		14	128	경기	안양시동안구갑
	97	광주	광주북구갑			85	인천	남동구갑
	30	서울	강서구병			1	서울	종로구
	148	경기	구리시			186	충북	청주시청원구
	21	서울	은평구을			122	경기	성남시중원구
	119	경기	수원시정			15	서울	도봉구갑
	88	인천	부평구을			129	경기	안양시동안구을
9	90	인천	계양구을		15	162	경기	파주시을
	155	경기	군포시			250	경남	산청함양거창합천
	126	경기	의정부시을			36	서울	동작구갑
	152	경기	오산시			145	경기	고양시병
	185	충북	청주시흥덕구			8	서울	동대문구을
	120	경기	수원시무			91	인천	인천서구갑
	27	서울	양천구을			19	서울	노원구병
10	17	서울	노원구갑		16	49	서울	강동구을
	105	대전	유성구갑			2	서울	중구성동구갑
	133	경기	부천시청			233	경북	군위의성청송영덕
	140	경기	안산시상록구을			118	경기	수원시병
	104	대전	대전서구을			249	경남	양산시을
	9	서울	중랑구갑			127	경기	안양시만안구
	13	서울	강북구갑			212	전남	목포시

[그래픽 22] [follow_the_party] 도출 출발 선거구 및 그룹

그룹	선거구 번호	시도	선거구
17	195	충남	보령서천
	125	경기	의정부시갑
	209	전북	남원임실순창
	107	대전	대덕구
	111	울산	울산동구
	225	경북	김천시
	191	충남	천안시갑
18	178	강원	원주시을
	22	서울	서대문구갑
	231	경북	상주문경
	6	서울	광진구을
	16	서울	도봉구을
	31	서울	구로구갑
	160	경기	용인시정
19	196	충남	아산시갑
	184	충북	청주시서원구
	71	대구	서구
	224	경북	경주시
	5	서울	광진구갑
	199	충남	논산계룡금산
	33	서울	금천구
20	239	경남	창원시진해구
	226	경북	안동예천
	138	경기	동두천시연천군
	153	경기	시흥시갑
	39	서울	관악구을
	124	경기	성남시분당구을정
	146	경기	고양시정
21	176	강원	춘천화천철원양구
	81	인천	동구미추홀구갑
	35	서울	영등포구을
	251	제주	제주시갑
	200	충남	당진시
	25	서울	마포구을
	177	강원	원주시갑
22	164	경기	안성시
	183	충북	청주시상당구
	234	경북	고령성주칠곡
	134	경기	광명시갑
	56	부산	부산남구을
	61	부산	사하구갑
	229	경북	영주영양봉화울진

그룹	선거구 번호	시도	선거구
23	193	충남	천안시병
	57	부산	북구강서구갑
	69	대구	동구갑
	144	경기	고양시을
	7	서울	동대문구갑
	236	경남	창원시성산구
	201	충남	홍성예산
24	43	서울	강남구을
	142	경기	안산시단원구을
	163	경기	이천시
	66	부산	사상구
	188	충북	제천단양
	190	충북	증평진천음성
	187	충북	충주시
25	112	울산	북구
	80	인천	중구강화옹진
	50	부산	중구영도구
	55	부산	부산남구갑
	101	대전	대전동구
	4	서울	용산구
	45	서울	송파구갑
26	37	서울	동작구을
	52	부산	부산진구갑
	248	경남	양산시갑
	64	부산	연제구
	3	서울	중구성동구을
	102	대전	대전중구
	167	경기	화성시갑
27	230	경북	영천청도
	175	강원	춘천화천철원양구갑
	60	부산	해운대구을
	67	부산	기장군
	189	충북	보은옥천영동괴산
	47	서울	송파구병
	136	경기	평택시갑
28	78	대구	달서구병
	123	경기	성남시분당구갑
	156	경기	하남시
	109	울산	울산남구갑
	72	대구	대구북구갑
	51	부산	서구동구
	237	경남	창원시마산합포구

그룹	선거구번호	시도	선거구
29	26	서울	양천구갑
	110	울산	울산남구을
	241	경남	진주시을
	198	충남	서산태안
	238	경남	창원시마산회원구
	181	강원	속초인제고성양양
	38	서울	관악구갑
30	76	대구	달서구갑
	227	경북	구미시갑
	244	경남	김해시갑
	137	경기	평택시을
	82	인천	동구미추홀구을
	113	울산	울주군
	53	부산	부산진구을

그룹	선거구번호	시도	선거구
31	180	강원	동해태백삼척정선
	173	경기	포천가평
	84	인천	연수구을
	245	경남	김해시을
	75	대구	수성구을
	48	서울	강동구갑
	246	경남	밀양의령함안창녕
32	70	대구	동구을
	157	경기	용인시갑
	65	부산	수영구
	44	서울	강남구병
	147	경기	의왕과천
	45	서울	송파구을
	151	경기	남양주시병

[그래픽 22] [follow_the_party] 도출 출발 선거구 및 그룹

상기 [그래픽 22] 내 32개 그룹, 그룹당 7개 선거구를 다음 [그래픽 23]과 같이 배치한다.

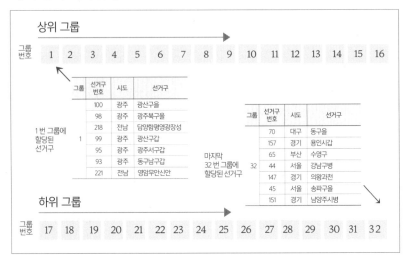

[그래픽 23] 그룹 배치도

같은 열에 있는 상하위 그룹을 하나의 세트 (예: 1번과 17번, 2번과 18번 …. 16번과 32번)로 해서 설계자가 의도한 문자가 나오게 하는 것으로 도식화하면 다음 그래프 23과 같다.

[그래픽 24] 문자열 추출을 위한 배치도

이후 과정은 단순한 프로그램 로직을 설명하는 것이며 이를 위해 사전 지식으로서 아스키(ASCII)코드에 대한 개념을 갖고 있어야 한다. 아스키코드는 2의7승 128개의 번호에 문자를 할당한 문자표로 10진수, 2진수 기준 다음 [그래픽 25]와 같다. 10진수 기준 119, 2진수 기준 01110111에 할당된 문자가 무엇인지 이해를 위해 아래표를 확인해보라.

10진수	2진수	할당문자	설 명
0	00000000	NUL	Null char
1	00000001	SOH	Start of Heading
2	00000010	STX	Start of Text
3	00000011	ETX	End of Text
4	00000100	EOT	End of Transmission
5	00000101	ENQ	Enquiry
6	00000110	ACK	Acknowledgment
7	00000111	BEL	Bell
8	00001000	BS	Back Space
9	00001001	HT	Horizontal Tab
10	00001010	LF	Line Feed
11	00001011	VT	Vertical Tab
12	00001100	FF	Form Feed
13	00001101	CR	Carriage Return
14	00001110	SO	Shift Out / X-On
15	00001111	SI	Shift In / X-Off
16	00010000	DLE	Data Line Escape
17	00010001	DC1	Device Control 1 (oft. XON)
18	00010010	DC2	Device Control 2
19	00010011	DC3	Device Control 3 (oft. XOFF)
20	00010100	DC4	Device Control 4
21	00010101	NAK	Negative Acknowledgement
22	00010110	SYN	Synchronous Idle
23	00010111	ETB	End of Transmit Block
24	00011000	CAN	Cancel
25	00011001	EM	End of Medium
26	00011010	SUB	Substitute
27	00011011	ESC	Escape
28	00011100	FS	File Separator
29	00011101	GS	Group Separator
30	00011110	RS	Record Separator
31	00011111	US	Unit Separator

10진수	2진수	할당문자	설 명
32	00100000	Space	
33	00100001	!	Exclamation mark
34	00100010	"	Double quotes (or speech marks)
35	00100011	#	Number
36	00100100	$	Dollar
37	00100101	%	Procenttecken
38	00100110	&	Ampersand
39	00100111	'	Single quote
40	00101000	(	Open parenthesis (or open bracket)
41	00101001	)	Close parenthesis (or close bracket)
42	00101010	*	Asterisk
43	00101011	+	Plus
44	00101100	,	Comma
45	00101101	-	Hyphen
46	00101110	.	Period,dot or full stop
47	00101111	/	Slash or divide
48	00110000	0	Zero
49	00110001	1	One
50	00110010	2	Two
51	00110011	3	Three
52	00110100	4	Four
53	00110101	5	Five
54	00110110	6	Six
55	00110111	7	Seven
56	00111000	8	Eight
57	00111001	9	Nine
58	00111010	:	Colon
59	00111011	;	Semicolon
60	00111100	<	Less than (or open angled bracket)
61	00111101	=	Equals
62	00111110	>	Greater than (or close angled bracket)

10 진수	2 진수	할당문자	설 명
63	00111111	?	Question mark
64	01000000	@	At symbol
65	01000001	A	
66	01000010	B	
67	01000011	C	
68	01000100	D	
69	01000101	E	
70	01000110	F	
71	01000111	G	
72	01001000	H	
73	01001001	I	
74	01001010	J	
75	01001011	K	
76	01001100	L	
77	01001101	M	
78	01001110	N	
79	01001111	O	
80	01010000	P	
81	01010001	Q	
82	01010010	R	
83	01010011	S	
84	01010100	T	
85	01010101	U	
86	01010110	V	
87	01010111	W	
88	01011000	X	
89	01011001	Y	
90	01011010	Z	
91	01011011	[	
92	01011100	\	
93	01011101	]	
94	01011110	^	

10 진수	2 진수	할당문자	설 명
95	01011111	_	
96	01100000	`	
97	01100001	a	
98	01100010	b	
99	01100011	c	
100	01100100	d	
101	01100101	e	
102	01100110	f	
103	01100111	g	
104	01101000	h	
105	01101001	i	
106	01101010	j	
107	01101011	k	
108	01101100	l	
109	01101101	m	
110	01101110	n	
111	01101111	o	
112	01110000	p	
113	01110001	q	
114	01110010	r	
115	01110011	s	
116	01110100	t	
117	01110101	u	
118	01110110	v	
119	01110111	w	
120	01111000	x	
121	01111001	y	
122	01111010	z	
123	01111011	{	
124	01111100			
125	01111101	}	
126	01111110	~	

[그래픽 25] 아스키(ASCII) 문자표

[그래픽 25]에서 10진수 기준 91번에서 126번까지가 구간이 사용된 이유와 절차를 필자가 설계자의 관점에서 재구성해 보기로 한다.

4. [follow_the_party] 알고리즘 설명

[follow_the_party]를 발견한 로이킴은 [follow_the_party]라는 문장을 발견하는 데는 이틀 정도가 걸렸지만 이 전체 게리맨더링 공식을 완성하기까지는 한달 반 정도 걸렸다고 말한 적이 있다.

로이킴의 말대로 [follow_the_party]를 발견할 때 쓰인 로직은 그다지 고난도의 프로그램이 아니었다. 하지만 정작 이해가 어려웠던 것은 로이킴이 제시한 게리맨더링 로직에 관련된 것이었다. (로이킴은 게리맨더링이라는 표현을 썼으나 당락을 옮기는 개념보다 최적화 과정이므로 용어 사용에 실수가 있었던 것으로 보인다.) 이 장은 로이킴이 이른바 디지털 게리맨더링이라는 로직에 어떤 계기로 다가가게 되었는지 그 출발점을 해설하는 것으로 시작하고자 한다.

먼저 하나의 예를 들어 보기로 한다. 모 고등학교에서 다음과 같은 국어와 영어 시험 채점 결과가 있었다고 가정하자.

중간고사 결과		점수		중간고사 결과		점수	
번호	이름	국어	영어	번호	이름	국어	영어
1	A	65	78	11	K	59	50
2	B	73	67	12	L	61	59
3	C	55	52	13	M	35	23
4	D	82	89	14	N	63	64
5	E	66	53	15	O	34	33
6	F	96	94	16	P	48	70
7	G	95	94	17	Q	56	58
8	H	88	89	18	R	65	35
9	I	85	90	19	S	73	84
10	J	80	82	20	T	43	58

[그래픽 26] 국어, 영어 시험 중간고사 채점 결과

위 채점 결과를 그래프로 그리면 [그래픽 27]과 같다.

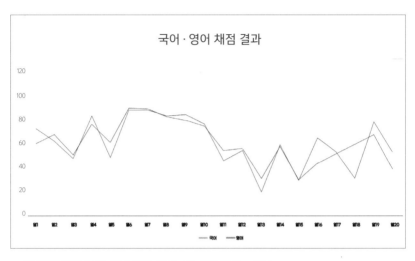

[그래픽 27] 국어, 영어 시험 중간고사 채점 결과 그래프

국어와 영어 점수가 학생들에 따라서 높기도 하고 낮기도 하고 차이가 많이 나기도 하고 작게 나기도 한 자연스러운 상황이다. 여기에 다음과 같은 공식을 대입해 보기로 한다.

영어 점수 = 국어 점수 x (1 - 1/(3.095 x 가중치)) (식1)

국어 점수에 어떤 계산식을 적용하니 정확하게 실제 영어 점수가 나온 것은 금방 보면 매우 신기한 일이다. 하지만, 국어와 영어 점수라는 두 데이터를 사용하여 역산으로 가중치를 계산한다.

가중치 = 1/고정값 x (1/(1-(영어 점수/국어 점수))) (식2)

중간고사 결과		점수			계산한 영어 점수	채점결과 영어 점수	차이
번호	이름	국어	고정값	가중치			
1	A	65	3.095	-1.16155	78	78	0.0
2	B	73	3.095	3.9311	67	67	0.0
3	C	55	3.095	5.9235	52	52	0.0
4	D	82	3.095	-3.7849	89	89	0.0
5	E	66	3.095	1.6404	53	53	0.0
6	F	96	3.095	15.5089	94	94	0.0
7	G	95	3.095	30.6947	94	94	0.0
8	H	88	3.095	-28.4330	89	89	0.0
9	I	85	3.095	-5.4927	90	90	0.0
10	J	80	3.095	-12.9241	82	82	0.0
11	K	59	3.095	2.1181	50	50	0.0
12	L	61	3.095	9.8546	59	59	0.0
13	M	35	3.095	0.9424	23	23	0.0
14	N	63	3.095	-20.3554	64	64	0.0
15	O	34	3.095	10.9855	33	33	0.0
16	P	48	3.095	-0.7049	70	70	0.0
17	Q	56	3.095	-9.0468	58	58	0.0
18	R	65	3.095	0.7001	35	35	0.0
19	S	73	3.095	-2.1442	84	84	0.0
20	T	43	3.095	-0.9262	58	58	0.0

[그래픽 28] 계산식에 따라 계산한 영어 점수

여기에서 고정값은 아무값이라도 관계 없다. 이렇게 구한 계산된 가중치 값을 국어 점수에 적용하여 영어 점수를 계산한다면 채점결과와 계산한 영어 점수가 같게 나오는 것은 당연하다. 수학에서 이런 식 1과 2의 관계식을 항등식이라고 한다. 이런 방식으로 식을 구하고 그

식을 통해서 나온 값을 근거로 국어 점수와 영어 점수가 상관 관계가 있다고 주장한다면 그것은 눈속임에 지나지 않는다. 이른바 로이킴 수식이 오해를 받은 것도 이 항등식과 관련이 깊다.

이 국어, 영어 점수 두 데이터가 상관관계가 있음을 증명하려면 다음과 같은 과정이 있어야 한다. [그래픽 28]에 있는 20명의 학생의 가중치값이 높은 상위 그룹과 낮은 하위 그룹으로 구분하여 가중치 값의 그래프를 살펴보기로 한다.

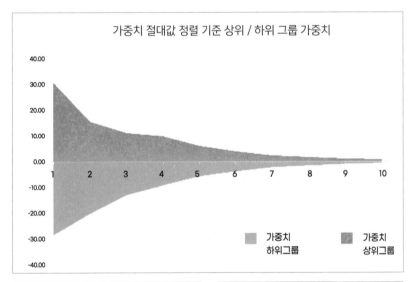

그룹	가중치 하위 그룹	가중치 상위 그룹	그룹	가중치 하위 그룹	가중치 상위 그룹
1	−28.4330	30.6947	6	−3.7849	3.9311
2	−20.3554	15.5089	7	−2.1442	2.1181
3	−12.9241	10.9855	8	−1.6155	1.6404
4	−9.0468	9.8546	9	−0.9262	0.9424
5	−5.4927	5.9235	10	−0.7049	0.7001

[그래픽 29] 상/하위 그룹 가중치

도식화한 결과 결과 상위 그룹과 하위 그룹이 방향만 반대이지 상하 간에 수치가 동일하게 나오고 상위 그룹의 면적값과 하위 그룹의 면적 값이 동일한 규칙성을 발견했다면 어떤 생각을 할 수 있을까? 다른 학생 과 전혀 상관관계가 나올 수 없는 국어, 영어 점수와 여러 학생들의 점 수에 어떤 관계가 존재하지 않을까 생각해 보게 될 것이다. 로이킴은 바 로 여기에서 힌트를 얻어 그 상위 그룹과 하위 그룹간의 관계를 추적하 는 작업을 한 것으로 보인다.

4.15총선 결과 더불어민주당의 사전득표율과 당일득표율 간에 로이킴 이 개발한 식은 다음과 같다.

로이킴이 개발한 식: A후보의 표 $= x \times \{1-y \times (1-1/Zn)\}$

x = 총 사전투표수

y = A후보를 제외한 당일 지지율의 합

z = 조작비율 (고정)

n = 지역구 가중치 (변동)

이를 일반적으로 표현돠는 수식으로 나타내면 다음과 같다.

일반 수학적 표현식: $y = x1 \times \{1-x2 \times (1-1/(c \times v))\}$

y : A후보 사전득표수

x1 : 사전투표 후보득표계

x2 : 합(1-A 후보당일득표수/당일투표후보득표계)

c : 고정값(목표(전략)상수)

v : 가중치(전술상수)

　이 식을 적용하여 계산된 값 중 통계 데이터의 정합성을 관리하는 업무에서 '과대 오차(Gross Error)' 라고 하는 튀는 데이터를 제외하고 시행착오를 거쳐 선거구를 정렬한 후 상기와 유사한 개념으로 도식화하면 [그래픽 30]이 얻어진다. 더불어민주당의 선거구별 가중치의 절대값을 기준으로 정렬하면 0.2, 즉 20% 근처 라인을 기준으로 상위 그룹과 하위 그룹의 수치 차이가 유사하게 나오는 것을 볼 수 있다.

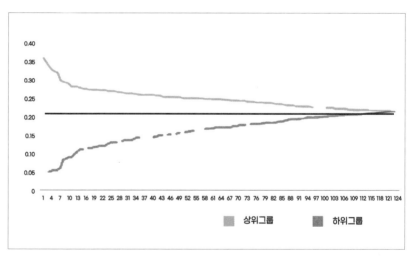

[그래픽 30] 더불어민주당 사전득표율과 당일득표율 가중치

　로이킴은 이러한 상위 그룹과 하위 그룹 간에 어떤 관계가 있지 않을까 해서 집중적인 분석을 하였다. 그리고 많은 시간과 노력을 투입하여 [follow_the_party]와 디지털 게리맨더링 알고리즘을 발견하게 된 것이

다. (디지털 게리맨더링 알고리즘이 적절한 표현인지에 대해서는 반론의 여지가 있으나 주창자를 존중하여 사용함을 밝혀둔다.)

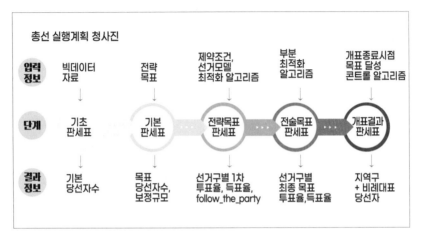

[그래픽 31] 총선 실행 계획 청사진(재인용)

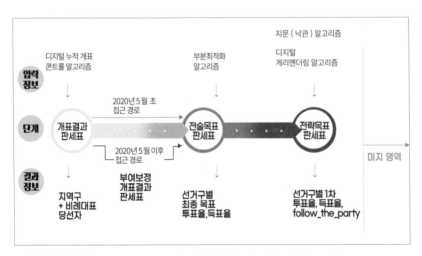

[그래픽 32] [follow_the_party] 입증 단계별 적용 알고리즘(재인용)

빅데이터 등 조사와 분석에서 시작하여 목표로 하는 당선자수를 달성하기 위해서는 기초 판세표, 기본 판세표로부터 전략 목표 판세표까지 작성하여 보정 양을 결정한다. 그런데 설계자의 입장에서는 이 보정표 즉 조작표 수를 최소화해야 했을 것이다.

기초 판세표로부터 전략 목표 판세표를 작성하는 과정에서 두가지 목적이 추정된다. 목적의 1순위는 [follow_the_party] 삽입이었을 것이다. 만약 전략 목표 판세표로 이행하여 선거구별 보정량을 조정할 때 [follow_the_party]라는 제1 목적이 없었다면 처음부터 전술목표 판세표를 기준으로 실행하여 불필요한 과정을 줄일 수 있었다. 그럼에도 2단계에 걸쳐 보정을 한 이유는 제1 목적이 [follow_the_party]의 삽입이었기 때문인 듯하다.

빅데이터 조사 등 각종 분석을 통하여 반드시 당선시켜야 하는 후보, 반드시 낙선시켜야 하는 상대당 후보, 반드시 비례대표로 국회 입성을 시켜야 하는 비례정당, 반드시 입성을 막아야 하는 비례정당 등 설계자의 필요를 규명한 후, 이 필요를 충족시키기 위해 각 선거구별로 보정을 하는 방식의 유형은 다음과 같다. 물론 이 경우에도 사전득표율이 당일 득표율 대비 15% 이내이며, 각 선거구의 사전·당일투표율 합이 관행상 선거구별 허용 범위 이내여야 한다는 기본 조건을 충족해야 한다.

(i) 사전투표만 추가

(ii) 사전투표 추가 + 당일투표 추가

(iii) 사전투표 추가 + 당일투표 추가 + 사전, 당일 상대후보표
       훔쳐 오기

선거구별로 이 중 어떤 유형을 선택할지는 선거인수, 각 후보의 지지율, 각 선거구의 역대선거 투표율로 나타나는 투표참여 의지 등 여러 변수를 고려하여 결정한다. 예를 들어, 2016년 20대 총선 당시 지역구별 투표율이 가장 높은 지역구는 순천시 68.8%, 그 다음은 대구수성구갑 68.5% 이었다. 반면, 가장 낮은 지역은 구미시갑 47.9%, 경기 시흥시을 48.3% 이었다. 기본 투표율이 높은 지역의 경우, 투표율 상한 제약으로 인해 동원할 수 있는 표가 적다. 따라서 반드시 낙선시켜야 하는 상대당 후보가 출마하는 경우 목적달성에 무리가 따르게 된다. 그에 반해 기본 투표율이 낮은 지역은 동원 가능한 표가 많아 상대적으로 수월한 지역이다.

이처럼 각 선거구의 고유 특성을 반영한 선거구별 사전득표수, 당일득표수가 선거 이력과 빅데이터 자료로부터 다양하게 추출되었을 것이다. 설계자가 지원하는 정당 (이하 A당) 전체 선거구의 당일득표율과 사전득표율을 합한 후 각 선거구별로 비중을 구하고 A당 당일득표율 비중 기준 오름차순으로 당일과 사전득표율 비중을 도식화하면 [그래픽 33]과 같이 선거구별로 그 차이는 불규칙한 형태로 나타날 것이다. 이러한 불규칙성이 통계적으로 자연스러운 현상이다.

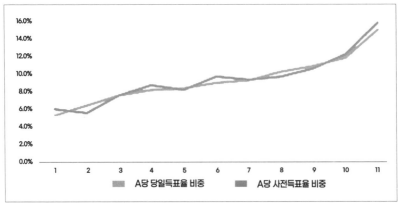

[**그래픽 33**] 기초 판세표에 따른 당일득표율 비중과 사전득표율 비중

그런데 4.15총선의 개표결과에서 시작하여 전략 목표 판세표로 역추적을 하여 사전과 당일득표율 비중을 비교하면 다음 [그래픽 34]와 같이 교점을 중심으로 통계적 규칙성을 가지고 있음이 확인된다. 이는 조작되지 않은 영역의 무질서도는 절대 줄어들지 않고 항상 늘어나거나 일정하다는 열역학 제2법칙, 엔트로피 증가의 법칙에도 위반되는 현상이다. 곧 [그래픽 33]의 자연스러운 모습에서 [그래픽 34]의 모습으로 인위적인 조작이 있었다는 것이다.

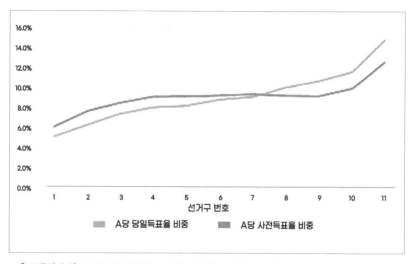

[그래픽 34] 4.15총선 전략목표 판세표에 따른 당일득표율 비중과 사전 득표율 비중

이제부터 [그래픽 33]에서 [그래픽 34]로 즉, 기초 판세표에서 전략목표 판세표로 넘어가는 과정에서 [follow_the_party]라는 지문을 집어넣는 방법과 조작 목표를 달성하면서도 사전투표율을 낮추는 방법에 대하여 설명하겠다. 4.15총선의 실제 선거구는 모두 253개였지만, 과정을 한눈에 볼 수 있도록 25개 선거구를 가진 작은 나라로 가정하였다.

이제 25개 선거구를 가진 작은 나라의 선거를 조작하는 과정을 생각해 보자. 자신들이 목표로 하는 결과를 만들기 위해 설계자들은 빅데이터 조사 및 분석을 통하여 선거구별로 판세 현황을 파악하고 각 정당의 기초 판세표를 [그래픽 35]와 같이 작성한다.

선거구 번호	선거 구명	선거인수	기초 투표율	투표인수	득표율 A당	득표율 R당	득표율 Y당	득표수 A당	득표수 R당	득표수 Y당	당선당		A당과 R,Y당과 차이
23	W	221512	59.5%	131882	5.1	57.5	37.4	6723	75865	49294	R당		−69142
6	F	130000	63.4%	82365	15.9	68.8	15.3	13067	56694	12603	R당		−43627
24	X	217323	60.4%	131293	20.3	35.5	42.6	26706	46569	55993	Y당		−29287
9	I	162807	59.6%	96971	23.8	74.5	1.7	23115	72246	1611	R당		−49131
16	P	167537	49.6%	83139	24.4	71.7	3.8	20323	59627	3189	R당		−39304
25	Y	120446	55.1%	66346	28.6	65.3	6.2	18956	43298	4092	R당		−24342
22	V	153416	57.5%	88150	33.4	64.4	2.2	29478	56754	1917	R당		−27276
5	E	179016	52.9%	94768	37.0	58.9	4.0	35098	55861	3809	R당	16 석	−20763
8	H	212846	54.1%	115186	37.6	59.8	2.5	43365	68919	2901	R당		−25554
7	G	151173	58.9%	89014	41.8	47.5	10.8	37192	42237	9585	R당		−5045
21	U	169388	59.8%	101236	44.8	50.3	4.9	45312	50969	4955	R당		−5657
18	R	193872	56.0%	108522	45.0	52.0	2.9	48851	56481	3191	R당		−7630
19	S	141827	57.8%	82013	47.3	48.1	4.5	38811	39484	3719	R당		−673
12	L	205939	59.6%	122689	47.2	48.1	4.7	57941	59025	5723	R당		−1084
3	C	235439	62.9%	148118	48.3	49.0	2.7	71531	72527	4060	R당		−996
1	A	224741	59.0%	132492	48.4	49.2	2.4	64116	65240	3136	R당		−1124
13	M	220045	61.4%	135200	50.2	42.7	7.1	67905	57720	9575	A당		10185
4	D	148801	59.8%	88941	51.4	44.0	4.6	45691	39161	4089	A당		6530
2	B	201639	62.4%	1259235	52.5	41.3	6.1	66151	52060	7712	A당		14091
17	Q	129225	54.0%	698155	53.0	43.8	3.3	36977	30567	2271	A당	9 석	6410
15	O	202294	60.6%	122654	54.7	40.9	4.4	67113	50150	5391	A당		16963
14	N	201857	58.6%	118283	56.4	34.7	8.9	66694	41074	10515	A당		25620
20	T	161615	66.6%	107677	58.4	0.0	41.6	62920	0	44757	A당		62920
10	J	128725	62.6%	80631	69.5	0.0	30.5	56036	0	24595	A당		56036
11	K	182793	61.7%	112716	82.3	0.0	17.7	92728	0	19988	A당		92728

[그래픽 35] 25개 선거구를 가진 작은 나라의 기초 판세표

기초 판세표에 따르면 25개 선거구 중 9개 선거구가 당선되는 것으로 분석되었다. 헌법개정을 제외한 모든 법을 재개정 할 수 있는 16석의 지역구 당선자를 내기위해 각 지역구별 지지율, 투표율, 필수 당선자, 필히 낙선시켜야 할 상대 후보, 비례대표 확보를 위해 필요한 정당 득표율을 고려하여 사전투표 보정과 당일투표 보정의 규모를 결정한다.

보정의 규모를 결정할 때 충족시켜야 할 조건들이 세가지 있다. 그 조건들은 (i) 투표율이 기초 판세표의 투표율 대비 10% 이상이 되지 않아야 한다. (ii) A당 후보의 (사전득표율 - 당일득표율)이 지역에 따라 정해진 상한값을 넘지 않아야 한다. (iii) 또한 선거비용을 보전 받기 위해 A당 후보의 최소득표율이 15%를 초과해야 한다는 것이다.

이렇게 하여 정해진 기본 판세표는 [그래픽 36]과 같다.

목표로 하는 지역구 당선자 16석을 확보하기 위해 당선 가능 범위 지지율과, 필수당선자, 낙선대상 상대후보를 고려하여 보정하여야 하는 7개의 선거구가 선정되었다. 이 7개 선거구에서 2위 후보와 2% 격차를 내는 기준으로 필요한 표수를 결정한다. 또, 득표율이 15% 보다 적은 지역구에 대해서도 선거자금 국고지원을 받기 위해 표가 추가되어야 한다. 그리고 비례대표 목표 의석수를 달성하기 위해서 각 선거구별로 0 ~ 8%의 비례표를 추가하여야 한다. 이렇게 하여 A당이 목표로 하는 16석을 확보하기 위한 조건이 확인되었고 추가할 필요가 있는 표수는 240,607표, 총 선거인수 4,464,276명 대비 투표율기준 5.39%가 상승되어야 함이 확인되었다.

| | 기본판세표 | | | | | 차점자와의차이추가 | | 비례대표의석확보 | | | | 득표수 | | | | | | | |
| | | | | | | | | | | | | A당 | | R당 | | Y당 | | | |
선거구번호	선거구명	A당과RY당의득표수차이	무작당선가능선거구여부	지역구추가당선필요선거구	추가필요최소표수	득표율	표수	선거비용보전필요득표수(15%)	득표율	득표수	A당총추가필요표수	당일득표수	사전득표수	당일득표수	사전득표수	당일득표수	사전득표수	당선당	
23	W	-69142						13059	0%	0	13059	3713	16069	41897	33968	27223	22071	R당	
6	F	-43627							8%	6589	6589	7693	11963	33378	23316	7420	5183	R당	
24	X	-29287							6%	7878	7878	17810	16774	31056	15513	37341	18652	Y당	
9	I	-49131							8%	7758	7758	15513	15360	48486	23760	1081	530	R당	
16	P	-39304							8%	6651	6651	14311	12663	41989	17638	2246	943	R당	9석
25	Y	-24342							8%	5308	5308	12268	11996	28021	15277	2648	1444	R당	
22	V	-27276							6%	5289	5289	21124	13643	40670	16084	1374	543	R당	
5	E	-20763							8%	7581	7581	22032	20647	35066	20795	2391	1418	R당	
8	H	-25554							8%	9215	9215	29190	23390	46391	22528	1953	948	R당	
7	G	-5045		해당	5046	2.0%	1780		8%	7121	13947	24395	24964	27704	14533	6287	3298	A당	
21	U	-5657		해당	5658	2.0%	2025		5%	5062	12745	29398	26634	33069	17900	3215	1740	A당	
18	R	-7630		해당	7631	2.0%	2170		5%	5426	15228	31140	30768	36004	20477	2034	1157	A당	
19	S	-673		해당	674	2.0%	1640		8%	6561	8875	24379	21667	24802	14682	2336	1383	A당	
12	L	-1084		해당	1085	2.0%	2454		8%	9815	13354	41174	27667	41944	17081	4067	1656	A당	
3	C	-996		해당	997	2.0%	2962		8%	11849	15809	51647	32730	52366	20161	2931	1129	A당	
1	A	-1124		해당	1125	2.0%	2650		8%	10599	14374	44743	31097	45527	19713	2188	948	A당	
13	M	10185	해당						8%	10816	10816	49663	29058	42214	15506	7003	2572	A당	16석
4	D	6530	해당						8%	7115	7115	30548	22258	26182	12979	2734	1355	A당	
2	B	14091	해당						8%	10074	10074	45167	31058	35546	16514	5266	2446	A당	
17	Q	6410	해당						8%	5585	5585	26001	16561	21493	9074	1597	674	A당	
15	O	16963	해당						8%	9812	9812	42829	34096	32004	18146	3440	1951	A당	
14	N	25620	해당						8%	9463	9463	49708	26449	30613	10461	7837	2678	A당	
20	T	62920	해당						8%	8614	8614	26378	45156	0	0	18763	25994	A당	
10	J	56036	해당						8%	6450	6450	27548	34938	0	0	12091	12504	A당	
11	K	92728	해당						8%	9017	9017	54882	46863	0	0	11830	8158	A당	
							계	240607 5.39%			624471								

[그래픽 36] 기본 판세표

다른 제약이 없다면 이 기준으로 사전투표에 투표지를 추가하고 예측한 대로 투표율과 지지율이 나온다면 16석 당선은 보장이 되는 것이다. 그러나 추가한 표로 인하여 기본 판세표에 나타난 문제점을 보면 많은 선거구에서 당일득표율보다 지나치게 높은 사전투표율을 보이는 것이 확인된다. 이러한 선거구는 사전투표율을 낮추기 위해서 일정량의 추가표를 당일투표에 넣어야 한다. 이 문제를 보정한 결과는 [그래픽 37]과 같다.

제약 초과 현황							A당											
선거구번호	선거구명	득표율차이(사전-당일) 차이값	차이제약(+1%이내)	차이보정%	사전보정표	사전보정당일투표수추가	당일득표수	사전득표수	당일득표율	사전득표율	득표율차이(사전-당일)	총득표수	당선당	당일득표수	사전득표수	당일득표수	사전득표수	당선당
23	W	17.2%	10%	-4.8%	-2829	2829	6542	13240	8.6%	19.1%	10.5%	19782	R당	41897	33968	27223	22071	R당
6	F	13.7%	10%	-2.5%	-836	836	8529	11127	17.3%	28.1%	10.8%	19656	R당	33378	23316	7420	5183	R당
24	X	12.3%	10%	-1.5%	-662	662	18472	16112	21.3%	32.0%	10.8%	34584	Y당	31056	15513	37341	18652	Y당
9	I	14.9%	15%	0.1%	21	0	15513	15381	23.8%	38.8%	14.9%	30894	R당	48486	23760	1081	530	R당
16	P	16.1%	15%	-0.7%	-178	178	14489	12485	24.7%	40.2%	15.5%	26974	R당	41989	17638	2246	943	R당
25	Y	13.2%	12%	-0.8%	-187	187	12455	11808	28.9%	41.4%	12.5%	24264	R당	28021	15277	2648	1444	R당
22	V	11.6%	12%	0.2%	62	0	21124	13705	33.4%	45.2%	11.7%	34829	R당	40670	16084	1374	543	R당
5	E	11.1%	12%	0.6%	203	0	22032	20850	37.0%	48.4%	11.4%	42882	R당	35066	20795	2391	1418	R당
8	H	12.3%	12%	-0.2%	-65	65	29255	23325	37.7%	49.8%	12.1%	52580	R당	46391	22528	1953	948	R당
7	G	16.6%	15%	-1.0%	-317	317	24712	24647	42.1%	58.0%	15.9%	49359	A당	27704	14533	6287	3298	A당
21	U	12.8%	12%	-0.5%	-189	189	29587	26444	44.9%	57.4%	12.5%	56032	A당	33069	17900	3215	1740	A당
18	R	13.7%	12%	-1.1%	-446	446	31586	30322	45.4%	58.4%	13.0%	61908	A당	36004	20477	2034	1157	A당
19	S	10.1%	15%		996	0	24379	22663	47.3%	58.5%	11.2%	47042	A당	24802	14682	2336	1383	A당
12	L	12.4%	15%		616	0	41174	28283	47.2%	60.2%	12.9%	69457	A당	41944	17081	4067	1656	A당
3	C	12.3%	15%		742	0	51647	33473	48.3%	61.1%	12.8%	85120	A당	52366	20161	2931	1129	A당
1	A	11.7%	15%		884	0	44743	31981	48.4%	60.8%	12.4%	76724	A당	45527	19713	2188	948	A당
13	**M**	**11.4%**	**15%**		**866**	**0**	**49663**	**29924**	**50.2%**	**62.3%**	**12.1%**	**79587**	**A당**	**42214**	**15506**	**7003**	**2572**	**A당**
4	D	9.5%	10%		107	0	30548	22365	51.4%	60.9%	9.6%	52913	A당	26182	12979	2734	1355	A당
2	B	9.6%	15%		1448	0	45167	32506	52.5%	63.2%	10.6%	77673	A당	35546	16514	5266	2446	A당
17	Q	10.0%	15%		693	0	26001	17254	53.0%	63.9%	10.9%	43255	A당	21493	9074	1597	674	A당
15	O	8.2%	15%		2012	0	42829	36109	54.7%	64.2%	9.5%	78938	A당	32004	18146	3440	1951	A당
14	N	10.4%	15%		919	0	49708	27367	56.4%	67.6%	11.2%	77075	A당	30613	10461	7837	2678	A당
20	T	5.0%	10%		2071	0	26378	47228	58.4%	64.5%	6.1%	73606	A당	0	0	18763	25994	A당
10	J	4.1%	10%		1600	0	27548	36538	69.5%	74.5%	5.0%	64086	A당	0	0	12091	12504	A당
11	K	2.9%	10%		2176	0	54882	49039	82.3%	85.7%	3.5%	103921	A당	0	0	11830	8158	A당

계	634178 1084.8%
열세지역합	556.4%
우세지역합	528.4%

[그래픽 37] 제약 초과 및 보정 현황

위와 같이 제약을 제거한 목표 득표율을 달성하고 실제 투표 시 발생하는 변수들만 적절히 조정하면 계획한 16석 의석을 확보하는 것이다. 설계자들은 여기에 하나의 더 작업을 하였는데 바로 로이킴이 발견한 [follow_the_party] 알고리즘이다. [follow_the_party]를 새겨넣는 방법으로 선택한 것이 앞서 설명한 [그래픽 33]에서 [그래픽 34]를 만드는 과정에서였다. 그러한 인위적인 조정이 가능한 이유는 3자 또는 다자구도 후보간 경쟁 상황에서 당일득표율이 50%이상이라는 것은 사전득표율도 비슷하게 나오므로 안정 당선권이라는 것이고 따라서 50%이상의 구간에 대해서 일정규모의 득표율을 낮춘다고 해서 당선여부에 영향을 주지 않는다. 바로 이점을 활용하여 당일득표율 50%이상 구간(이하 우세지역)에서는 사전득표율을 선거구별로 소규모로 낮추었고 반대로 당일득표율이 50% 미만(이하 열세지역)이 구간에서는 선거구별로 사전득표율를 소규모로 올리는 작업을 하였다. 이때 50% 기준 위와 아래 전체 선거구에 대하여 지지율을 내리고 올려야 하는 보정량 규모를 결정해야 했으며 로이킴은 많은 공을 들여 ₩아래와 같은 알고리즘이 있음을 확인하였는데 이를 작은나라에 대해 적용하면 다음 [그래픽 38]과 같다.

A당의 당일득표율을 기준으로 선거구를 분할하면 50% 미만 열세지역이 16개, 우세지역이 9개 선거구이다. 이 숫자의 비율은 64% 대 36%이며 열세인 16개 선거구의 득표율의 합은 556%, 우세인 9개 선거구의 득표율 합은 528%이다. 이 두 수의 비중은 51.3% 대 48.7%이다.

A당 기준		열세지역	우세지역	계
당일 지지율 50% 기준	선거구 수	16	9	25
	선거구 비율 (A)	64%	36%	100%
	득표율 합 (B)	556%	528%	1085%
	득표율 비중 (C)	51.3%	48.7%	100%
	득표율비중 차이값 (D)		2.6%	

변수 및 식		열세지역	우세지역	계
		p	r	S
A		A1=p/s	A2=r/u	A3=p+r
B		B1	B2	B3=B1+B2
C		C1=B1/B3	C2=B2/B3	C3=C1+C2
D			D=C1-C2	

보정량 조정 기준		과반 (50%)	
보정 조정 기준 선거구수		-3	3
보정 조정기준 + 확정당선 선거구수 (E)			12
보정 조정기준 + 확정당선 당선 선거구 비율 (F)			48%
보정 조정기준 + 확정당선 당선 선거구와 우세지역 선거구 수 비율 차이 (G)			12%
보정 사전득표율 총합 (H)			9.4%
보정 사전득표율 합 (당일득표율 50% 기준)	열세지역 (미만) (K)		4.71%
	우세지역 (이상) (L)		-4.71%

	t	u	
E			E = r+u
F			F = E/S
G			G = F-A2
H			H = G-D
K			K = H/2
L			L = H/2*-1

[그래픽 38] 우세 지역과 열세 지역간 사전득표율 보정량 산정

이러한 기초 데이터를 가지고 보정량 조정 기준을 찾아낸 것이 과반수, 과반수 +1, 과반수 -1과 같은 기준인데 이 25개 선거구에서 지역구 투표로 16 석을 확보하는 목표를 가진 작은 나라에서는 과반수로 하여 이 값에 가까운 정수값을 찾으면 우세, 열세지역에서는 각 3개 선거구가 보정대상 선거구가 되었고 이 보정을 통해 A당은 9+3=12 선거구(E)에서 확정 당선이 가능하다.

실제 투표였던 253개 선거구에서 1석은 1/253 *100 = 0.4%의 규모이지만 25개 선거구에서 1석은 1/25 *100 = 4%의 규모로 +1석을 기준으로 하면 보정량이 커지기 때문에 이렇게 선택하였다. (참고로 뒤에 4.15총선 기준 설명에는 253개 선거구에 대해서는 과반수+1석 기

준이 적용되었다.)

전체 선거구 기준 확정당선 비율(F)은 48%이고 우세지역 선거구와의 비율 36%와 차이(G)는 12%이다. 이 차이와 득표율 비중 차이값과의 차이값(H)은 9.4%로 계산되었다. 합이 100을 기준으로 내리고 올리는 환경이라면 9.4%의 차이를 내기 위해서는 그 절반인 4.7%만 보정하면 된다. 따라서 우세지역과 열세지역간 보정량(K, L)은 4.7%로 결정되었고 사전득표율에서 보정할 것이기 때문에 사전득표율 보정량은 ±4.7이 되었다. 개표 시 100표 중 상대후보의 표 하나를 내 표로 빼어 오면 표는 한 표이지만 상대방은 한 표가 줄어들고 나는 한 표가 늘기 때문에 둘의 득표율은 2% 차이가 나게 된다. 즉 2% 차이를 확보하려면 상대방 표를 한 표 즉, 1%만 보정하면 되는 것이다.

이제 우세지역 9개 선거구에서 -4.7%를 어떻게 할당할지, 그리고 열세지역 16개 선거구에서 +4.7%를 어떻게 할당할지를 결정해야 한다. 산업계에서는 많은 제약을 만족시켜야 하는 조건하에서 목표로 하는 값을 얻고자 할 때, 통상적으로 최적화 프로그램을 사용하며 시뮬레이션을 통해 값을 결정한다. 선거의 목표 의석을 달성하는 제약 및 조건을 충족하는 사전득표율의 합이 최소, 즉 조작해야 할 양은 최소라는 것이다. 동시에 상기 알고리즘에서 결정된 보정 물량을 선거구별로 결정하는 답을 구하는 것이 전략 판세표의 작성이고, 25개 선거구의 전략 판세표는 [그래픽 39] 같다.

선거구번호	선거구명	보정사전득표율	당일득표수	사전득표수	당일득표율	사전득표율	사전-당일득표율차이	총득표수	R당 총득표수	Y당 총득표수	당선당		당일득표율비중	사전득표율비중
23	W	0.30%	6542	10134	8.6%	14.63%	5.98%	16676	75865	49294	R당		0.007970844	0.010978092
6	F	0.51%	8529	11089	17.3%	27.98%	10.69%	19618	56694	12603	R당		0.015939192	0.021001418
24	X	0.45%	18472	16155	21.3%	32.13%	10.87%	34627	46569	55993	Y당		0.019602048	0.02411617
9	I	0.50%	15513	14264	23.8%	35.96%	12.12%	29777	72246	1611	R당	9석	0.021973838	0.026986292
16	P	0.50%	14489	11482	24.7%	36.96%	12.29%	25971	59627	3189	R당		0.022744695	0.027739414
25	Y	0.42%	12455	11706	28.9%	41.03%	12.15%	24161	43298	4092	R당		0.026625069	0.030795222
22	V	0.35%	21124	13892	33.4%	45.80%	12.36%	35016	56754	1917	R당		0.030827386	0.034374323
5	E	0.26%	22032	21057	37.0%	48.90%	11.86%	43089	55861	3809	R당		0.034140897	0.036698383
8	H	0.28%	29255	23444	37.7%	50.09%	12.39%	52699	68919	2901	R당		0.034753966	0.037595756
7	G	0.23%	24712	23262	42.1%	54.76%	12.67%	47974	42237	9585	A당		0.038806433	0.041099837
21	U	0.14%	29587	26308	44.9%	57.09%	12.17%	55895	50969	4955	A당		0.04140638	0.042844434
18	R	0.20%	31586	30316	45.4%	58.35%	12.98%	61902	56481	3191	A당		0.041821028	0.043791565
19	S	0.14%	24379	23221	47.3%	59.96%	12.64%	47600	39484	3719	A당		0.04362375	0.045000843
12	L	0.16%	41174	28285	47.2%	60.15%	12.93%	69459	59025	5723	A당		0.043535041	0.045145971
3	C	0.16%	51647	33665	48.3%	61.47%	13.18%	85312	72527	4060	A당		0.044519097	0.046136656
1	A	0.11%	44743	32078	48.4%	60.94%	12.54%	76821	65240	3136	A당		0.044610622	0.045732493
13	M	-0.06%	49663	29199	**50.2%**	60.83%	10.60%	78862	57720	9575	A당	16석	0.046300125	0.045652726
4	D	-0.21%	30548	22153	51.4%	60.36%	8.99%	52701	39161	4089	A당		0.047357235	0.045303368
2	B	-0.22%	45167	31670	52.5%	61.53%	9.00%	76837	52060	7712	A당		0.048426884	0.046182358
17	Q	-0.38%	26001	16215	53.0%	60.05%	7.09%	42216	30567	2271	A당		0.048825404	0.045068414
15	O	-0.36%	42829	35096	54.7%	62.44%	7.72%	77925	50150	5391	A당		0.050440993	0.046863622
14	N	-0.45%	49708	25610	56.4%	63.23%	6.84%	75318	41074	10515	A당		0.051978319	0.047451488
20	T	-0.65%	26378	46235	58.4%	63.14%	4.71%	72613	0	44757	A당		0.053867691	0.047390253
10	J	-1.04%	27548	35091	69.5%	71.55%	2.06%	62639	0	24595	A당		0.064065624	0.053701279
11	K	-1.35%	54882	47517	82.3%	83.08%	0.81%	102399	0	19988	A당		0.075837436	0.062349621
		계	619144	1084.8%		1332.43%								

[그래픽 39] 전략 목표 판세표

A당 당일득표율 50%를 기준으로 우세지역에서는 득표율을 내리고 열세지역에서는 올리는 로직에 의하여 결정된 보정을 수행한 결과, 당선 의석수는 그대로 유지하면서 A당의 사전투표 수는 제약초과 보정 후 [그래픽 39]의 634,178표에서 619,144표로 15,034표를 줄이는 효과가 나타났다. 이에 부가하여 이 과정에서 더 큰 의미가 있는 이른바 해커의 지문, [follow_the_party]를 남겼다.

A당의 당일득표율 비중과 사전득표율 비중을 오름차순 그래프로 그리면 [그래픽 40]과 같다.

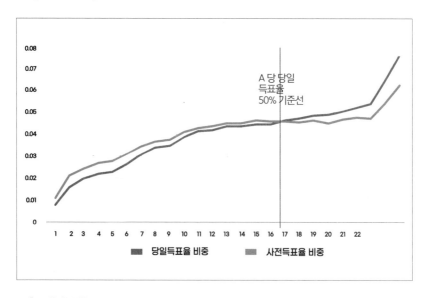

[그래픽 40] 게리맨더링 후 A당 사전·당일득표율 비중 그래프

A당의 당일득표율 50%를 기준으로 교점이 발생하여 우세지역에서는 당일득표율 비중이 일률적으로 사전득표율 비중보다 높고 열세지역에서는 반대인 자연세계에서는 있을 수 없는 통계가 나오게 된다. 이러한 인위적인 데이터에는 또 다른 의미가 숨어 있는데 그 의미는 다음과 같다. 다음과 같이 정렬 기준 하에 선거구를 정렬해 보자. 첫번째 정렬 기준은 우세지역 1순위, 열세지역 2순위이다. 두번째 정렬 기준은 우세지역은 보정(조작)을 많게 한 순서에서 적게 한 순서이다. 열세지역은 보정을 적게 한 순서에서 많게 한 순서이다. 이런 정렬 순서에 의해 25개 선거구를 정렬하면 다음과 같다.

정렬순서	보정 사전 득표율	선거구 번호	선거구 명	그룹 (예)
1	0.30%	11	K	1
2	0.51%	10	J	1
3	0.45%	20	T	2
4	0.50%	14	N	2
5	0.50%	17	Q	3
6	0.42%	15	O	3
7	0.35%	2	B	4
8	0.26%	4	D	4
9	0.28%	13	M	5
10	0.23%	1	A	5
11	0.14%	19	S	6
12	0.20%	21	U	6
13	0.14%	12	L	7
14	0.16%	3	C	7
15	0.16%	18	R	8
16	0.11%	7	G	8
17	−0.06%	5	E	9
18	−0.21%	8	H	9
19	−0.22%	23	W	10
20	−0.38%	22	V	10
21	−0.36%	25	Y	11
22	−0.45%	24	X	11
23	−0.65%	16	P	12
24	−1.04%	9	I	12
25	−1.35%	6	F	13

[그래픽 41] 사전·당일득표율 비중에 따른 25개 선거구 정렬

이렇게 만든 정렬 순서에 따라 위 표내 그룹 예에서처럼 선거구 몇 개의 선거구 번호를 합하는 방식으로 이른바 '해커의 지문'을 남긴 것이다. 위 표는 25개 선거구만 가진 작은 나라를 가정한 설명용 예이기 때문에 실제로 사용된 [follow_the_party] 로직이 그대로 적용되지는 않았다. 만일 설명을 위해 만든 가상의 예가 아니라 실제의 상황이었다면 또 그에 맞는 알고리즘을 개발 · 적용했을 것이다.

5. 총 사전득표수 최적화 알고리즘 설명

설계자들은 목표로 하는 의석수도 확보하고 원하는 해커의 지문도 넣었는데도 한 단계 더 노력을 한 흔적이 있고 이 과정을 거쳐서 실제 투

개표 단계에서 목표로 하는 판세표가 얻어진다. 이는 단 한 표라도 사전
조작표 수를 줄이기 위한 노력으로 보인다. 결과로 나타난 판세표는 [그
래픽 42]의 전술 판세표이다.

전술판세표			A당							
선거구번호	선거구명	보정사전득표율	전략사전득표율	전략사전득표수	스윙선거구	스윙사용보정사전득표율	스윙후사용보정사전득표수	적용전후사전득표수증감	더총득표수	당선당
23	W	0.30%	14.63%	10134	23	14.63%	10134	0	16676	R당
6	F	0.51%	27.98%	11089	24	32.13%	12733	1644	21262	R당
24	X	0.45%	32.13%	16155	6	27.98%	14069	-2086	32541	Y당
9	I	0.50%	35.96%	14264	9	35.96%	14264	0	29777	R당
16	P	0.50%	36.96%	11482	16	36.96%	11482	0	25971	R당
25	Y	0.42%	41.03%	11706	25	41.03%	11706	0	24161	R당
22	V	0.35%	45.80%	13892	5	48.90%	14832	940	35956	R당
5	E	0.26%	48.90%	21057	22	45.80%	19723	-1334	41755	R당
8	H	0.28%	50.09%	23444	8	50.09%	23444	0	52699	R당
7	G	0.23%	54.76%	23262	7	54.76%	23262	0	47974	A당
21	U	0.14%	57.09%	26308	18	58.35%	26890	582	56477	A당
18	R	0.20%	58.35%	30316	21	57.09%	29660	-656	61246	A당
19	S	0.14%	59.96%	23221	12	60.15%	23396	75	47675	A당
12	L	0.16%	60.15%	28285	19	59.96%	28194	-91	69368	A당
3	C	0.16%	61.47%	33665	1	60.94%	33370	-295	85017	A당
1	A	0.11%	60.94%	32078	3	61.47%	32361	283	77104	A당
13	M	-0.06%	60.83%	29199	4	60.36%	28976	-223	78639	A당
4	D	-0.21%	60.36%	22153	13	60.83%	22324	171	52872	A당
2	B	-0.22%	61.53%	31670	17	60.05%	30906	-764	76073	A당
17	Q	-0.38%	60.05%	16215	2	61.53%	16616	401	42617	A당
15	O	-0.36%	62.44%	35096	15	62.44%	35096	0	77925	A당
14	N	-0.45%	63.23%	25610	14	63.23%	25610	0	75318	A당
20	T	-0.65%	63.14%	46235	20	63.14%	46235	0	72613	A당
10	J	-1.04%	71.55%	35091	10	71.55%	35091	0	62639	A당
11	K	-1.35%	83.08%	47517	11	83.08%	47517	0	102399	A당
							계	-1353		

[그래픽 42] 전술 판세표

최적화 방법은 전략 판세표에서 당일 득표일이 유사한 두개 선거구의
사전득표율 값을 서로 바꾸는 것이다. 비율은 투표수가 아니기 때문에
이를 통해 사전조작 투표수를 줄일 수 있다. 25개 선거구를 가진 이 가
상의 나라에서는 선거구간 사전득표율의 차이가 크기 때문에 이런 사례

가 많지 않다. 하지만, 4.15총선의 253개 선거구에서는 자주 일어났으며 그 표 수는 7,000~12,000표로 추정된다.

여기서부터 가상의 작은 나라가 아닌 실제 4.15총선 253개 선거구로 확대 설명해 보기로 하자. 설계자들이 확보하고 있는 기초 판세표와 기본 판세표에 대한 정보를 우리는 가지고 있지 못하기 때문에 위 25개 선거구 예에서 설명한 자료를 253개 선거구에 대입하여 만들 수 있는 지점은 전략목표 판세표부터이다.

253개 선거구에 대하여 25개 선거구 예제의 [그래픽 38]에 해당하는 우세지역과 열세지역간 사전득표율의 보정량을 산정하면 다음과 같다.

더불어민주당 기준		열세지역	우세지역	계
당일 지지율 50% 기준	선거구 수	164	89	253
	선거구 비율 (A)	64.8%	35.2%	100%
	득표율 합 (b)	6350.6%	5140.4%	1085%
	득표율 비중 (C)	55.27%	44.73%	100%
	득표율비중 차이값 (D)		10.53%	

변수 및 식		열세지역	우세지역	계
		p	r	S= p+r
A		A1 = p/s	A2 = r/S	A3 = A1 +A2
B		B1	B2	B3 = B1+B2
C		C1 = B1/B3	C2 = B2/B3	C3 = C1+C2
D			D = C1−C2	

보정량 조정 기준		과반 (50%)+1 석	
보정 조정 기준 선거구수		−39	39
보정 조정기준 + 확정당선 선거구수 + 1(E)			128
보정 조정기준 + 확정당선 당선 선거구비율(F)			50.593%
보정 조정기준 + 확정당선 당선 선거구와 우세지역 선거구 수 비율 차이 (G)			15.42%
보정 사전득표율 총합 (H)			4.88%
보정 사전득표율 합 (당일득표율 50% 기준)	열세지역 (미만) (K)		2.442%
	우세지역 (이상) (L)		−2.442%

	t	u	
E			E = r+u
F			F = E/S
G			G = F−A2
H			H = G−D
K			K = H/2
L			L = H/2*−1

[그래픽 43] 253개 선거구 기준 사전득표율 보정량 산정

위 표는 더불어민주당 기준 우세지역과 열세지역간 표를 보정하는 기준량을 정하기 위한 알고리즘이다. 더불어민주당의 열세지역 154개 선거구 전체 사전득표율 총합은 6350.6%이고 우세지역 89개 선거구 총

합은 5140.4%이다. 253석의 과반에 해당하는 의석수인 126.5석보다 1
석이 더 많은 정수를 취하면 128석(E)으로, 우세지역과 열세지역 보정
의 기준을 이 기준으로 하겠다는 것이다. 기준 128석은 253석 기준 비
율(F)은 50.93%이다. 이 값과 우세지역 89석의 비율 35.2%와의 차이
가 15.42%이고 우세지역과 열세지역의 사전득표율 비중 차이값(D)
10.53%와의 차이값은 4.88%이다. 이 값이 우세와 열세지역의 89, 154
개 선거구 각각에 보정해야 할 총합이 4.88%임을 말한다.

어느 한 선거구에서 100표 기준 상대후보표 1표를 내 표로 훔치면 표
는 한표이지만 비율은 2%가 차이난다. 따라서 총 보정비율 4.88%를 달
성하기 위해서는 그 반인 2.44%를 보정하게 되면 총 차이는 4.88%가
되는 원리이다. 4.15총선 개표 결과 판세표로부터 역으로 찾아낸 전략
목표 판세표상 이 값은 2.486%로 이 값과의 차이는 0.09%, 표수로는
7,131여표, 253개 각 선거구로 오차를 분산시키면 선거구당 28표 정도로
이 차이값은 설계자들이 계획했던 값과 실제 개표상황에서 유권자의 표
심 차이로 인해 발생한 오차로 추정된다.

로이킴은 기초 판세표 등 데이터가 없는 상태에서 역으로 전략 목표
판세표를 2020년 5월에 이미 발견하였다. 선관위에 따르면 투표지분류
기 오류로 인하여 더불어민주당 후보에게 가서 사전득표율을 높여 주었
어야 하나 그렇지 못한 상황이 발생하였는데 이것이 반영되지 않았다.
공주시에서 더불어민주당 후보와 미래통합당 후보의 관내 사전득표율
은 각각 53.2%, 41.5%로 더불어민주당 후보가 10%이상 앞섰는데, 부여
와 청양에서의 두 후보는 47%정도로 같게 나와 득표율 경향이 너무나
다르게 나타나 [그래픽 44]와 같다.

관내사전득표율								
공주시			부여군			청양군		
읍면동명	더불어 민주당	미래 통합당	읍면동명	더불어 민주당	미래 통합당	읍면동명	더불어 민주당	미래 통합당
유구읍	41.9%	53.7%	부여읍	51.9%	43.1%	청양읍	49.1%	46.1%
이인면	51.6%	40.8%	규암면	53.3%	42.0%	운곡면	40.4%	55.0%
탄천면	48.2%	44.4%	은산면	41.2%	54.1%	대치면	47.1%	48.9%
계룡면	49.9%	44.7%	외산면	43.8%	49.5%	정산면	45.9%	48.7%
반포면	44.4%	47.5%	내산면	39.3%	56.2%	목면	55.0%	38.7%
의당면	53.7%	39.0%	구룡면	57.9%	37.4%	청남면	41.3%	53.5%
정안면	49.8%	45.4%	홍산면	45.5%	47.2%	장평면	49.3%	45.5%
우성면	52.7%	42.7%	옥산면	43.9%	47.5%	남양면	48.8%	48.0%
사곡면	44.5%	51.3%	남면	45.9%	49.2%	화성면	52.7%	42.9%
신풍면	42.1%	51.2%	충화면	41.3%	49.7%	비봉면	49.6%	44.7%
중학동	56.2%	38.9%	양화면	39.0%	57.4%			
웅진동	51.2%	43.8%	임천면	42.7%	51.2%			
금학동	60.2%	34.5%	장암면	42.2%	50.4%			
옥룡동	51.1%	44.2%	세도면	45.6%	43.8%			
신관동	58.5%	36.2%	석성면	45.8%	47.0%			
월송동	60.9%	34.8%	조천면	42.1%	40.6%			
평 균	53.2%	41.5%	평 균	47.6%	46.2%	평 균	47.9%	47.3%

[그래픽 44] 공주, 부여, 청양의 더불어민주당, 미래통합당 관내사전

김방현 기자의 보도에 따라서 읍면동 별로 많게는 20~60장씩 되찾아왔다는 기사내용을 고려하여 공주부여청양은 실제 개표 결과를 보정하였고, 그외 선거구는 개표결과를 그대로 사용하였으며, 전략 목표 판세표 [그래픽 45]와 전술 목표 판세표 [그래픽 46]을 추정하였다.

FTP그룹번호	FTP순서	선거구번호	시도	선거구명	당일득표수	사전득표수	당일득표율	사전득표율	시-당득표율차이	총득표수	미래통합당 총득표수	기타 총득표수	당선당
1	1	100	광주	광산구을	54883	41923	82.3%	83.1%	0.9%	96806	0		더불어민주당
	2	98	광주	광주북구을	55492	53954	76.9%	80.7%	3.8%	109446	0		더불어민주당
	3	218	전남	담양함평영광장성	34333	51975	78.5%	80.8%	2.3%	86308	0		더불어민주당
	4	99	광주	광산구갑	36148	31814	75.7%	78.5%	2.7%	67962	0		더불어민주당
	5	95	광주	광주서구갑	33475	35809	79.8%	82.6%	2.8%	69284	3543		더불어민주당
	6	93	광주	동구남구갑	34956	36234	74.0%	77.3%	3.3%	71190	0		더불어민주당
	7	221	전남	영암무안신안	33347	41305	73.1%	77.0%	4.0%	74652	3509		더불어민주당
2	8	217	전남	나주화순	33040	42355	74.0%	78.2%	4.1%	75395	0		더불어민주당
	9	206	전북	익산시갑	27534	30787	76.1%	78.9%	2.8%	58321	5513		더불어민주당
	10	202	전북	전주시갑	32429	34599	69.7%	73.4%	3.7%	67028	0		더불어민주당
	11	96	광주	광주서구을	29999	31269	72.6%	76.9%	4.2%	61268	0		더불어민주당
	12	154	경기	시흥시을	42806	25995	63.4%	70.0%	6.6%	68801	32700		더불어민주당
	13	168	경기	화성시을	60515	38094	60.9%	69.3%	8.4%	98609	52802		더불어민주당
	14	204	전북	전주시병	51162	52899	62.0%	69.8%	7.8%	104061	0		더불어민주당
3	15	94	광주	동구남구을	27334	34286	69.0%	73.0%	4.1%	61620	0		더불어민주당
	16	214	전남	여수시을	29186	25924	68.0%	73.0%	5.0%	55110	2868		더불어민주당
	17	169	경기	화성시병	53554	35260	60.8%	68.9%	8.1%	88814	47377		더불어민주당
	18	208	전북	정읍고창	28976	36893	66.3%	71.3%	5.0%	65869	0		더불어민주당
	19	207	전북	익산시을	25962	31902	69.7%	75.1%	5.4%	57864	0		더불어민주당
	20	216	전남	순천광양곡성구례을	44554	50392	61.4%	69.7%	8.3%	94946	6192		더불어민주당
	21	20	서울	은평구갑	44526	40001	58.6%	67.0%	8.4%	84527	45589		더불어민주당
4	22	161	경기	파주시갑	54774	30036	57.1%	66.4%	9.3%	84810	52122		더불어민주당
	23	205	전북	군산시	43271	51848	58.3%	67.0%	8.7%	95119	5319		더불어민주당
	24	220	전남	해남완도진도	27694	33256	63.6%	70.9%	7.3%	60950	0		더불어민주당
	25	135	경기	광명시을	34835	22480	59.7%	67.6%	7.9%	57315	27671		더불어민주당
	26	92	인천	인천서구을	48824	35060	57.4%	66.6%	9.2%	83884	50763		더불어민주당
	27	18	서울	노원구을	42732	28029	57.9%	66.8%	8.9%	70761	41792		더불어민주당
	28	14	서울	강북구을	32987	22775	59.1%	67.3%	8.1%	55762	30708		더불어민주당
5	29	203	전북	전주시을	34576	33967	58.7%	67.3%	8.5%	68543	7101		더불어민주당
	30	210	전북	김제부안	22519	30674	63.0%	70.0%	7.0%	53193	0		더불어민주당
	31	172	경기	양주시	38478	31104	58.0%	66.9%	9.0%	69582	40414		더불어민주당
	32	117	경기	수원시을	51410	33187	56.6%	66.3%	9.7%	84597	53334		더불어민주당
	33	219	전남	고흥보성장흥강진	28413	49152	60.2%	68.8%	8.6%	77565	0		더불어민주당
	34	213	전남	여수시갑	24119	24815	60.0%	68.1%	8.1%	48934	2846		더불어민주당
	35	158	경기	용인시을	53167	36156	55.6%	65.7%	10.1%	89323	57671		더불어민주당
6	36	132	경기	부천시병	49487	27654	56.1%	66.2%	10.1%	77141	41642		더불어민주당
	37	192	충남	천안시을	49876	29310	55.4%	65.6%	10.1%	79186	46389		더불어민주당
	38	150	경기	남양주시을	42842	25139	54.6%	64.7%	10.1%	67981	36526		더불어민주당
	39	116	경기	수원시갑	44961	32103	54.7%	65.1%	10.4%	77064	51428		더불어민주당
	40	215	전남	순천광양곡성구례갑	37814	45062	55.9%	66.2%	10.3%	82876	4058		더불어민주당
	41	11	서울	성북구갑	42825	38979	54.7%	65.1%	10.3%	81804	49727		더불어민주당
	42	10	서울	중랑구을	41840	31898	54.3%	64.6%	10.3%	73738	47603		더불어민주당

[그래픽 45] 4.15총선 전략 목표 판세표

FTP 그룹번호	FTP 순서	선거구번호	시도	선거구명	당일득표수	사전득표수	당일득표율	사전득표율	시-당득표율차이	총득표수	미래통합당 총득표수	기타 총득표수	당선당
	43	130	경기	부천시갑	31732	16267	55.3%	65.4%	10.0%	47999	29266		더불어민주당
	44	121	경기	성남시수정구	40000	36942	54.8%	65.3%	10.5%	76942	45617		더불어민주당
	45	23	서울	서대문구을	31271	26578	55.6%	65.9%	10.3%	57849	35853		더불어민주당
7	46	12	서울	성북구을	39422	30694	54.0%	64.4%	10.4%	70116	45543		더불어민주당
	47	197	충남	아산시을	27327	18502	55.8%	66.2%	10.4%	45829	30584		더불어민주당
	48	89	인천	계양구갑	25519	18926	55.8%	66.1%	10.3%	44445	26890		더불어민주당
	49	139	경기	안산시상록구갑	34387	24572	53.9%	64.4%	10.5%	58959	38367		더불어민주당
	50	149	경기	남양주시갑	36781	22972	53.7%	64.4%	10.7%	59753	39318		더불어민주당
	51	97	광주	광주북구갑	26028	36636	55.0%	65.4%	10.4%	62664	2423		더불어민주당
	52	30	서울	강서구병	33251	29926	53.4%	64.1%	10.6%	63177	39355		더불어민주당
8	53	148	경기	구리시	38426	25568	53.5%	64.3%	10.9%	63994	43456		더불어민주당
	54	21	서울	은평구을	42439	35378	51.6%	62.2%	10.6%	77817	49796		더불어민주당
	55	119	경기	수원시정	45309	34343	52.7%	63.7%	11.0%	79652	52585		더불어민주당
	56	88	인천	부평구을	41952	32540	51.5%	62.1%	10.7%	74492	47789		더불어민주당
	57	90	인천	계양구을	28853	22627	53.4%	64.1%	10.7%	51480	34222		더불어민주당
	58	155	경기	군포시	53774	37070	52.5%	63.6%	11.2%	90844	64167		더불어민주당
	59	126	경기	의정부시을	43285	28755	51.8%	62.7%	10.9%	72040	49640		더불어민주당
9	60	152	경기	오산시	39026	23322	52.7%	63.8%	11.0%	62348	44834		더불어민주당
	61	185	충북	청주시흥덕구	43501	31754	51.3%	62.1%	10.8%	75255	57656		더불어민주당
	62	120	경기	수원시무	48706	34103	51.1%	62.0%	10.9%	82809	56793		더불어민주당
	63	27	서울	양천구을	35723	30468	51.8%	62.6%	10.8%	66191	47897		더불어민주당
	64	17	서울	노원구갑	31188	22207	51.7%	62.3%	10.6%	53395	36782		더불어민주당
	65	105	대전	유성구갑	30642	24715	51.5%	62.2%	10.7%	55357	39588		더불어민주당
	66	133	경기	부천시정	33406	15969	52.6%	63.7%	11.0%	49375	32094		더불어민주당
10	67	140	경기	안산시상록구을	26000	17597	53.0%	63.8%	10.9%	43597	30747		더불어민주당
	68	104	대전	대전서구을	37454	33112	52.0%	63.0%	11.0%	70566	50140		더불어민주당
	69	9	서울	중랑구갑	29474	26013	52.7%	63.8%	11.0%	55487	34670		더불어민주당
	70	13	서울	강북구갑	26047	22982	51.7%	62.4%	10.8%	49029	33840		더불어민주당
	71	171	경기	광주시을	31975	20460	52.4%	63.6%	11.1%	52435	38910		더불어민주당
	72	87	인천	부평구갑	44476	33853	52.2%	63.5%	11.3%	78329	57148		더불어민주당
	73	252	제주	제주시을	37599	30280	50.9%	61.8%	10.9%	67879	49862		더불어민주당
11	74	32	서울	구로구을	29694	25454	51.0%	61.8%	10.8%	55148	37018		더불어민주당
	75	103	대전	대전서구갑	41864	33271	50.7%	61.7%	11.0%	75135	57720		더불어민주당
	76	211	전북	완주진안무주장수	22737	35836	51.2%	62.0%	10.8%	58573	4447		더불어민주당
	77	83	인천	연수구갑	24689	21044	52.0%	63.0%	11.0%	45733	33646		더불어민주당
	78	170	경기	광주시갑	31003	23000	52.1%	63.4%	11.2%	54003	40469		더불어민주당
	79	141	경기	안산시단원구갑	25635	17081	52.0%	63.1%	11.1%	42716	31086		더불어민주당
	80	29	서울	강서구을	36858	29331	50.7%	61.7%	11.0%	66189	50281		더불어민주당
12	81	115	세종	세종을	22973	22901	52.1%	63.2%	11.1%	45874	31495		더불어민주당
	82	28	서울	강서구갑	35227	27548	50.5%	61.6%	11.1%	62775	43519		더불어민주당
	83	131	경기	부천시을	49770	30829	50.3%	61.6%	11.2%	80599	58341		더불어민주당
	84	86	인천	남동구을	44621	35018	50.2%	61.4%	11.2%	79639	54264		더불어민주당

FTP 그룹 번호	FTP 순서	선거구 번호	시도	선거구명	당일 득표수	사전 득표수	당일 득표율	사전 득표율	시-당 득표율 차이	총 득표수	총 득표수 (미래통합당)	총 득표수 (기타)	당선당
13	85	114	세종	세종갑	25370	30543	50.3%	61.5%	11.2%	55913	32496		더불어민주당
	86	253	제주	서귀포시	28326	25284	50.2%	61.4%	11.2%	53610	41689		더불어민주당
	87	166	경기	김포시을	37510	26679	50.0%	61.2%	11.2%	64189	52200		더불어민주당
	88	106	대전	유성구을	27442	26028	50.0%	61.3%	11.3%	53470	35629		더불어민주당
	89	34	서울	영등포구갑	38481	32677	50.1%	61.4%	11.3%	71158	49292		더불어민주당
	90	24	서울	마포구갑	27763	24492	49.8%	60.8%	11.1%	52255	40775		더불어민주당
	91	165	경기	김포시갑	37582	21982	49.7%	60.8%	11.1%	59564	42660		더불어민주당
14	92	128	경기	안양시동안구갑	31252	24658	49.9%	61.2%	11.3%	55910	40490		더불어민주당
	93	85	인천	남동구갑	41507	31156	49.4%	60.6%	11.2%	72663	59466		더불어민주당
	94	1	서울	종로구	23953	28868	49.9%	61.2%	11.3%	52821	37594		더불어민주당
	95	186	충북	청주시청원구	32313	19699	49.5%	60.8%	11.3%	52012	42776		더불어민주당
	96	122	경기	성남시중원구	33918	32304	49.3%	60.6%	11.3%	66222	50315		더불어민주당
	97	15	서울	도봉구갑	27533	22891	48.7%	60.0%	11.3%	50424	37967		더불어민주당
	98	129	경기	안양시동안구을	26115	23406	48.7%	60.0%	11.3%	49521	38327		더불어민주당
15	99	162	경기	파주시을	27171	20814	48.6%	59.9%	11.3%	47985	39588		더불어민주당
	100	250	경남	산청함양거창합천	7741	11291	13.9%	18.2%	4.2%	19032	42061	49123	무소속
	101	36	서울	동작구갑	36965	32377	49.2%	60.6%	11.4%	69342	54526		더불어민주당
	102	145	경기	고양시병	46029	33694	49.2%	60.6%	11.4%	79723	65981		더불어민주당
	103	8	서울	동대문구을	32950	22490	49.0%	60.5%	11.5%	55440	44360		더불어민주당
	104	91	인천	인천서구갑	43481	33680	49.1%	60.5%	11.4%	77161	60733		더불어민주당
	105	19	서울	노원구병	30217	25485	48.2%	59.6%	11.4%	55702	46373		더불어민주당
16	106	49	서울	강동구을	32027	26695	48.9%	60.4%	11.5%	58722	45617		더불어민주당
	107	2	서울	중구성동구갑	36462	33561	48.5%	59.9%	11.4%	70023	53107		더불어민주당
	108	233	경북	군위의성청송영덕	6215	11798	16.0%	22.2%	6.3%	18013	71532		미래통합당
	109	118	경기	수원시병	27737	23057	48.2%	59.8%	11.5%	50794	40374		더불어민주당
	110	249	경남	양산시을	26044	18134	44.6%	55.3%	10.8%	44178	42695		더불어민주당
	111	127	경기	안양시만안구	39860	35795	48.5%	59.9%	11.4%	75655	59438		더불어민주당
	112	212	전남	목포시	24455	40752	44.5%	55.3%	10.8%	65207	2554		더불어민주당
17	113	195	충남	보령서천	20677	25231	44.1%	55.0%	10.9%	45908	46405		미래통합당
	114	125	경기	의정부시갑	30827	24469	48.3%	59.8%	11.5%	55296	38644		더불어민주당
	115	209	전북	남원임실순창	14208	30608	43.4%	54.6%	11.2%	44816	0	43118	더불어민주당
	116	107	대전	대덕구	26117	21636	44.6%	55.4%	10.8%	47753	44617		더불어민주당
	117	111	울산	울산동구	11515	10125	21.6%	28.2%	6.6%	21640	33845		미래통합당
	118	225	경북	김천시	6386	10517	16.9%	23.8%	7.0%	16903	59993		미래통합당
	119	191	충남	천안시갑	26637	19362	44.4%	55.3%	10.8%	45999	44671		더불어민주당
18	120	178	강원	원주시을	24377	23627	47.3%	58.9%	11.6%	48004	39089		더불어민주당
	121	22	서울	서대문구갑	25389	22364	47.6%	59.2%	11.6%	47753	37522		더불어민주당
	122	231	경북	상주문경	6894	11153	14.1%	20.4%	6.4%	18047	65558		미래통합당
	123	6	서울	광진구을	28276	24768	44.4%	55.2%	10.8%	53044	51464		더불어민주당
	124	16	서울	도봉구을	28958	22675	47.7%	59.3%	11.6%	51633	44554		더불어민주당
	125	31	서울	구로구갑	43238	31622	48.4%	59.9%	11.5%	74860	55347		더불어민주당
	126	160	경기	용인시정	45884	32849	48.2%	59.6%	11.4%	78733	65358		더불어민주당

[그래픽 45] 4.15총선 전략 목표 판세표

전략목표판세표					더불어 민주당						미래통합당	기타	
FTP 그룹 번호	FTP 순서	선거 구 번호	시도	선거구명	당일 득표수	사전 득표수	당일 득표율	사전 득표율	시-당 득표율 차이	총 득표수	총 득표수	총 득표수	당선당
19	127	196	충남	아산시갑	21865	16145	44.8%	56.1%	11.3%	38010	38167		미래통합당
	128	184	충북	청주시서원구	29396	24661	44.8%	55.7%	11.0%	54057	50784		더불어민주당
	129	71	대구	서구	9366	7707	14.8%	20.9%	6.0%	17073	66574		미래통합당
	130	224	경북	경주시	9373	12179	11.9%	17.3%	5.4%	21552	77102		미래통합당
	131	5	서울	광진구갑	30806	25104	47.9%	59.5%	11.7%	55910	42822		더불어민주당
	132	199	충남	논산계룡금산	29166	28535	44.8%	55.8%	11.0%	57701	52984		더불어민주당
	133	33	서울	금천구	35515	29218	44.6%	55.5%	10.9%	64733	46278		더불어민주당
20	134	239	경남	창원시진해구	25460	24955	42.9%	53.8%	10.8%	50415	52000		미래통합당
	135	226	경북	안동예천	14249	18041	22.2%	29.3%	7.1%	32290	58183		미래통합당
	136	138	경기	동두천시연천군	16149	16529	39.7%	50.5%	10.8%	32678	38777		미래통합당
	137	153	경기	시흥시갑	42487	27136	48.0%	59.6%	11.6%	69623	59595		더불어민주당
	138	39	서울	관악구을	37236	34497	47.7%	59.3%	11.6%	71733	56130		더불어민주당
	139	124	경기	성남시분당구을	37244	28659	41.9%	52.2%	10.3%	65903	64342		더불어민주당
	140	146	경기	고양시정	51647	33079	48.3%	59.8%	11.5%	84726	72188		더불어민주당
21	141	176	강원	춘천화천철원양구을	18966	18677	39.9%	50.6%	10.7%	37643	43083		미래통합당
	142	81	인천	동구미추홀구갑	33642	30766	44.2%	55.2%	11.0%	64408	54883		더불어민주당
	143	35	서울	영등포구을	23923	21843	43.5%	54.8%	11.2%	45766	41537		더불어민주당
	144	251	제주	제주시갑	35706	27028	44.8%	55.9%	11.1%	62734	46909		더불어민주당
	145	200	충남	당진시	20019	16144	40.0%	50.7%	10.7%	36163	24457		더불어민주당
	146	25	서울	마포구을	36827	31300	47.4%	59.1%	11.7%	68127	47443		더불어민주당
	147	177	강원	원주시갑	22370	22203	42.5%	53.6%	11.1%	44573	38299		더불어민주당
22	148	164	경기	안성시	26542	24633	46.9%	58.8%	11.9%	51175	45554		더불어민주당
	149	183	충북	청주시상당구	25662	20798	43.0%	54.1%	11.1%	46460	42682		더불어민주당
	150	234	경북	고령성주칠곡	12676	12308	20.5%	28.0%	7.5%	24984	65236		미래통합당
	151	134	경기	광명시갑	23138	19689	42.4%	53.6%	11.2%	42827	33380		더불어민주당
	152	56	부산	부산남구을	22441	18489	45.1%	57.0%	11.9%	40930	39575		더불어민주당
	153	61	부산	사하구갑	22817	17042	44.8%	56.7%	11.8%	39859	39178		더불어민주당
	154	229	경북	영주영양봉화울진	10732	14940	17.0%	24.5%	7.4%	25672	68026		미래통합당
23	155	193	충남	천안시병	26340	16822	43.6%	54.9%	11.3%	43162	36854		더불어민주당
	156	57	부산	북구강서구갑	27248	22405	46.4%	58.3%	11.9%	49653	46795		더불어민주당
	157	69	대구	동구갑	10885	10704	22.6%	31.4%	8.8%	21589	56444		미래통합당
	158	144	경기	고양시을	45830	34527	47.3%	58.9%	11.6%	80357	55032		더불어민주당
	159	7	서울	동대문구갑	26691	24427	46.5%	58.6%	12.0%	51118	40874		더불어민주당
	160	236	경남	창원시성산구	11944	9999	14.2%	20.9%	6.6%	21943	61782		미래통합당
	161	201	충남	홍성예산	21499	22001	39.7%	50.5%	10.9%	43500	51997		미래통합당
24	162	43	서울	강남구을	24835	21454	40.8%	51.6%	10.9%	46289	51762		미래통합당
	163	142	경기	안산시단원구을	24737	17491	46.4%	58.6%	12.2%	42228	38497		더불어민주당
	164	163	경기	이천시	25751	24195	40.7%	51.6%	10.9%	49946	56544		미래통합당
	165	66	부산	사상구	33991	27211	43.1%	54.1%	11.0%	61202	66353		미래통합당
	166	188	충북	제천단양	20745	21808	39.5%	50.4%	11.0%	42553	51174		미래통합당
	167	190	충북	증평진천음성	25962	28755	45.1%	56.9%	11.8%	54717	51081		더불어민주당
	168	187	충북	충주시	25617	26370	40.2%	51.0%	10.8%	51987	59667		미래통합당

전략목표판세표					더불어 민주당						미래통합당	기타	
FTP 그룹 번호	FTP 순서	선거구 번호	시도	선거구명	당일 득표수	사전 득표수	당일 득표율	사전 득표율	시-당 득표율 차이	총 득표수	총 득표수	총 득표수	당선당
	169	112	울산	북구	31623	22721	42.0%	52.9%	10.9%	54344	47836		더불어민주당
	170	80	인천	중구강화옹진	29921	30840	43.1%	54.4%	11.3%	60761	62484		미래통합당
	171	50	부산	중구영도구	20704	20227	39.3%	50.4%	11.1%	40931	47436		미래통합당
25	172	55	부산	부산남구갑	18214	16317	37.3%	48.2%	11.0%	34531	43805		미래통합당
	173	101	대전	대전동구	31408	30085	45.4%	57.2%	11.8%	61493	57194		더불어민주당
	174	4	서울	용산구	30715	30058	40.3%	51.0%	10.7%	60773	63891		미래통합당
	175	45	서울	송파구갑	28015	25662	42.0%	53.2%	11.2%	53677	58318		미래통합당
	176	37	서울	동작구을	31464	28940	45.7%	57.6%	11.9%	60404	53026		더불어민주당
	177	52	부산	부산진구갑	26001	21594	39.6%	50.5%	10.9%	47595	52037		미래통합당
	178	248	경남	양산시갑	26902	16173	39.0%	49.7%	10.7%	43075	57301		미래통합당
26	179	64	부산	연제구	34308	25629	42.6%	53.7%	11.1%	59937	64640		미래통합당
	180	3	서울	중구성동구을	32954	30320	45.7%	57.6%	11.9%	63274	58300		더불어민주당
	181	102	대전	대전중구	34915	31391	44.8%	56.4%	11.6%	66306	63498		더불어민주당
	182	167	경기	화성시갑	33001	27167	45.7%	57.5%	11.9%	60168	52291		더불어민주당
	183	230	경북	영천청도	8807	11293	17.8%	27.6%	9.9%	20100	57580		미래통합당
	184	175	강원	춘천화천철원양구갑	34038	32741	45.5%	57.4%	11.9%	66779	57298		더불어민주당
	185	60	부산	해운대구을	26387	20150	40.8%	52.2%	11.3%	46537	53900		미래통합당
27	186	67	부산	기장군	24371	14453	41.1%	52.6%	11.6%	38824	42634		미래통합당
	187	189	충북	보은옥천영동괴산	18491	25232	36.0%	47.2%	11.1%	43723	58490		미래통합당
	188	47	서울	송파구병	43426	34734	46.9%	58.9%	11.9%	78160	64869		더불어민주당
	189	136	경기	평택시갑	38072	26118	46.6%	58.6%	12.0%	64190	59063		더불어민주당
	190	78	대구	달서구병	12981	10010	23.4%	33.2%	9.8%	22991	46988		미래통합당
	191	123	경기	성남시분당구갑	42327	33021	43.6%	54.8%	11.2%	75348	78134		미래통합당
	192	156	경기	하남시	41610	34731	45.5%	57.2%	11.7%	76341	50141		더불어민주당
28	193	109	울산	울산남구갑	24359	19775	37.9%	48.9%	11.0%	44134	55252		미래통합당
	194	72	대구	대구북구갑	14579	12811	21.9%	31.0%	9.0%	27390	52916		미래통합당
	195	51	부산	서구동구	24203	23660	36.7%	47.5%	10.8%	47863	63855		미래통합당
	196	237	경남	창원시마산합포구	17837	16577	29.0%	38.9%	9.9%	34414	64706		미래통합당
	197	26	서울	양천구갑	42056	34844	45.8%	57.7%	11.9%	76900	67814		더불어민주당
	198	110	울산	울산남구을	19582	14056	35.6%	46.9%	11.3%	33638	48933		미래통합당
	199	241	경남	진주시을	14142	15228	29.1%	40.2%	11.1%	29370	50217		미래통합당
29	200	198	충남	서산태안	27563	29139	39.0%	50.2%	11.2%	56702	66917		미래통합당
	201	238	경남	창원시마산회원구	27840	21137	38.2%	49.2%	11.0%	48977	64581		미래통합당
	202	181	강원	속초인제고성양양	21359	20880	38.5%	50.2%	11.7%	42239	50188		미래통합당
	203	38	서울	관악구갑	43342	38452	45.6%	57.5%	11.8%	81794	0		더불어민주당
	204	76	대구	달서구갑	15261	10261	23.4%	32.9%	9.5%	25522	54700		미래통합당
	205	227	경북	구미시갑	18799	15742	26.8%	36.3%	9.6%	34541	73339		미래통합당
	206	244	경남	김해시갑	38856	31777	46.0%	58.2%	12.1%	70633	61890		더불어민주당
30	207	137	경기	평택시을	33517	24899	42.0%	53.5%	11.5%	58416	59491		미래통합당
	208	82	인천	동구미추홀구을	25151	22074	36.3%	47.2%	10.9%	47225	17843	46493	더불어민주당
	209	113	울산	울주군	29269	24814	38.2%	49.1%	10.9%	54083	66317		미래통합당
	210	53	부산	부산진구을	23745	20282	38.3%	49.8%	11.5%	44027	55754		미래통합당

[그래픽 45] 4.15총선 전략 목표 판세표

| 전략목표판세표 | | | | | 더불어 민주당 | | | | | | 미래통합당 | 기타 | |
FTP 그룹 번호	FTP 순서	선거구번호	시도	선거구명	당일득표수	사전득표수	당일득표율	사전득표율	시-당 득표율 차이	총득표수	총득표수	총득표수	당선당
31	211	180	강원	동해태백삼척정선	27188	29650	37.1%	47.9%	10.9%	56838	71604		미래통합당
	212	173	경기	포천가평	27093	23594	41.0%	52.8%	11.8%	50687	54771		미래통합당
	213	84	인천	연수구을	30575	22377	37.7%	48.5%	10.8%	52952	49913		더불어민주당
	214	245	경남	김해시을	40481	31513	44.9%	56.7%	11.9%	71994	60003		더불어민주당
	215	75	대구	수성구을	13226	12883	20.9%	30.9%	10.0%	26109	37165	40015	무 소 속
	216	48	서울	강동구갑	44115	35563	45.8%	57.8%	12.0%	79678	74441		더불어민주당
	217	246	경남	밀양의령함안창녕	20775	24718	25.4%	34.7%	9.3%	45493	102210		미래통합당
32	218	70	대구	동구을	21106	12723	27.2%	36.9%	9.7%	33829	66461		미래통합당
	219	157	경기	용인시갑	33811	26841	41.2%	52.7%	11.5%	60652	69826		미래통합당
	220	65	부산	수영구	22811	18998	35.5%	46.8%	11.4%	41809	57959		미래통합당
	221	44	서울	강남구병	19737	14774	27.9%	38.1%	10.2%	34511	70917		미래통합당
	222	147	경기	의왕과천	31386	26688	38.0%	49.0%	11.1%	58074	51556		더불어민주당
	223	46	서울	송파구을	36525	28358	40.8%	52.2%	11.4%	64883	72072		미래통합당
	224	151	경기	남양주시병	44769	27304	45.9%	58.1%	12.2%	72073	61049		더불어민주당
33	225	68	대구	중구남구	20563	18825	26.4%	36.2%	9.9%	39388	86470		미래통합당
	226	228	경북	구미시을	19751	15845	32.0%	43.3%	11.3%	35596	54457		미래통합당
	227	182	강원	홍천횡성영월평창	20498	22763	31.9%	43.0%	11.1%	43261	55975		미래통합당
	228	194	충남	공주부여청양	24891	30566	40.2%	52.7%	12.4%	55457	57487		미래통합당
	229	42	서울	강남구갑	22721	16991	33.9%	45.3%	11.3%	39712	60324		미래통합당
	230	40	서울	서초구갑	21573	19050	30.3%	41.1%	10.8%	40623	72896		미래통합당
	231	242	경남	통영고성	19205	20931	32.9%	44.8%	12.0%	40136	60314		미래통합당
34	232	243	경남	사천남해하동	19435	27814	32.5%	44.3%	11.8%	47249	71620		미래통합당
	233	62	부산	사하구을	22450	16538	34.2%	45.9%	11.7%	38988	59042		미래통합당
	234	58	부산	북구강서구을	38732	24222	39.0%	50.1%	11.1%	62954	76054		미래통합당
	235	77	대구	달서구을	24385	14579	24.9%	34.2%	9.3%	38964	90762		미래통합당
	236	41	서울	서초구을	32445	27965	38.6%	50.0%	11.5%	60410	74445		미래통합당
	237	159	경기	용인시병	48013	35398	45.9%	58.2%	12.2%	83411	78562		더불어민주당
	238	179	강원	강릉시	22838	24712	33.6%	45.1%	11.5%	47550	13704	49618	무 소 속
35	239	174	경기	여주양평	24967	25263	33.8%	45.1%	11.3%	50230	70575		미래통합당
	240	240	경남	진주시갑	20993	21587	33.2%	45.1%	11.9%	42580	60112		미래통합당
	241	54	부산	동래구	37785	28483	37.5%	48.5%	11.0%	66268	81722		미래통합당
	242	232	경북	경산시	21118	16266	23.1%	32.8%	9.7%	37384	88684		미래통합당
	243	79	대구	달성군	21968	13857	23.8%	33.6%	9.8%	35825	88846		미래통합당
	244	223	경북	포항시남구울릉	26912	20405	30.9%	41.7%	10.8%	47317	74794		미래통합당
	245	59	부산	해운대구갑	26376	21690	31.7%	42.8%	11.1%	48066	78971		미래통합당
36	246	108	울산	울산중구	23214	20024	29.0%	40.1%	11.1%	43238	69359		미래통합당
	247	247	경남	거제시	26176	24543	34.0%	45.8%	11.7%	50719	65746		미래통합당
	248	143	경기	고양시갑	21809	18129	23.8%	34.0%	10.2%	39938	47003	56516	정 의 당
	249	74	대구	수성구갑	32073	29060	34.8%	46.1%	11.4%	61133	92018		미래통합당
	250	63	부산	금정구	30296	26846	35.0%	46.7%	11.6%	57142	77048		미래통합당
	251	222	경북	포항시북구	27825	21406	28.1%	38.6%	10.5%	49231	98905		미래통합당
	252	73	대구	대구북구을	28202	17915	29.7%	40.6%	10.9%	46117	84378		미래통합당
37	253	235	경남	창원시의창구	32029	23593	32.5%	44.2%	11.8%	55622	88718		미래통합당
										더불어민주당 당선사자수			165

로이킴의 게리맨더링 알고리즘을 통해 역으로 찾아낸 전략 목표 판세
표상 더불어민주당의 지역구 당선 목표 의석수는 165석으로 추정되었다.
차이 나는 두 석은 전술목표 판세표에 이어 설명되었다.

선거구 번호	시도	선거구명	전략목표 사전 득표율	전략목표 사전득표 수	차용한 선거구	더불어 민주당				미래 통합당	기타	당선당
						차용한 사전 득표율	차용득표율 기준 사전득표수	차용전후 사전득표 수증감	총 득표수	총 득표수	총 득표수	
224	경북	경주시	17.3%	12179	경주시	17.33%	12179	0	21552	77102		미래통합당
250	경남	창원시성산구	18.2%	11291	산청함양거창합천	20.85%	12954	1663	20695	42061	49123	무 소 속
231	경북	서구	20.4%	11153	상주문경	20.87%	11383	230	18277	65558		미래통합당
236	경남	산청함양거창합천	20.9%	9999	창원시성산구	18.18%	8715	-1284	20659	61782		미래통합당
71	대구	상주문경	20.9%	7707	서구	22.24%	8212	505	17578	66574		미래통합당
233	경북	군위의성청송영덕	22.2%	11798	군위의성청송영덕	20.45%	10849	-949	17064	71532		미래통합당
225	경북	김천시	23.8%	10517	김천시	23.84%	10517	0	16903	59993		미래통합당
229	경북	영주영양봉화울진	24.5%	14940	영주영양봉화울진	24.46%	14940	0	25672	68026		미래통합당
230	경북	영천청도	27.6%	11293	영천청도	27.62%	11293	0	20100	57580		미래통합당
234	경북	고령성주칠곡	28.0%	12308	고령성주칠곡	28.00%	12308	0	24984	65236		미래통합당
75	대구	동구	30.9%	12883	수성구을	30.89%	12883	0	26109	37165	40015	무 소 속
111	울산	수성구을	28.2%	10125	울산동구	28.20%	10125	0	21640	33845		미래통합당
72	대구	북구갑	31.0%	12811	대구북구갑	30.98%	12811	0	27390	52916		미래통합당
226	경북	안동예천	29.3%	18041	안동예천	29.34%	18041	0	32290	58183		미래통합당
69	대구	동구갑	31.4%	10704	동구갑	31.40%	10704	0	21589	56444		미래통합당
232	경북	달서구갑	32.8%	16266	경산시	33.60%	16687	421	37805	88684		미래통합당
76	대구	달성군	32.9%	10261	달서구갑	32.93%	10261	0	25522	54700		미래통합당
78	대구	경산	33.2%	10010	달서구병	34.03%	10271	261	23252	46988		미래통합당
79	대구	고양시갑	33.6%	13857	달성군	33.17%	13678	-179	35646	88846		미래통합당
143	경기	달서구병	34.0%	18129	고양시갑	32.76%	17448	-681	39257	47003	56516	정 의 당
77	대구	달서구을	34.2%	14579	달서구을	34.22%	14579	0	38964	90762		미래통합당
246	경남	밀양의령함안창녕	34.7%	24718	밀양의령함안창녕	34.66%	24718	0	45493	102210		미래통합당
68	대구	동구을	36.2%	18825	중구남구을	36.88%	19164	339	39727	86470		미래통합당
227	경북	중구남구을	36.3%	15742	구미시갑	38.12%	16517	775	35316	73339		미래통합당
70	대구	포항북구	36.9%	12723	동구을	36.33%	12534	-189	33640	66461		미래통합당
44	서울	구미갑	38.1%	14774	강남구병	43.02%	16676	1901	36413	70917		미래통합당
222	경북	북구을	38.6%	21406	포항시북구	36.23%	20095	-1311	47920	98905		미래통합당
237	경남	강남구병	38.9%	16577	창원시마산합포구	40.61%	17285	708	35122	64706		미래통합당
108	울산	진주시을	40.1%	20024	울산중구	41.71%	20834	810	44048	69359		미래통합당
241	경남	창원시마산합포구	40.2%	15228	진주시을	38.59%	14634	-594	28776	50217		미래통합당
73	대구	남구울릉	40.6%	17915	대구북구을	40.09%	17686	-230	45888	84378		미래통합당
40	서울	중구	41.1%	19050	서초구갑	46.15%	21395	2345	42968	72896		미래통합당
223	경북	구미을	41.7%	20405	포항시남구울릉	38.95%	19053	-1352	45965	74794		미래통합당
59	부산	창원시의창구	42.8%	21690	해운대구갑	45.88%	23256	1566	49632	78971		미래통합당
182	강원	서초구갑	43.0%	22763	홍천횡성영월평창	44.85%	23727	964	44225	55975		미래통합당

[그래픽 46] 4.15총선 전술 목표 판세표

선거구번호	시도	선거구명	전략목표 사전득표율	전략목표 사전득표수	차용한 선거구	더불어 민주당				미래통합당 총득표수	기타 총득표수	당선당
						차용한 사전득표율	차용득표율 기준 사전득표수	차용전후 사전득표 수증감	총득표수			
228	경북	구미시을	43.3%	15845	진주시을	40.16%	14683	-1161	34434	54457		미래통합당
235	경남	창원시의창구	44.2%	23593	구미시을	43.33%	23115	-479	55144	88718		미래통합당
243	경남	사천남해하동	44.3%	27814	서초구갑	41.09%	25773	-2041	45208	71620		미래통합당
242	경남	통영고성	44.8%	20931	진주시갑	45.06%	21029	97	40234	60314		미래통합당
240	경남	진주시갑	45.1%	21587	사천남해하동	44.35%	21247	-340	42240	60112		미래통합당
179	강원	강릉시	45.1%	24712	창원시의창구	44.23%	24246	-467	47084	13704	49618	무 소 속
174	경기	여주양평	45.1%	25263	서구동구	47.48%	26604	1340	51571	70575		미래통합당
42	서울	강남구갑	45.3%	16991	연수구을	48.53%	18212	1221	40933	60324		미래통합당
247	경남	거제시	45.8%	24543	해운대구갑	42.79%	22955	-1588	49131	65746		미래통합당
62	부산	사하구을	45.9%	16538	거제시	45.75%	16492	-47	38942	59042		미래통합당
74	대구	수성구갑	46.1%	29060	강릉시	45.08%	28386	-674	60459	92018		미래통합당
63	부산	금정구	46.7%	26846	동구미추홀구을	47.21%	27160	314	57456	77048		미래통합당
65	부산	수영구	46.8%	18998	동래구	48.50%	19676	678	42487	57959		미래통합당
110	울산	울산남구을	46.9%	14056	금정구	46.67%	13978	-78	33560	48933		미래통합당
189	충북	보은옥천영동괴산	47.2%	25232	여주양평	45.09%	24117	-1115	42608	58490		미래통합당
82	인천	동구미추홀구을	47.2%	22074	강남구갑	45.28%	21169	-905	46320	17843	46493	무 소 속
51	부산	서구동구	47.5%	23660	동해태백삼척정선	47.93%	23887	227	48090	63855		미래통합당
180	강원	동해태백삼척정선	47.9%	29650	의왕과천	49.04%	30334	684	57522	71604		미래통합당
55	부산	부산남구갑	48.2%	16317	울산남구갑	48.94%	16563	246	34777	43805		미래통합당
54	부산	동래구	48.5%	28483	부산진구갑	50.47%	29642	1159	67427	81722		미래통합당
84	인천	연수구을	48.5%	22377	부산남구갑	48.21%	22230	-147	52805	49913		더불어민주당
109	울산	울산남구갑	48.9%	19775	동두천시연천군	50.51%	20411	636	44770	55252		미래통합당
147	경기	의왕과천	49.0%	26688	춘천화천철원양구을	50.62%	27546	858	58932	51556		더불어민주당
113	울산	울주군	49.1%	24814	서초구을	50.02%	25286	472	54555	66317		미래통합당
238	경남	창원시마산회원구	49.2%	21137	울산남구을	46.93%	20169	-968	48009	64581		미래통합당
53	부산	부산진구을	49.8%	20282	중구영도구	50.35%	20527	245	44272	55754		미래통합당
181	강원	속초인제고성양양	50.2%	20880	속초인제고성양양	50.22%	20880	0	42239	50188		미래통합당
41	서울	서초구을	50.0%	27965	원주시갑	53.64%	29987	2022	62432	74445		미래통합당
248	경남	양산시갑	49.7%	16173	보은옥천영동괴산	47.17%	15354	-819	42256	57301		미래통합당
58	부산	북구강서구을	50.1%	24222	홍성예산	50.54%	24411	189	63143	76054		미래통합당
198	충남	서산태안	50.2%	29139	창원시마산회원구	49.18%	28557	-582	56120	66917		미래통합당
50	부산	중구영도구	50.4%	20227	당진시	50.73%	20376	150	41080	47436		미래통합당
188	충북	제천단양	50.4%	21808	양산시갑	49.69%	21486	-322	42231	51174		미래통합당
52	부산	부산진구갑	50.5%	21594	해운대구을	52.18%	22327	733	48328	52037		미래통합당
138	경기	동두천시연천군	50.5%	16529	북구강서구을	50.15%	16410	-119	32559	38777		미래통합당
201	충남	홍성예산	50.5%	22001	울주군	49.09%	21368	-634	42867	51997		미래통합당
176	강원	춘천화천철원양구을	50.6%	18677	기장군	52.63%	19420	743	38386	43083		미래통합당
200	충남	당진시	50.7%	16144	김해시갑	58.18%	18514	2371	38533	24457		더불어민주당
187	충남	충주시	51.0%	26370	부산진구을	49.75%	25721	-649	51338	59667		미래통합당
194	충남	공주부여청양	52.7%	30566	공주부여청양	52.68%	30566	0	55457	57487		미래통합당
4	서울	용산구	51.0%	30058	성남시분당구갑	54.81%	32280	2223	62995	63891		미래통합당
163	경기	이천시	51.6%	24195	용산구	51.03%	23929	-266	49680	56544		미래통합당
43	서울	강남구을	51.6%	21454	연제구	53.72%	22319	865	47154	51762		미래통합당

선거구 번호	시도	선거구명	전략목표 사전 득표율	전략목표 사전득표 수	차용한 선거구	더불어 민주당				미래 통합당	기타	당선당
						차용한 사전 득표율	차용득표율 기준 사전득표수	차용전후 사전득표 수증감	총 득표수	총 득표수	총 득표수	
46	서울	송파구을	52.2%	28358	창원시진해구	53.76%	29224	867	65749	72072		미래통합당
60	부산	해운대구을	52.2%	20150	북구	52.86%	20409	260	46796	53900		미래통합당
173	경기	포천가평	52.8%	23594	송파구갑	53.19%	23778	183	50871	54771		미래통합당
67	부산	기장군	52.6%	14453	서산태안	50.18%	13781	-672	38152	42634		미래통합당
157	경기	용인시갑	52.7%	26841	송파구을	52.17%	26593	-248	60404	69826		미래통합당
124	경기	성남시분당구을	52.2%	28659	김해시을	56.75%	31130	2472	68374	64342		더불어민주당
112	울산	북구	52.9%	22721	용인시갑	52.65%	22634	-88	54257	47836		더불어민주당
45	서울	송파구갑	53.2%	25662	양산시을	55.31%	26687	1024	54702	58318		미래통합당
137	경기	평택시을	53.5%	24899	이천시	51.60%	24021	-878	57538	59491		미래통합당
134	경기	광명시갑	53.6%	19689	청주시상당구	54.11%	19877	188	43015	33380		더불어민주당
177	강원	원주시갑	53.6%	22203	광진구을	55.21%	22854	650	45224	38299		더불어민주당
64	부산	연제구	53.7%	25629	보령서천	55.04%	26260	632	60568	64640		미래통합당
239	경남	창원시진해구	53.8%	24955	사상구	54.13%	25125	170	50585	52000		미래통합당
183	충북	청주시상당구	54.1%	20798	성남시분당구을	52.24%	20080	-718	45742	42682		더불어민주당
66	부산	사상구	54.1%	27211	제천단양	50.43%	25353	-1858	59344	66353		미래통합당
80	인천	중구강화옹진	54.4%	30840	강남구을	51.64%	29274	-1567	59195	62484		미래통합당
209	전북	남원임실순창	54.6%	30608	수영구	46.83%	26236	-4372	40444	0	43118	무소속
35	서울	영등포구을	54.8%	21843	남양주시병	58.05%	23150	1306	47073	41537		더불어민주당
123	경기	성남시분당구갑	54.8%	33021	화성시갑	57.55%	34672	1651	76999	78134		미래통합당
193	충남	천안시병	54.9%	16822	영등포구을	54.78%	16769	-52	43109	36854		더불어민주당
195	충남	보령서천	55.0%	25231	포천가평	52.78%	24193	-1038	44870	46405		미래통합당
81	인천	동구미추홀구갑	55.2%	30766	평택시을	53.48%	29832	-934	63474	54883		더불어민주당
6	서울	광진구을	55.2%	24768	강동구갑	57.81%	25933	1165	54209	51464		더불어민주당
191	충남	천안시갑	55.3%	19362	천안시갑	55.27%	19362	0	45999	44671		더불어민주당
212	전남	목포시	55.3%	40752	충주시	51.01%	37602	-3151	62057	2554		더불어민주당
249	경남	양산시을	55.3%	18134	대덕구	55.43%	18172	38	44216	42695		더불어민주당
107	대전	대덕구	55.4%	21636	동구미추홀구갑	55.16%	21531	-106	47648	44617		더불어민주당
33	서울	금천구	55.5%	29218	금천구	55.54%	29218	0	64733	46278		더불어민주당
184	충북	청주시서원구	55.7%	24661	논산계룡금산	55.85%	24716	55	54112	50784		더불어민주당
199	충남	논산계룡금산	55.8%	28535	부산남구을	57.03%	29139	604	58305	52984		더불어민주당
251	제주	제주시갑	55.9%	27028	광명시갑	53.60%	25917	-1111	61623	46909		더불어민주당
196	충남	아산시갑	56.1%	16145	남원임실순창	54.63%	15732	-413	37597	38167		미래통합당
102	대전	대전중구	56.4%	31391	대전중구	56.42%	31391	0	66306	63498		더불어민주당
61	부산	사하구갑	56.7%	17042	사하구갑	56.66%	17042	0	39859	39178		더불어민주당
245	경남	김해시을	56.7%	31513	아산시갑	56.06%	31134	-378	71615	60003		더불어민주당
190	충북	증평진천음성	56.9%	28755	청주시서원구	55.72%	28161	-594	54123	51081		더불어민주당
56	부산	부산남구을	57.0%	18489	하남시	57.23%	18553	65	40994	39575		더불어민주당
101	대전	대전동구	57.2%	30085	증평진천음성	56.90%	29936	-149	61344	57194		더불어민주당
156	경기	하남시	57.2%	34731	중구성동구을	57.60%	34956	224	76566	50141		더불어민주당
175	강원	춘천화천철원양구갑	57.4%	32741	동작구을	57.64%	32878	136	66916	57298		더불어민주당
38	서울	관악구갑	57.5%	38452	도봉구갑	59.97%	40128	1676	83470	0		더불어민주당
167	경기	화성시갑	57.5%	27167	중구강화옹진	54.40%	25682	-1485	58683	52291		더불어민주당
3	서울	중구성동구을	57.6%	30320	마포구을	59.10%	31113	793	64067	58300		더불어민주당

[그래픽 46] 4.15총선 전술 목표 판세표

선거구 번호	시도	선거구명	전략목표 사전 득표율	전략목표 사전득표 수	차용한 선거구	더불어 민주당				미래 통합당	기타	당선당
						차용한 사전 득표율	차용득표율 기준 사전득표수	차용전후 사전득표 수증감	총 득표수	총 득표수	총 득표수	
37	서울	동작구을	57.6%	28940	노원구병	59.61%	29929	989	61393	53026		더불어민주당
26	서울	양천구갑	57.7%	34844	고양시정	59.84%	36139	1295	78195	67814		더불어민주당
48	서울	강동구갑	57.8%	35563	원주시을	58.91%	36242	678	80357	74441		더불어민주당
151	경기	남양주시병	58.1%	27304	춘천화천철원양구갑	57.40%	26995	-309	71764	67490		더불어민주당
159	경기	용인시병	58.2%	35398	파주시을	59.94%	36472	1074	84485	78562		더불어민주당
244	경남	김해시갑	58.2%	31777	대전동구	57.18%	31234	-544	70090	61890		더불어민주당
57	부산	북구강서구갑	58.3%	22405	제주시갑	55.89%	21482	-923	48730	46795		더불어민주당
142	경기	안산시단원구을	58.6%	17491	북구강서구갑	58.29%	17410	-81	42147	38497		더불어민주당
7	서울	동대문구갑	58.6%	24427	용인시정	59.61%	24852	424	51543	40874		더불어민주당
136	경기	평택시갑	58.6%	26118	천안시병	54.95%	24473	-1645	62545	59063		더불어민주당
164	경기	안성시	58.8%	24633	목포시	55.28%	23156	-1477	49698	45554		더불어민주당
47	서울	송파구병	58.9%	34734	안양시만안구	59.93%	35361	628	78787	64869		더불어민주당
178	강원	원주시을	58.9%	23627	김포시갑	60.81%	24391	764	48768	39089		더불어민주당
144	경기	고양시을	58.9%	34527	광진구갑	59.55%	34901	374	80731	55032		더불어민주당
25	서울	마포구을	59.1%	31300	영등포구갑	61.37%	32502	1202	69329	47443		더불어민주당
22	서울	서대문구갑	59.2%	22364	의정부시갑	59.81%	22585	221	47974	37522		더불어민주당
39	서울	관악구을	59.3%	34497	남동구갑	60.63%	35290	793	72526	56130		더불어민주당
16	서울	도봉구을	59.3%	22675	시흥시갑	59.60%	22795	120	51753	44554		더불어민주당
5	서울	광진구갑	59.5%	25104	안양시동안구갑	61.19%	25797	693	56603	42822		더불어민주당
153	경기	시흥시갑	59.6%	27136	관악구갑	57.47%	26163	-972	68650	59595		더불어민주당
160	경기	용인시정	59.6%	32849	세종갑	61.51%	33896	1047	79780	65358		더불어민주당
19	서울	노원구병	59.6%	25485	서대문구갑	59.23%	25323	-162	55540	46373		더불어민주당
118	경기	수원시병	59.8%	23057	평택시갑	58.64%	22622	-435	50359	40374		더불어민주당
125	경기	의정부시갑	59.8%	24469	동대문구갑	58.60%	23972	-497	54799	38644		더불어민주당
146	경기	고양시정	59.8%	33079	완주진안무주장수	62.03%	34290	1211	85937	72188		더불어민주당
31	서울	구로구갑	59.9%	31622	제주시을	61.81%	32626	1005	75864	55347		더불어민주당
2	서울	중구성동구갑	59.9%	33561	동작구갑	60.56%	33919	358	70381	53107		더불어민주당
127	경기	안양시만안구	59.9%	35795	관악구을	59.27%	35402	-393	75262	59438		더불어민주당
162	경기	파주시을	59.9%	20814	강서구갑	61.60%	21393	579	48564	39588		더불어민주당
15	서울	도봉구갑	60.0%	22891	고양시병	60.56%	23116	225	50649	37967		더불어민주당
129	경기	안양시동안구을	60.0%	23406	성남시중원구	60.57%	23614	208	49729	38327		더불어민주당
49	서울	강동구을	60.4%	26695	서귀포시	61.44%	27139	444	59166	45617		더불어민주당
8	서울	동대문구을	60.5%	22490	구로구갑	59.91%	22280	-211	55230	44360		더불어민주당
91	인천	인천서구갑	60.5%	33680	안산시단원구을	58.57%	32584	-1096	76065	60733		더불어민주당
145	경기	고양시병	60.6%	33694	종로구	61.16%	34028	334	80057	65981		더불어민주당
36	서울	동작구갑	60.6%	32377	노원구갑	62.28%	33297	920	70262	54526		더불어민주당
122	경기	성남시중원구	60.6%	32304	안양시동안구을	60.04%	32019	-285	65937	50315		더불어민주당
85	인천	남동구갑	60.6%	31156	마포구갑	60.84%	31263	107	72770	59466		더불어민주당
186	충북	청주시청원구	60.8%	19699	양천구갑	57.69%	18704	-994	51017	42776		더불어민주당
165	경기	김포시갑	60.8%	21982	용인시병	58.17%	21027	-954	58609	42660		더불어민주당
24	서울	마포구갑	60.8%	24492	안산시단원구갑	63.09%	25397	905	53160	40775		더불어민주당
1	서울	종로구	61.2%	28868	천안시을	65.55%	30940	2072	54893	37594		더불어민주당
128	경기	안양시동안구갑	61.2%	24658	은평구을	62.24%	25081	423	56333	40490		더불어민주당

선거구 번호	시도	선거구명	전략목표 사전득표율	전략목표 사전득표수	차용한 선거구	더불어 민주당				미래 통합당	기타	당선당
						차용한 사전 득표율	차용득표율 기준 사전득표수	차용전후 사전득표 수증감	총 득표수	총 득표수	총 득표수	
166	경기	김포시을	61.2%	26679	고양시을	58.91%	25679	-1001	63189	52200		더불어민주당
106	대전	유성구을	61.3%	26028	수원시무	62.01%	26324	296	53766	35629		더불어민주당
34	서울	영등포구갑	61.4%	32677	중랑구갑	63.78%	33957	1280	72438	49292		더불어민주당
86	인천	남동구을	61.4%	35018	중구성동구갑	59.92%	34168	-850	78789	54264		더불어민주당
253	제주	서귀포시	61.4%	25284	청주시청원구	60.76%	25004	-280	53330	41689		더불어민주당
114	세종	세종갑	61.5%	30543	부천시을	61.57%	30573	30	55943	32496		더불어민주당
131	경기	부천시을	61.6%	30829	부평구을	62.15%	31116	287	80886	58341		더불어민주당
28	서울	강서구갑	61.6%	27548	연수구갑	62.99%	28167	619	63394	43519		더불어민주당
29	서울	강서구을	61.7%	29331	의정부시을	62.73%	29822	490	66680	50281		더불어민주당
103	대전	대전서구갑	61.7%	33271	유성구을	61.32%	33074	-196	74938	57720		더불어민주당
252	제주	제주시을	61.8%	30280	강동구을	60.43%	29604	-676	67203	49862		더불어민주당
32	서울	구로구을	61.8%	25454	강서구병	64.06%	26369	915	56063	37018		더불어민주당
120	경기	수원시무	62.0%	34103	인천서구갑	60.54%	33290	-813	81996	56793		더불어민주당
211	전북	완주진안무주장수	62.0%	35836	도봉구을	59.29%	34253	-1582	56990	4447		더불어민주당
185	충북	청주시흥덕구	62.1%	31754	남동구을	61.41%	31396	-358	74897	57656		더불어민주당
88	인천	부평구을	62.1%	32540	대전서구갑	61.68%	32296	-244	74248	47789		더불어민주당
105	대전	유성구갑	62.2%	24715	강북구갑	62.45%	24805	90	55447	39588		더불어민주당
21	서울	은평구을	62.2%	35378	계양구을	64.11%	36440	1062	78879	49796		더불어민주당
17	서울	노원구갑	62.3%	22207	부천시정	63.66%	22698	491	53886	36782		더불어민주당
13	서울	강북구갑	62.4%	22982	수원시정	63.65%	23425	444	49472	33840		더불어민주당
27	서울	양천구을	62.6%	30468	오산시	63.77%	31034	565	66757	47897		더불어민주당
126	경기	의정부시을	62.7%	28755	강서구을	61.70%	28282	-473	71567	49640		더불어민주당
83	인천	연수구갑	63.0%	21044	유성구갑	62.22%	20788	-256	45477	33646		더불어민주당
104	대전	대전서구을	63.0%	33112	세종을	63.22%	33227	115	70681	50140		더불어민주당
141	경기	안산시단원구갑	63.1%	17081	동대문구을	60.48%	16374	-707	42009	31086		더불어민주당
115	세종	세종을	63.2%	22901	광주시을	63.55%	23021	121	45994	31495		더불어민주당
170	경기	광주시갑	63.4%	23000	김포시을	61.21%	22212	-788	53215	40469		더불어민주당
87	인천	부평구갑	63.5%	33853	구로구을	61.84%	32983	-870	77459	57148		더불어민주당
171	경기	광주시을	63.6%	20460	군포시	63.64%	20488	28	52463	38910		더불어민주당
155	경기	군포시	63.6%	37070	구리시	64.33%	37475	406	91249	64167		더불어민주당
133	경기	부천시정	63.7%	15969	남양주시갑	64.36%	16145	176	49551	32094		더불어민주당
119	경기	수원시정	63.7%	34343	부평구갑	63.47%	34242	-101	79551	52585		더불어민주당
9	서울	중랑구갑	63.8%	26013	대전서구을	63.00%	25697	-316	55171	34670		더불어민주당
152	경기	오산시	63.8%	23322	양천구을	62.61%	22897	-425	61923	44834		더불어민주당
140	경기	안산시상록구을	63.8%	17597	안산시상록구을	63.83%	17597	0	43597	30747		더불어민주당
30	서울	강서구병	64.1%	29926	양주시	66.92%	31262	1336	64513	39355		더불어민주당
90	인천	계양구을	64.1%	22627	성북구갑	65.06%	22962	335	51815	34222		더불어민주당
148	경기	구리시	64.3%	25568	서대문구을	65.92%	26198	630	64624	43456		더불어민주당
149	경기	남양주시갑	64.4%	22972	안산시상록구갑	64.43%	22998	26	59779	39318		더불어민주당
139	경기	안산시상록구갑	64.4%	24572	중랑구을	64.60%	24634	62	59021	38367		더불어민주당
12	서울	성북구을	64.4%	30694	용인시을	65.70%	31299	604	70721	45543		더불어민주당
10	서울	중랑구을	64.6%	31898	광주북구갑	65.39%	32290	392	74130	47603		더불어민주당
150	경기	남양주시을	64.7%	25139	파주시갑	66.41%	25815	676	68657	36526		더불어민주당
116	경기	수원시갑	65.1%	32103	남양주시을	64.68%	31912	-190	76873	51428		더불어민주당
11	서울	성북구갑	65.1%	38979	군산시	66.95%	40114	1135	82939	49727		더불어민주당

[그래픽 46] 4.15총선 전술 목표 판세표

선거구번호	시도	선거구명	전략목표 사전득표율	전략목표 사전득표수	차용한 선거구	더불어 민주당				미래통합당	기타	당선당
						차용한 사전득표율	차용득표율 기준 사전득표수	차용전후 사전득표 수증감	총득표수	총득표수	총득표수	
121	전남	순천광양곡성구례을	69.7%	50392	부천시병	66.24%	47880	-2511	92434	6192		더불어민주당
97	전북	전주시병	69.8%	52899	순천광양곡성구례을	69.72%	52865	-34	104027	0		더불어민주당
130	전북	김제부안	70.0%	30674	전주시을	67.26%	29458	-1217	51977	0		더불어민주당
192	경기	시흥시을	70.0%	25995	정읍고창	71.29%	26458	462	69264	32700		더불어민주당
158	전남	해남완도진도	70.9%	33256	여수시갑	68.09%	31917	-1339	59611	0		더불어민주당
23	전북	정읍고창	71.3%	36893	전주시병	69.76%	36100	-793	65076	0		더불어민주당
89	전남	여수시을	73.0%	25924	전주시갑	73.41%	26082	157	55268	2868		더불어민주당
197	광주	동구남구을	73.0%	34286	여수시을	72.97%	34249	-37	61583	0		더불어민주당
215	전북	전주시갑	73.4%	34599	익산시을	75.13%	35412	813	67841	0		더불어민주당
132	전북	익산시을	75.1%	31902	동구남구을	73.05%	31015	-887	56977	0		더불어민주당
117	광주	광주서구을	76.9%	31269	광주서구을	76.88%	31269	0	61268	0		더불어민주당
161	전남	영암무안신안	77.0%	41305	영암무안신안	77.04%	41305	0	74652	3509		더불어민주당
92	광주	동구남구갑	77.3%	36234	나주화순	78.17%	36641	407	71597	0		더불어민주당
172	전남	나주화순	78.2%	42355	광산구갑	78.48%	42526	172	75566	0		더불어민주당
18	광주	광산구갑	78.5%	31814	동구남구갑	77.30%	31333	-481	67481	0		더불어민주당
205	전북	익산시갑	78.9%	30787	광주북구을	80.69%	31504	716	59038	5513		더불어민주당
20	광주	광주북구을	80.7%	53954	익산시갑	78.85%	52727	-1227	108219	0		더불어민주당
203	전남	담양함평영광장성	80.8%	51975	담양함평영광장성	80.80%	51975	0	86308	0		더불어민주당
14	광주	광주서구갑	82.6%	35809	광주서구갑	82.57%	35809	0	69284	3543		더불어민주당
135	광주	광산구을	83.1%	41923	광산구을	83.14%	41923	0	96806	0		더불어민주당
213	전남	여수시갑	68.1%	24815	인천서구을	66.6%	24289	-526	48408	2846		더불어민주당
219	전남	고흥보성장흥강진	68.8%	49152	청주흥덕구	62.1%	44354	-4798	72767	0		더불어민주당
169	경기	화성시병	68.9%	35260	고흥보성장흥강진	68.8%	35234	-26	88788	47377		더불어민주당
168	경기	화성시을	69.3%	38094	화성시을	69.3%	38094	0	98609	52802		더불어민주당
216	전남	순천광양곡성구례을	69.7%	50392	부천시병	66.2%	47880	-2512	92434	6192		더불어민주당
204	전북	전주시병	69.8%	52899	순천광양곡성구례을	69.7%	52865	-34	104027	0		더불어민주당
210	전북	김제부안	70.0%	30674	전주시을	67.3%	29458	-1216	51977	0		더불어민주당
154	경기	시흥시을	70.0%	25995	정읍고창	71.3%	26458	463	69264	32700		더불어민주당
220	전남	해남완도진도	70.9%	33256	여수시갑	68.1%	31917	-1339	59611	0		더불어민주당
208	전북	정읍고창	71.3%	36893	전주시병	69.8%	36100	-793	65076	0		더불어민주당
214	전남	여수시을	73.0%	25924	전주시갑	73.4%	26082	158	55268	2868		더불어민주당
94	광주	동구남구을	73.0%	34286	여수시을	73.0%	34249	-37	61583	0		더불어민주당
202	전북	전주시갑	73.4%	34599	익산시을	75.1%	35412	813	67841	0		더불어민주당
207	전북	익산시을	75.1%	31902	동구남구을	73.0%	31015	-887	56977	0		더불어민주당
96	광주	광주서구을	76.9%	31269	광주서구을	76.9%	31269	0	61268	0		더불어민주당
221	전남	영암무안신안	77.0%	41305	영암무안신안	77.0%	41305	0	74652	3509		더불어민주당
93	광주	동구남구갑	77.3%	36234	나주화순	78.2%	36641	407	71597	0		더불어민주당
217	전남	나주화순	78.2%	42355	광산구갑	78.5%	42526	171	75566	0		더불어민주당
99	광주	광산구갑	78.5%	31814	동구남구갑	77.3%	31333	-481	67481	0		더불어민주당
206	전북	익산시갑	78.9%	30787	광주북구을	80.7%	31504	717	59038	5513		더불어민주당
218	전남	담양함평영광장성	80.8%	51975	담양함평영광장성	80.8%	51975	0	86308	0		더불어민주당
95	광주	광주서구갑	82.6%	35809	광주서구갑	82.6%	35809	0	69284	3543		더불어민주당
100	광주	광산구을	83.1%	41923	광산구을	83.1%	41923	0	96806	0		더불어민주당
		계					6594638	-7204	14344590	11915277		163 석

전술 목표 판세표 상으로 더불어민주당 인천 동구미추홀구을 남영희 후보가 출마하여 4.15총선에서 가장 작은 171표차로 낙선한 선거구이며, 다른 하나는 남원임실순창의 무소속후보가 당선된 선거구가 전략 목표 판세표 이후 전술 목표 판세표에서 당선자가 바뀐 선거구이다. 전술 목표상으로 163석이 당선되는 것으로 산정되었다. 이 경우 어느 시점에 낙선 대상자로 목표가 바뀌었는지 불분명하다.

6. 개표 종료 시점 누적 콘트롤 알고리즘

필자가 선거조작 콘트롤에 대한 개념을 잡을 수 있었던 것은 석유화학 회사에서 26년 간 화학공학 엔지니어로서 생산현장 및 IT관련 업무를 경험했기 때문이다. 우리나라에는 정보시스템 설계개발(IT)과 실시간 콘트롤에 대한 깊은 지식과 경험을 가진 인력이 적다.

우연치 않게도 이런 희귀한 지식과 경험을 가진 필자가 4.15총선 개표 결과의 비이상성을 총선 직후 접하게 되었고, 로이킴의 VON뉴스 유튜브 영상을 보면서 산업에 적용된 기술과 개표에 사용되었을 것으로 추정되는 개표 콘트롤을 연결하게 된 것이다. 이제 필자가 근무했던 회사의 2020년대 콘트롤 기술 수준, 그리고 개표 콘트롤과 알고리즘이 유사한 휘발유 배합 콘트롤을 간단하게 설명해 보려 한다. 이 실재하는 기술적 콘트롤에 대한 이해가 개표 콘트롤을 이해하는데 도움이 될 것이다.

업계 리딩 기업의 비즈니스 콘트롤(Business Control) 수준은 2010년 대 와서 수직 계열화가 완성되었다. 회사 이익의 극대화를 위한 월간 단위 생산계획에 의하여 일사불란하게 2주간 생산계획, 주간 생산계획,

1시간 최적생산계획 및 실시간 최적화 콘트롤이 수행된다. 이 과정을 통한 수행 결과는 다음 생산계획에 반영되어 최적 월간 생산계획이 다시 수립된다. 이 계획에 따라 회사이익을 극대화하고, 손실을 최소화하고, 기회이익을 모두 취하기 위해서는 각 단계별로 모델이 필요하다.

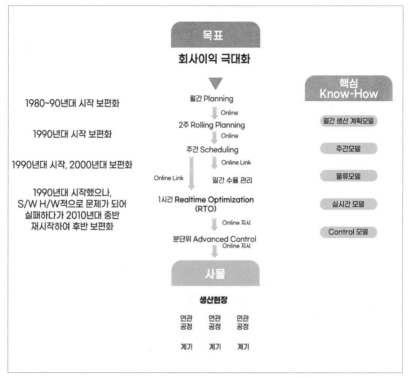

[그래픽 47] 한국 리딩기업 비지니스 콘트롤 수준

이 모델의 구축에는 고비용과 시간이 소요되며 모델의 정확도에 따라 결과가 다르게 나오기 때문에 모델의 완성도를 높이는 것은 무엇보다도 중요하다. 예를 들어, 100이라는 원료물질을 투입하였는데 모델에 따르면 95의 제품과 5의 부산물이 나오게 된다. 이에 따라 원료구입 계획과

고객과의 공급계약도 하는데 실제 95가 아니라 92가 나오면 고객과의 약속을 못 지키는 상황이 발생한다. 이런 사정 때문에 모델의 정확도는 매우 중요하다. 이것이 액체물질을 원료 제품으로 다루는 정유화학업계 의 특성이다.

이렇게 2020년도 산업계에서는 단 1원이라도 더 이익을 내기 위하여 엄 청난 비용을 들여 월간에서부터 실시간 콘트롤이 일상화되어 있으며, 이런 기업과 그렇지 못한 기업 간에 생산성 및 이익의 차이는 피할 수 없는 현실 이다. 따라서, 콘트롤 기술은 경쟁에서 살아남고자 하는 수요에 의해 진화 를 거듭하고 있다. 이러한 콘트롤 중 하나가 자동차에 사용하는 연료 중 하 나인 휘발유를 만드는 곳에도 쓰이고 있다. 다음 [그래픽 48]을 보자.

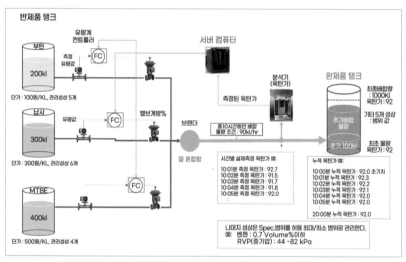

[그래픽 48] 휘발유 배합 최적화 콘트롤 개념도

휘발유 제조는 휘발유가 갖추어야 할 많은 규격(옥탄가, 황, 납, 인, 벤 젠, 방향족, 올레핀, RVP 등)을 충족해야 하기 때문에 원유를 분리해서

나오는 물질 하나만 가지고는 만들 수가 없다. 그래서 부탄, 납사 등 6개 정도의 물질을 혼합하여 만드는데, 문제는 각 반제품의 가격이 다르고 반제품마다 규격에 영향을 미치는 정도도 다른데 있다. 제품 가격이 정해져 있기 때문에 규격보다 더 좋은 제품이라고 해서 더 높은 값을 받는 것이 아니다. 그래서 최소의 반제품 가격으로 규격에 맞는 제품을 생산하는 것이 중요하다. 보통휘발유의 경우 옥탄가를 92 이상 맞추면 되고 다른 규격 항목들은 최대, 최소 등 범위 안으로만 맞추면 된다. 휘발유를 만드는 회사 입장에서는 옥탄가가 92.5라고 해서 가격을 더 달라고 요구할 수 없기 때문에 고 옥탄가를 만들기 위해 고가 반제품을 사용해야 하는 구조에서 옥탄가를 정확하게 92에 맞추는 것이 가장 큰 이익을 낼 수 있는 방법이다.

이러한 이유 때문에 각기 가격이 다른 반제품들이 10 시간이라는 긴 시간 동안 블랜더를 통해 혼합된 후 완제품 탱크에 휘발유의 형태로 모일 때, 옥탄가 92 이상을 유지하도록 콘트롤할 필요성이 생긴다. 반제품들이 혼합되는 10시간 동안 옥탄가의 값은 시시각각 바뀌지만 중간과정이야 어떻게 되든 배합이 끝난 후 완제품 탱크 내 제품의 옥탄가가 92.1 (0.1은 여유분)이 되면 되는 것이다.

배합이 시작되고 완료 목표시점인 10시간 후, 옥탄가가 92.1이 되게끔 중간과정에서 반제품의 유량을 분석기에 표시된 옥탄가 측정값을 받아서 콘트롤 한다. 중간과정에서 배합된 옥탄가가 지나치게 높거나 낮게 규격에서 벗어나면 남은 물량으로 규격내 제품을 만들 수 없기 때문에 10시간 후 최종 누적 옥탄가가 어떻게 될지 계속 모니터링하면서 실시간으로 반제품들의 배합량을 결정하는 것이다.

개표 완료시 득표율 콘트롤

이 개념이 개표 현장에서도 사용되었을 것이으로 추정해 본다. 배합 완료시점에 옥탄가 92.1을 맞추듯이 개표완료시점에 목표로 정해 놓은 득표율대로 확보가 되면 당선이 되는 것이다. 예를 들어, 개표 완료시점에 어느 후보의 총 득표율이 48.2%, 당일득표율이 42.1%, 사전투표득표율이 57.3%가 되게 콘트롤 되면 무조건 당선되는 것이다.

그러나 지지율이 10% 차이 나는 선거구에서 이 부족분 10%를 상대방 후보표에서 갈취하면 너무 눈에 띄게 되어 현실적으로는 많은 감시자에 의해 당장 들통이 나게 된다. 그래서 사전에 미리 지지율의 격차를 극복할 수 있는 투표지를 투입해야 하고 개표 당일에는 투표율, 득표율 값의 계획 값과 차이 정도의 오차를 실시간으로 콘트롤 했을 것이다.

이제 개표 당일의 실시간 콘트롤을 설명해 보자. 2020년 4.15총선 후 6월에서 12월까지 개표결과를 분석하는 동안 필자는 개표방식이 당일투표 개표를 완료한 후에 사전투표를 개표하는 것으로 생각하고 조작의 전체적인 방식을 분석했다. 그러다가 12월에 선관위에 정보공개요청을 하면 개표상황표를 확보할 수 있다는 것을 알고 수많은 개표상황표를 확보하여 파악해 보았다. 그 결과, 당일투표 개표와 사전투표 개표가 무작위 순서로 진행되었으며 대부분의 선거구에서 관외사전투표는 마지막에 개표되었다는 것이 드러났다.

이 상황을 알지 못하였던 기존의 분석은 당일투표 개표가 완료되어 당일득표율이 결정된 후 이 결정된 당일득표율에 따라 사전투표를 조작하여 (예: 상대후보 4표당 1표를 뺏어 오기 등) 최종 득표 목표를 달성하는 개표 콘트롤이 이루어진 것으로 판단했다. 그러나 개표상황에 대한 현황이 파악되면서 당일투표에 대한 내용도 사전투표 개표 시점에서도 확정되지 않은 미지의 변수가 되어 버린 상황이 되었다.

이 후 분석을 통하여 선거부정을 기획하는 설계자 입장에서 빅데이터 분석 등 미리 조사한 예측치와는 다르게 움직일 수 있는 다음 네 가지 변수가 있을 수 있음을 확인하였다.

(i) 사전투표율
(ii) 사전투표 내 각 후보의 득표율
(iii) 당일투표율
(iv) 당일투표 내 각 후보의 득표율

이 불안요소가 발생하는 상황유형은 다음 [그래픽 49]와 같다.

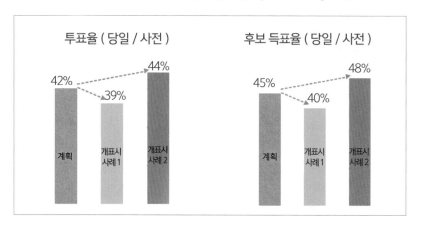

[그래픽 49] 예측대비 개표 시 반드시 발생하는 오차 (예)

이러한 불안요소가 예상모델에서 많이 벗어나는 경우의 조합은 사전 투표에 예상보다 훨씬 많이 투표하였는데(예상보다 높은 사전투표율) 유권자가 찍은 자당의 득표율은 예상보다 훨씬 적게 나오고(예상보다 적은 사전투표 득표율) 거기에다 당일투표에서도 예상보다 훨씬 많은 유권자가 투표하였는데(예상보다 많은 당일투표율) 자당의 득표율은 예상보다 훨씬 적게 나온 경우(예상보다 적은 당일투표 득표율)이다. 개표결과가 이런 조합이라면 예상보다 훨씬 적은 자당 득표율이 나오게 된다.

이런 경우에도 목표로 하는 당선자 수를 낼 수 있도록 사전에 각 선거구별 최대 변동폭을 확인하고 이러한 변동폭에서도 문제가 없게 기본 판세표 수립 시 이 편차가 감안된 사전조작 표수가 결정되었을 것이다. 이런 이유에서 더불어민주당의 사전득표율과 당일득표율이 크게 차이가 났던 것으로 보인다. 투개표 과정에서 어떤 변수가 발생하더라도 다 대응할 수 있도록 사전투표의 경우 사전투표일과 당일투표일 사이에 미리 실물표가 투입되었고 당일투표에 대해서는 어떤 방법을 사용하였는지는 여전히 논리적으로 설명가능한 방법을 파악하지 못하고 있다. 2021년 6월 28일 인천연수구을 재검표장에서 당일투표지에 도장이 뭉그러진 일장기투표지가 많이 나왔는데 관련이 되어 있는 사실인 듯하다. 향후 수사를 통하여 명백히 밝혀져야 할 사항이다.

그러면 조작 설계자 입장에서 가장 좋은 네 개 변수의 조합은 무엇일까? 예상대로 투표율과 득표율이 나오면 이미 설계하여 추가 투입한 투표지 만으로도 충분하기 때문에 콘트롤을 할 필요가 없고, 추가 투입한 실물이 그대로 있기 때문에 재검표를 하더라도 차이를 보이지 않게 된다.

이제 남은 것은 개표 시 위 4개 요소의 예측대비 개표결과를 보면서 개표완료시점에 목표로 한 자당 후보 득표율이 나오게끔 콘트롤만 하면 된다. 그 득표율이면 당선이 되는 것이며 4.15총선 실제 개표결과를 보면 사전·당일득표율의 차이가 지역별로 비슷한 범위에 있지만 선거구별로 값이 조금씩 오차가 있는 것은 예상했던 투표율과 득표율이 실제상황에서 차이가 나는 것에 대한 콘트롤 결과물이라 판단된다.

투표지분류기(전자개표기)를 활용하기 위해서 필요한 최소한의 정보는 선거구정보에 해당하는 위원회 코드 정보, 그리고 개표 완료시점에 목표로 하는 득표율을 달성하기위해 필요한 정보인 선거구별 또는 그 하위 개표단위인 투표구별 목표 득표율을 통신장치가 없는 경우와 있는 경우로 구분하여 필요로 하는 환경 조건을 비교해보자. 통상적으로 데이터베이스라고 부르는 프로그램 및 데이터를 탑재하기 위해서 서버급 컴퓨터가 필요한 것은 아니다. 요즘은 노트북 같은 PC성능에서도 데이터베이스를 설치하여 자체 또는 규모가 그렇게 크지 않은 응용 프로그램도 충분히 운영할 수 있으며 필자를 포함해 많은 사람이 노트북에 공개된 DB를 설치하여 다양한 소규모 업무에 활용하고 있다.

정리하면 투표지분류기에 필요한 최소한의 정보는 다음과 같다.

(ⅰ) 위원회 코드 정보(선거구, 투표구 정보)

　　　예 : 인천 연수구을 선거구 옥련1동 제1투표소 투표구

(ⅱ) 선거조작을 하는 경우 선거구 또는 하위 투표구별로 개표완료

　　　시점 더불어민주당 후보 당일 및 사전득표율

　　　예: 인천 연수구을 정일영 후보 당일득표율 37.8%, 사전득표율

　　　　 48.2% 또는 인천연수구을 옥련1동 제1투표구 정일영 후보

　　　　 (당일)득표율 37.0%

제약 사항은 투표구별 개표분류기 배정이 관외사전투표는 분류량이 많기 때문에 강제 배정될 수 있으나 기본적으로 무작위로 투표지분류기가 배정됨으로 투표지분류기 관점에서는 어느 투표구에 배정될지 모르며 따라서 해당 선거구내 또는 253개 전체 선거구에 대해서 정보를 보유하고 있어야 할 상황이 될 수 있다.

이러한 정보를 모두 담았을 경우 파일 크기를 대략 산정해보면, 간단한 계산을 위해 300개 선거구(실제 253개), 선거구별 100개 투표구(보통 50~60개)로 충분히 잡고 선거구 이름은 한글로 50글자, 선거구 코드 숫자로 10자, 목표득표율 숫자로 10자로 적어 전체 선거구에 대한 정보를 텍스트 파일로 생성하면, 그 크기가 28.8 메가바이트 요즘 휴대폰의 화질 좋은 사진 한 두 장 정도의 크기이다. 즉, 전체 선거구에 대한 정보를 노트북 PC에 담아두고 활용해도 아무런 기계적 부담이 없음이 확인된다.

이를 감안하여 분류기 운영 장치 노트북에 통신장치 존재 유무에 따라 발생할 수 있는 상황을 분류해 보면 다음과 같다. 투표지분류기 운영 노트북 PC에 통신장치가 없는 경우 인지하건 못하건 간에 오프라인에서 선관위에 의해서 정보가 복사되는 과정이 있어야 한다. 복사시점은 분류기 운영장치에 선거구 정보를 입력할 때일 것으로 추정된다.

통신장치 유무 상황		필요 데이터 저장 방법 및 제약
있는 경우		노트북 PC내 DB 불필요 및 사전 보관 불필요,필요시점에 목표치를 다운로드하여 사용
없는 경우	분류기 구동 시 마스터키 또는 USB에 필요 정보를 담아 자동 복사할 경우	PC내 DB에 보관 필요, 마스터키 또는 USB연결시 노트북에서 자동적으로 읽어 올 수 있는 프로그램 별도 필요
	마스터키나 USB에 연결 시 복사할 수 없는 경우	투표지분류기를 창고에서 반출하여 배포 후 정상구동 상태 확인 시점에 노트북PC에 선관위 담당자에 의해 자의/타의로 복사

[그래픽 50] 통신장치 유무에 따라 발생할 수 있는 상황

설계자의 입장에서는 통신장치가 연결되어 필요시점에 목표값을 내릴 수 있는 구조가 가장 좋을 것이나, 통신장치 없이도 기술적으로는 전국 약 14,000여개 투표구별로 목표값을 미리 노트북에 저장하고 있었다면 불가능하지는 않다고 할 수 있다. 그러나 이 경우에는 분류기 상호 간 통신이 되지 않은 관계로 다른 투표구의 개표상황을 알 수 없기 때문에 자신에게 할당된 목표값을 가지고 콘트롤 할 수밖에 없으며, 투표율, 득표율이 계획대로 되지 않은 많은 투표구가 있을 것이고 이러한 투표구에서는 무리한 조정이 일어날 수 있다.

통신장치가 있거나 없거나 선거구별 또는 개표 최소단위 별 더불어 민주당 후보의 목표로 하는 득표율이 있었을 것이다. 이제 운영장치 노트북에 통신장치가 있는 경우와 없는 경우로 구분하여 콘트롤 하는 개념도를 설명하겠다.

콘트롤 하는 설계자의 관점에서 상수에 해당하는 정보는 다음과
같다.

(i) 사전에 준비하여 투입한 표 수

(ⅱ) 투표지분류기에서 투표구별 분류 시 초기에 입력하는 투표
용지 교부수(투표한 유권자수)

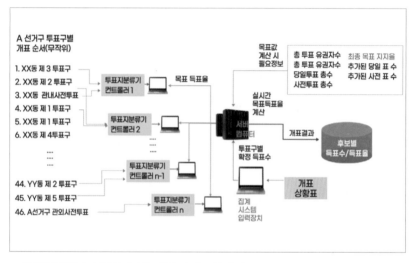

[그래픽 51] 통신장치가 있는 경우의 콘트롤 개념도

각 투표구별로 분류기에 의해서 개표가 시작되면 투표구별 설정된 목
표 득표율에 따라 분류가 시작된다. 이후 미분류표를 포함하여 분류된
표가 집계심사과정을 거쳐 후보별 득표수가 결정되면 개표상황표를 통
하여 후보별 득표수가 확정된다. 이 집계심사과정에서 우리 유권자는
집계심사자의 양심에 의존할 수밖에 없는 상황에 처하게 되며, 그들이
찾아내지 못하는 오류에 대해서는 더 이상 교차검증의 방법이 없다. 그
러면 위원장이 이 수치를 공표하여 중앙선관위의 집계시스템에 입력되

게 한다. 바로 이때 개표한 투표구의 계획대비 실제 개표결과를 비교할 수 있게 되고, 그 차이를 보정할 수 있도록 이어질 다른 투표구의 목표 득표율이 재계산되고 다시 지시된다.

빅데이터 분석 및 투표참여, 지지후보 여론조사 등을 통하여 예측한 값들과 실제 투표가 일어난 결과는 모든 개개인의 행동을 프로그램으로 강제하지 않는 이상 차이가 날 수 밖에 없다. 그 경우는 계획한 값에 비해 낮게 나올 수도 있고 반대로 높게 나올 수도 있다. 이러한 오차의 범위가 모든 투표구에서 허용 가능한 범위를 벗어나서 하나의 방향으로 발생한다면, 예를 들어 계획보다 높은 투표율로 계획보다 낮은 지지율이 발생한다면, 그 선거구는 목표했던 당선을 달성하지 못하고 낙선하는 상황이 발생할 수 있다.

이러한 상황에서 통신장치가 있다면 가장 큰 장점은 개표현장의 실시간 상황을 반영하여 목표 득표율 달성이 가능한지 계산하여 다음에 이어지는 다른 투표구의 목표 득표율을 조정하여 내릴 수 있다는 것이다. 또한 개표현장에서 발생한 돌발변수를 극복하여 상대방 후보표를 가져오거나 무효표를 자당 후보표로 가져오게 하는 무리수를 동원할지 말지 선거구 전체의 개표결과를 반영하여 결정할 수 있다. 물론 허용가능한 범위가 설정되어 있을 것이고 이 범위 내의 값일 것이다.

통신장치가 있을 때 또 하나의 장점은 분류기로 개표 후 집계심사과정, 계수과정에 상대적으로 시간이 많이 소요되어 투표구별 최종결과를 알기에 시간이 소요될 때, 통신장치가 있다면 분류기에서 분류가 끝나는 즉시 재분류표를 제외한 후보 별 득표수를 알 수가 있다는 것이다. 이를 기준으로 최종예상 득표율을 다시 계산하여 이어지는 다른 투표구의 개표에 선제적으로 보정값을 반영할 수 있다.

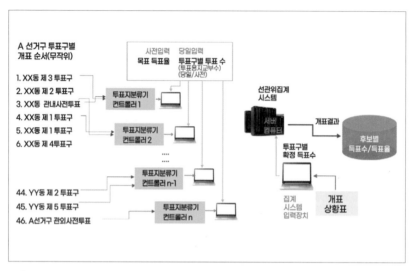

[그래픽 52] 통신장치가 없는 경우 콘트롤 개념도

통신장치가 없는 경우는 사전에 설정된 투표구별 목표 득표율(%) 값과 분류 시 선관위 개표관리원에 의해서 입력되는 투표용지 교부수 즉 해당 투표구에서 투표한 인원수 정도의 정보만 활용할 수 있다. 온라인 실시간으로 다른 투표지 분류기의 정보나 어느 시점에 그때까지 개표 결과에 대해 보정된 목표 득표율에 대한 정보를 받을 수는 없다. 발생하는 돌발변수에 대하여 오로지 해당 투표구 내에서 자체 해결해야 한다. 예상한대로의 투표율과 득표율이 나오지 않은 경우, 정해진 목표 득표율을 맞추기 위하여 해당 투표구에 입력된 투표용지 교부수(투표인수)에 따라 상대후보표나 무효표를 가져왔을 것이다. 계획된 득표율보다 많게 나오는 경우는 당연히 번거롭게 상대방 후보표를 가져오는 조작은 할 필요가 없었을 것이다. 이렇게 모든 투표구에서 투

표구별 목표 득표율 이상을 달성하면 그 선거구는 목표 득표율 이상을 달성할 것이고 그 선거구에서 당선자를 낼 것이다.

반대로, 어떤 투표구에서는 목표대로 득표를 하였는데 어느 투표구에서 돌발변수가 반대방향으로 많이 발생, 제약조건으로 인해 목표를 달성하지 못하면, 다른 투표구에서 조절할 수 있는 여유가 있음에도 불구하고 정보가 서로 연결되지 못함으로써 선거구 전체 집계결과 적은 표 차이로도 낙선될 가능성도 있다.

이러한 상황에서 통신장치가 있다면, 투표구들에서 발생하는 이런 돌발변수를 흡수할 수 있었을 것이고 경합지역에서 효과를 발휘하였을 것이다. 그 결과 전체선거구에서 계획한 목표당선자를 확보하였다고 생각한다.

필자는 부여에서 발생한 투표지분류기 오류로 인해 읍면동별로 많게는 20~60장씩 되찾아왔다는 상황에 대해 분류기 오작동이라고 하는 선관위의 해명에 대하여 다음과 같이 반박한다. 중앙선관위가 2017년 발주한 2018년형 투표지분류기의 제작 사업의 제안요청서의 내용은 아래 [그래픽 53]과 같다.

투표지분류기의 인식 정확도(미분류투표지 발생률) 요구조건은 0.1% 이다. 이 요구조건은 그 어떠한 요구조건에 앞서 1차적으로 충족되어야 할 구매 사양이며 인식기술의 집합이다. 1,000장 투표지 중에서 1장 정도의 미분류투표지가 발생하는 비율이어야 한다는 것이다.

투표지분류기 제작 제안요청서

2017. 8.

[덧붙임6]

운영 프로그램 기능 요건

1. 인식분야

가. 투표지 인식(분류) 기준

○ 투표지는 공직선거법 제179조(무효투표)에 의한 유·무효기준에 의하여 분류하여야 하며, 기술적 한계로 인하여 유·무효 구분이 곤란한 경우 그 범위 및 구체적 사유를 제시하여야 함.

○ 투표용지 작성과정에서 발생한 투표지 규격(길이, 너비, 여백 등)의 오차, 투표지의 지질 및 농도 차이 등이 투표지의 정상적인 분류에 영향을 주지 않아야 함.

나. 미분류투표지 발생률

○ 정상기표(기표모양이 100% 현출된 기표)가 된 투표지의 경우 0.1% 이내이어야 함.

○ 선거인의 기표행태에 따라 일부현출 및 중복기표 등의 투표지가 다수 발생하는 실제 선거환경에 있어서 미분류 최소화 방안을 제시하여야 함.

※ 미분류 최소화를 위한 다양한 방안 제시

다. 인식범위 조정

○ 무효표가 아님에도 특정 사유(기표 번짐, 투표지 오염, 투표용지 및 기표용구 규격 오차 등)로 인해 미분류가 과다 발생하는 경우 사용자가 인식범위를 조정하여 미분류를 최소화 할 수 있는 방안을 제시하여야 함.

[그래픽 53] 투표지분류기 제작 제안 요청서*

---

* 출처 : 나라장터(국가통합전자조달) 입찰공고번호: 20170914077 - 00, 공고명: 투표지분류기 제작 계약

이 수치는 부여군 관내사전투표 선거인수가 320~4591명의 범위이므로 50~60장씩 오류가 발생하였다는 것은 분류기 자체의 기계적 오류라고 볼 수 없다. 기계 오류가 아닌 다른 원인이 있었던 것이며, 그 원인은 프로그램 조작을 통한 콘트롤에 의한 것 이외에는 다른 가능성이 없다. 부여에서 사용된 투표지 분류기가 이 모델이 아니므로 이 수치가 나올 수 있다는 주장은 재분류를 하였을 때 정확한 인식을 한 것으로 보면 모델차이로 인한 것이 아니므로 틀린 주장이다.

결론적으로 정보 부족으로 확정하기 어려운 부분이 있지만, 어떤 형태의 기술적인 환경이었든지 개표완료 시점에 목표 득표율을 달성하기 위한 콘트롤이 이루어졌다는 것은 개표에 참관하였던 참관인들의 영상 내 비정상적인 표가 처리되는 모습을 통해서 곳곳에서 확인되었다. 개표영상 중 문제되는 상황이 발견되지 않은 곳들도 많은데 이는 이 투표구가 계획과 유사하게 나온 곳이거나 또는 개표 초반이어서 관심이 집중되는 시점일 수가 있기 때문일 것이다.

7. 로이킴의 비중값 계산과 조작 증거의 발견

로이킴은 사전득표율 비중, 당일득표율 비중을 다음과 같이 정의하였다.

각 선거구 사전득표율 비중 = 각 선거구 사전득표율 / 전국 사전 득표율 총합

예를 들면, 간단히 이렇게 계산이 된다.

경북 경주시 사전득표율 비중 = 17.3 / 14071.7 = 0.00123234955

경북 경주시 당일득표율 비중 = 11.9 / 11490.8 = 0.00103922431

번호	선거구	사전 득표율	당일 득표율	사전득표율 비중	당일득표율 비중
224	경북 경주시	17.3%	11.9%	0.00123234955	0.00103922431
250	경남 산청 함양 거창 합천	20.9%	13.9%	0.00148224376	0.00121292491
231	경북 상주문경	20.9%	14.1%	0.00148327635	0.00122603320
236	경남 창원시 성산구	18.2%	14.2%	0.00129200367	0.00123732806
71	대구 서구	22.2%	14.8%	0.00158049717	0.00129063617
233	경북 군위 의성 청송 영덕	20.5%	16.0%	0.00145364986	0.00139094377
225	경북 김천시	23.9%	16.9%	0.00169565219	0.00147039364

[그래픽 54] 더불어민주당 사전득표율 비중과 당일득표율 비중의 예

당일득표율 대비 사전득표율 비중을 [그래픽 55]에 나타내었다.

옆의 표에서 상방향 화살표가 표시된, 당일득표율 비중보다 사전득표율 비중이 많이 아래로 내려간 선거구는 남원임실순창 선거구로 무소속 후보가 당선된 선거구이다.

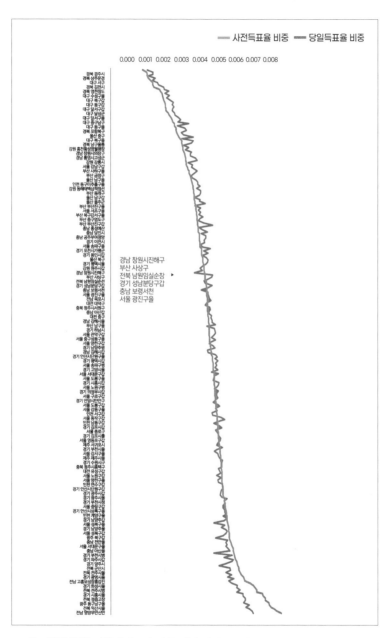

[그래픽 55] 더불어민주당 당일 대비 사전득표율 비중

다음에 나올 [그래픽 56]은 [그래픽 55]의 그래프 속에서 가장 왼쪽에 위치한 선거구와 오른쪽에 위치한 선거구들의 사전과 당일 득표일 비중을 숫자로 표시하였다. 대체로 왼쪽(사전비중 > 당일비중)은 야당 우세 지역인 경상도이고 오른쪽(사전비중 < 당일비중)은 전라도 지역이다.

선거구	사전득표율 비중	당일득표율 비중	선거구	사전득표율 비중	당일득표율 비중
경북 경주시	0.00123	0.00104	전남 해남완도진도	0.00484	0.00554
경남 산청함양거창합천	0.00148	0.00121	전북 정읍고창	0.00496	0.00577
경북 상주문경	0.00148	0.00123	전남 여수시을	0.00522	0.00592
경남 창원시성산구	0.00129	0.00124	광주 동구남구을	0.00519	0.00600
대구 서구	0.00158	0.00129	전북 전주시갑	0.00534	0.00607
경북 군위의성청송영덕	0.00145	0.00139	전북 익산시을	0.00519	0.00632
경북 김천시	0.00170	0.00147	광주 서구을	0.00546	0.00636
경북 영주영양봉화울진	0.00174	0.00148	전남 영암무안신안광주	0.00548	0.00644
경북 영천 청도	0.00196	0.00155	광주 동구남구갑	0.00556	0.00645
경북 고령성주칠곡	0.00199	0.00179	전남 나주시화순군	0.00558	0.00659
대구 수성구을	0.00220	0.00182	광주 광산구갑	0.00549	0.00662
울산 동구	0.00200	0.00188	전북 익산시갑	0.00573	0.00669
대구 북구갑	0.00220	0.00191	광주 북구을	0.00560	0.00683
경북 안동예천	0.00209	0.00193	전남 담양함평영광장성	0.00574	0.00695
대구 동구갑	0.00223	0.00197	광주 서구갑	0.00587	0.00695
			광주 광산구을	0.00591	0.00716

[그래픽 56] 사전·당일득표율 비중 그래프의 가장 왼쪽과 가장 오른쪽에 위치한 선거구

이러한 우와 좌가 양방향으로 쏠림 현상이 2020년 21대 국회의원 선거 4.15총선에서만 발생하였는지 아니면 일반적인 현상인지 알아보기 위해 2016, 2020 양대 총선의 사전득표율과 당일득표율을 더불어민주당 당일득표율 기준오름차순으로 같은 Y축 스케일로 그려보았다.

20대 총선에서 더불어민주당은 총 253개 선거구 중 18곳에 후보를 내지 않았다. 이렇게 후보가 출마하지 않은 지역은 득표율 값이 0으로 표현된다.

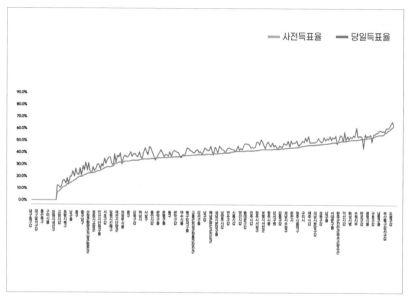

[그래픽 57] 2016년 20대 더불어민주당 당일 대비 사전득표율

21대 총선에 비해 더불어민주당의 사전득표율이 당일득표일보다 크지만 21대 총선 [그래픽 58]과 비교하면 그 차이는 현격히 작고 중간중간 사전득표율이 당일득표율보다 작은곳이 존재하지만 21대 그래프에서는 그 어느곳에서도 없다.

[그래픽 59]는 [그래픽 55]와 마찬가지로 2016년 20대 총선의 더불어민주당 사전·당일득표율의 비중을 계산한 후 당일득표율을 기준으로 도식화한 것이다. [그래픽 55]와 비교하면 좌측과 우측의 선거구들의 당일

대비 사전득표율비중이 일률적인 경향을 보이지 않음을 볼 수 있다.

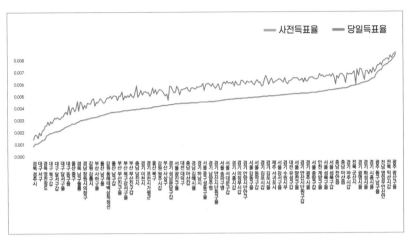

[그래픽 58] 253개 선거구 더불어민주당 사전 · 당일득표율을 당일득표율 기준 정렬

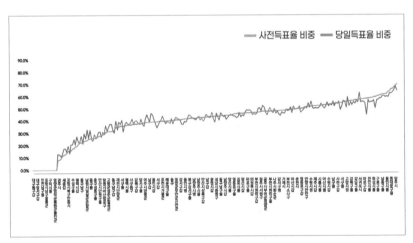

[그래픽 59] 2016년 20대 더불어민주당 사전 · 당일득표율 비중

21대 총선에 대한 분석과 마찬가지로 2016년 20대 총선의 그래프에서 가장 왼쪽과 가장 오른쪽에 해당하는 선거구의 사전과 당일득표율

을 숫자로 보면 다음과 같다.

선거구	사전득표율 비중	당일득표율 비중	선거구	사전득표율 비중	당일득표율 비중
대구동구갑	0.0000000	0.0000000	경기 광주시갑	0.0054285	0.0055446
대구서구	0.0000000	0.0000000	서울 강남구을	0.0053038	0.0055881
대구 대구북구을	0.0000000	0.0000000	경기 파주시갑	0.0055344	0.0055997
대구 대구달서구갑	0.0000000	0.0000000	경기 수원시무	0.0054188	0.0056132
대구 대구달서구병	0.0000000	0.0000000	제주 서귀포시	0.0061792	0.0056212
인천중구동구강화군옹진군	0.0000000	0.0000000	경기 용인시정	0.0053937	0.0056373
인천 인천남구을	0.0000000	0.0000000	서울 노원구을	0.0054551	0.0056630
울산동구	0.0000000	0.0000000	서울 마포구갑	0.0054446	0.0056677
울산북구	0.0000000	0.0000000	서울 양천구갑	0.0053552	0.0056801
경북 포항시남구울릉군	0.0000000	0.0000000	서울 은평구갑	0.0044048	0.0056804
경북 김천시	0.0000000	0.0000000	충남 천안시을	0.0055997	0.0057276
경북 구미시갑	0.0000000	0.0000000	경기 광명시을	0.0053792	0.0057355
경북 구미시을	0.0000000	0.0000000	서울 종로구	0.0054537	0.0057665
경북 영천시청도군	0.0000000	0.0000000	경기 화성시을	0.0054486	0.0057670
경북 경산시	0.0000000	0.0000000	경기 수원시병	0.0055764	0.0058159
경북 영양군영덕군봉화군	0.0000000	0.0000000	서울 구로구갑	0.0049344	0.0058208
경남 창원시성산구	0.0000000	0.0000000	서울 구로구을	0.0056145	0.0059023
경남 밀양시의령군함안군창녕군	0.0000000	0.0000000	서울 중랑구갑	0.0056057	0.0059198
경북 경주시	0.0012712	0.0007882	서울 서대문구갑	0.0057337	0.0059550
경북 영주시문경시예천군	0.0012314	0.0008079	인천 남동구을	0.0057411	0.0060061
경기 고양시갑	0.0010636	0.0009131	경남 김해시갑	0.0059074	0.0060451
세종 세종갑	0.0012286	0.0011040	경기 광주시을	0.0059324	0.0060547
경남 사천시남해군하동군	0.0016840	0.0011972	경기 용인시을	0.0058256	0.0060566
대구 북구갑	0.0017067	0.0012713	부산 북구강서구갑	0.0059024	0.0060709
경북 포항시북구	0.0014318	0.0013398	대전 유성구을	0.0058355	0.0062406
대구 달성군	0.0019195	0.0015130	서울 동대문구을	0.0061434	0.0062936
서울 노원구병	0.0013287	0.0015665	경기 김포시갑	0.0061086	0.0064544
경북 안동시	0.0020321	0.0015692	서울 도봉구갑	0.0062155	0.0064781
울산 남구을	0.0020329	0.0017053	경기 양주시	0.0064100	0.0066229
강원 동해시삼척시	0.0024650	0.0017502	대구 수성구갑	0.0067014	0.0067298
대구 수성구을	0.0020144	0.0018695	경남 김해시을	0.0063358	0.0068631

[그래픽 60] 사전 · 당일득표율 비중 그래프의 왼쪽과 오른쪽(20대)

위 표를 보면 그래프 왼쪽은 더불어민주당이 당선 가능성이 없어 후보를 내지 않은 18개 지역구를 제외하면 동일한 데이터를 추출한 21대 표 [그래픽 56]과는 다르게 경상도나 전라도에 쏠리지 않고 전국적으로 분포하여 지역적 특색을 전혀 볼 수 없다. 이런 표가 나오는 것이 통계적으로 보면 자연스러운 현상이다.

전 지역구에서 선거비용 보전받은 더불어민주당

20대 총선에서 더불어민주당은 253개 선거구 중 18개 선거구(7.1%)에 후보를 내지 않았다. 추정컨대 그 첫번째 이유는 당선 가능성이 전혀 없고 선거에 투입된 비용을 보전받기도 어려운 지역이었기 때문일 것이다. 공직선거법 제122조의2(선거비용의 보전 등)에 따르면 각 후보들은 선거비용 제한액 내에서 지출한 돈을 후보별 득표율에 따라 차등 보전받는다. 득표율 15% 이상을 기록한 후보는 지출액을 전액 보전받으며 당선된 경우와 선거 도중 사망한 경우에도 득표율과 무관하게 전액 보전된다. 반면 후보자 득표율이 10% 이상, 15% 미만이면 선거비용의 절반만 돌려받는다. 10%도 얻지 못했다면 한푼도 보전받지 못한다.

21대 총선에서 더불어민주당은 253개 선거구 모두에 후보를 출마시켰고 선거비용 전액을 보전 받지 못한 후보는 전액 환불 기준인 15%에서 0.27%, 표수로 395표가 모자라는 14.73%를 득표한 경북 경주시 선거구가 유일하다. 이 후보는 지출액의 50%를 보전받았다. 이에 반해 미래통합당 후보는 21대 총선에서 17개 선거구에 후보를 내지 않았거나 내지 못하였으며 후보를 낸 236개 선거구 중 12개 선거구에서 지출액의 50%도 돌려받지 못했다.

선거에는 적지 않은 돈이 소요된다. 선거에 당선 가능성이 전혀 없는 선거구에 어떤 확신이 없다면 뛰어들 수 있을까? 2020년 총선 이전에 더불어민주당이 전국 253개 선거구 전체에 후보를 낸 적은 없었다. 2016년 20대 총선만 해도 18개 선거구에 후보를 내지 않았다. 그런데 역대 처음으로 전 선거구에 후보를 내고 반액을 보전받은 한 곳을 빼고는 전 지역구에서 선거비용 전액을 보전받았다. 이것이 우연의 일치일까? 이 역시 전례가 없는 이상성이라고 볼 수 있고 이와 같이 21대 총선 결과의 이상성은 곳곳에서 확인된다.

8. [follow_the_party] 도출을 위한 가상 회의록

다음은 독자들의 이해를 돕기 위해 가상으로 작성한 회의록이다. 뒤에 이어지는 흐름도와 요약은 역시 이해를 돕기 위해 [follow_the_party] 도출을 목표로 하나의 알고리즘이 기획되고 검토·확정되어가는 과정을 정리한 것이다. 이런 프로그래밍의 세계에 익숙하지 않은 독자들에게는 외국어처럼 들릴 수 있지만 좀 더 구체적으로 설명하기 위해 시도해 본다. 무엇을 지문으로 남길 것인가를 결정하고, 또 어떻게 넣을 것인가를 결정하는 프로그래머들의 미팅이 있었다고 가정하고, 이 미팅의 풍경을 경험을 바탕으로 가상 구성해 보기로 한다.

가상회의록

| 일 시 | 2020/02/02 |

일 시   2020/02/02

회의목적   4월 15일 선거통계 지문 [follow_the_party] 상세 설명

참 석 자   총책임자(총책),

               총괄 프로젝트 매니저(PM),

               소프트웨어(S/W) 특급 기술자(설계자),

               수석 프로그래머(SM)

회의내용

  PM : 오늘 모인 것은 이번 4월 15일 진행될 비밀 프로젝트 성과물에 우리만 인식할 수 있는 일종의 지문을 넣으라는 상부의 지시를 어떻게 실현했는지 보고하기 위해 모였습니다. 이 부분은 해당 프로젝트 소프트웨어 설계자와 수석 프로그래머가 상세하게 설명할 것입니다.

  총책 : 회의에 앞서 굳이 우리가 이 일에 개입했다는 흔적을 남길 필요가 있냐는 일각의 질문에 대해 답을 하겠소. 우선 이 프로젝트의 목적은 첫번째로 4월 15일의 결과가 우리의 손을 거친 결과물이라는 것을 확인할 필요가 있습니다. 그리고 자신들의 빅데이터 조사가 정확했기 때문에 나온 결과일 뿐이라고 주장할 때 우리의 역량과 지원을 통한 승리임을 입증할 수 있는 증거를 남겨야 합니다.

PM : 네, 알겠습니다. 먼저 우리 당의 슬로건인 영원근당주(永远跟党走)를 소위 해커들의 비밀지문이라 불리는 이스터에그(esteregg)로 우리 프로젝트 결과물에 비밀리에 심기 위한 알고리즘 설계에 대한 설명입니다. 컴퓨터는 0과 1만 인식하는 기계입니다. 문자를 인코딩해 결과물에 심기 위해서는 2바이트 유니코드를 인코딩으로 사용하는 중국어보다 1바이트 아스키코드를 인코딩으로 사용하는 영어 알파벳을 사용하는 것이 쉬운 선택이었습니다. 아쉽게도 永远跟党走 글자의 아스키코드를 데이터베이스에서 조회해보면 f가 102로 조회되듯이 永이 59317, 走가 61899, 나머지문자는 없는 경우에 해당하는 41919 즉 ?로 나타납니다.*

또한 f가 102로 작은데 반해 숫자가 너무 큽니다. 그래서 선택한 문구가 [follow_the_party]였습니다. [follow_our_party]보다 대외용으로는 [follow_the_party]가 더 적절한 것으로 보입니다.

총책 : 좋소, 계속 설명해 보시오.

PM : 우선 이 프로젝트를 의뢰한 쪽에서 건네 준 빅데이터 분석 결과 자료를 바탕으로 작업을 시작했습니다. 의뢰인은 철저한 빅데이터 조사로 현재 선거 판세를 치밀하게 조사해서 가지고 왔습니다. 이 빅데이터 조사 결과 판세표를 일단 '기초 판세표'라고 부르겠습니다. 기초 판세표를 통해서 보면 현재 50%이상 득표하여 안전하게 승리할 곳은 89

---

*데이터베이스에서 조회 및 결과는 다음과 같다.
  조회: select ascii('f'),ascii('o'),ascii('l'),ascii('w'),ascii('永'), ascii('远'),ascii('跟'),
        ascii('党'),ascii('走') from dual;
  결과: 102 111 108 119 59317 41919 41919 41919 61899

개 선거구입니다. 이 프로젝트의 궁극적인 목표는 지역구 선거와 비례대표선거를 합하여 총 의석 수 180석을 확보하는 것입니다. 의뢰인은 이 숫자가 평탄하게 입법활동을 할 수 있는 최소 수치라고 합니다.

이를 달성하기 위한 실행의 방법은 각 선거구별로 당선 및 비례대표 배분 의석수 확보를 위해 부족한 표를 선거구별 특성을 고려하여 주로 사전투표로 보정하고, 많이 열세인 지역구는 당일투표도 보정하며, 계획된 사전·당일득표율, 투표율과 실제 투개표의 미세한 오차는 전자개표기를 통해 극복할 것입니다.

우리의 지문은 개별 선거구의 투개표 결과에 넣지 않습니다. 또한 흔적이 남는 전자개표기 조작프로그램에도 넣지 않습니다. 좀더 대륙적인 모습으로써 우리의 영향이 전체 선거구에 대하여 계획되었다는 것을 보여주고 동시에 투개표가 완료된 후 선관위가 발표하는 통계자료를 통해 계획대로 되었는지 당선자수를 통하여 자동으로 확인할 수 있는 구조이며 동시에 그 누구도 파악해 낼 수 없는 알고리즘입니다. 기본 개념은 다음과 같습니다.

300개 의석 중 비례대표 15석 포함, 지역구 165석 총 180석을 확보하는 253개 각 선거구별 보정이 필요한 양이 모두 결정되었으며 기초 판세표에다가 필요 보정량이 더해진 데이터를 포함한 판세표를 우리는 기본 판세표라고 부릅니다. 이 판세표에서 정해진 당선자선거구 중 많은 선거구가 득표율을 조금 조정하더라도 당선에는 전혀 영향을 받지 않는 선거구가 있으니 기본적으로 같은 당일, 사전득표율 또는 지지율이 50%이상에 해당하는 지역구입니다. 대부분의 선거구에서 3자이상

다후보기준 경쟁 상황이므로 50%라는 수치는 당선을 확정하는 안정된 수치이며 이런 선거구들에서 보정된 사전득표율 중 일부 득표율은 낮추어도 전혀 영향이 없습니다. 이렇게 낮춘 득표율의 총량을 반대로 50% 미만 선거구에 사전득표율을 높이는 방법이며 이렇게 조정된 총량은 전체 보정량에 비하여 미미하여 흔적이 크지 않으며, 우세한 지역에서는 당선에 영향이 없고 열세한 지역에서는 소량의 표이지만 도움이 되고 우리는 이 우세지역과 열세지역의 낮추고 높이는 선거구별 조정하는 값과 연계하는 기발한 방법으로 우리의 지문을 넣는 것으로 감히 누구도 상상하지 못할 것입니다. 우리는 이런 지문을 넣기 위한 선거구별 사전득표율을 낮추고 높이는 과정에서 선거구별 보정량 최소화를 목표로 최적화를 실행하여 총 보정량도 줄이는 작업을 함께 수행 하여 지문과 보정량 최소화를 동시에 실현하였습니다.

낮추고 높이는 두 관계에서 지문을 넣기 위해 우리가 사용 할 수 있는 정보를 선택하여야 하는데 다행히도 변하지 않는 정보가 있으니 그것은 고객 선관위가 선거 시스템에서 사용하는 각 선거구의 고유번호로 1에서 253이 있습니다. 우리는 이 253개 번호와 높이고 낮추는 관계속에 우리의 지문을 넣을 것이며 이에 대한 설명은 설계자가 진행하겠습니다.

설계자 : 우선 우리가 택한 지문 [follow_the_party]는 띄어쓰기(space)를 표현하는 언더바('_')를 포함해서 16자입니다. 대한민국 총 지역구 253개의 선거구 번호와 기본판세표 데이터 그리고 낮추고 높이는 관계를 가지고 아스키코드를 통해 문자를 구현하는 방법에 대해 여

러 가지로 논의한 결과 선거구를 당일득표율 50%이상과 미만으로 구분하여 낮추는 선거구와 높이는 선거구로 크게 대별하였고 낮추는 선거구에 대해서는 상대적으로 많이 낮추어도 영향 없는 지역구부터 적게 낮추는 지역구 순서로 정렬하고 50%미만인 선거구들에 대해서는 적게 높여도 되는 선거구부터 많이 높이는 선거구 순으로 정렬을 한 후 이 순서에 따른 선거구 번호에 우리의 지문을 넣었습니다. 이제부터 상세 로직에 대하여 설명하겠습니다.

낮추고 높이는 관계 속에 지문을 넣기 위해서는 기본적으로 253개 선거구를 낮추는 부분과 높이는 부분으로 나누어야 합니다. 즉, [253/2 = 126.5]개 지역구에 16개 문자를 표현하려면 글자 당 7.9개가 필요합니다. 하지만 소수점 이하는 사용할 수 없기 때문에 버릴 수밖에 없습니다. 그러면 1문자 당 7개의 지역구를 묶어서 32개 그룹으로 만듭니다. 총 [7×32=224]개 지역구를 사용하고 나머지 29개 지역구는 자연스럽게 사용되지 않았습니다.

7개 선거구의 모임들과 낮추고 높이는 관계 속에 지문을 넣는 원리는 7개 선거구의 번호와 낮추고 높이는 관계속에 로직만 정립하면 되며 저희가 찾아낸 방법은 7개 선거구 그룹의 선거구 번호합과 낮추고 높이는 두개의 관계를 상하로 배치하여 번호합의 관계가 아스키코드 영문구간에 올 수 있도록 하는 것입니다. 선거구 번호의 합과 아스키코드 간 관계를 분석해본 결과 합한 숫자는 최소 29 (1+2+3+4+5+6+7 선거구 합=29)에서 최대 1750(247+248+249+250+251+252+253=1750)까지 범위가 가능하나 기본판세표에 따르면 현실적으로 400~1300 안

에 배치되는 것을 알 수 있었습니다. 이 범위와 상하로 배치된 합한 번호와 관계를 사용해서 도출할 수 있는 아스키문자 구간은 영문 대문자는 65~90까지로 숫자가 작아 적용할 수 있는 로직이 나오지 않아 상대적으로 번호가 큰 91번에서 126번까지 [, ₩ ,] , ^ , _ , ` , a , b , c , d , e , f , g , h , i , j , k , l , m , n , o , p , q , r , s , t , u , v , w , x , y , z , { , | , } , ~ 36개 문자를 사용하기로 정했습니다. 또한 로직의 제약으로 36개의 중간인 18번째 소문자 l를 기준으로 로직을 구분하였습니다. 상하간 관계를 통해 문자를 도출하기 때문에 관계가 있음을 의미하는 상하간 교집합의 개념도 사용하였습니다.

이제 이러한 로직을 통하여 [follow_the_party]의 아스키코드에 해당하는 102(f),111(o),108(l),108(l),111(o),119(w),95(_),116(t), 104(h),101(e),95(_),112(p),97(a),114(r),116(t),121(y)가 도출 되도록 하면 됩니다. 이를 위한 로직은 다음과 같습니다.

상위그룹 (1LINE)

그룹	1
순번합	924
순번합 /100	9.24
trunc(순번합 /100)	9
나눈수적용규칙	**1**
trunc+1	10
trunc	9
trunc−1	8
나눈수 1	10
나눈수 2	9
범위 시작	92
~ 종료	104

하위그룹 (2LINE)

그룹	17	변수	식
순번합	1163	a	=sum(지역구순번)
순번합 /100	11.63	b	= a/100
trunc(순번합 /100)	11	c	= trunc(b)
나눈수적용규칙	1	d	
trunc+1	12	e	= c+1
trunc	11	f	=c
trunc−1	10	g	= c−1
나눈수 1	12	h	= if(d=1,e,f)
나눈수 2	11	i	= if(d=1,f,g)
범위 시작	96	j	= trunc(a/h)
~ 종료	107	k	= round(a/i)+1

[그래픽 61] 범위 시작/종료 값 결정 로직 설명표

용어(변수)설명을 하면 다음과 같습니다.

　　a. 순번합 : 그룹에 배당된 7개 선거구번호의 합

　　b. 순번합/100 : 순번합을 100으로 나눈 수

　　c. trunc(순번합/100) : 순번합/100의 소수점 이하를 버려 정수화 함

　　d. 나눈수 적용 규칙

　　　= 1단계 범위 시작/종료값 결정 규칙으로, 범위값의 중앙에 위치한 l

　　　(소문자 엘, 10진수 아스키코드 108) 문자를 기준으로

　　▶ 범위 시작 값(나눈수1) 결정 적용 규칙

　　　• 규칙 1 : 91~107번('[' ~ 'k') 구간대 문자

　　　　→ trunc(순번합/100) 한 값보다 +1

　　　• 규칙 2 : 108~126번('l' ~ '~') 구간대 문자

　　　　→ trunc(순번합/100) 한 값

　　▶ 범위 종료 값(나눈수2) 결정 적용 규칙

　　　• 규칙 1 : 91~107번('[' ~ 'k') 구간대 문자

　　　　→ trunc(순번합/100) 한 값

　　　• 규칙 2 : 108~126번('l' ~ '~') 구간대 문자

　　　　→ trunc(수번합/100) 한 값보다 -1

　e,f,g. trunc 1, 2, 3 : 계산을 쉽게 하기 위해 trunc(순번합/100)
값에 -1,0,+1 값을 미리 계산해 놓은 것으로 위 결정 규칙에 -1,0,+1
이 있어 쉽게 식을 적용하기 위함임.

---

* trunc → truncation을 의미하는 함수로 소숫점 이하는 버리는 기능

h.i. 1단계 범위시작/종료 결정값(나눈수 1,2) : 나눈수 결정규칙에 따라 계산된 값

j.k. 범위 시작/종료값 : 상하위 그룹간 교집합을 구할 때 사용하는 최종 (2차)값으로 다음 규칙에 의하여 결정됩니다.

- 범위시작 값

  → 순번합을 1단계 범위시작결정값(나눈수1)으로 나눈 정수값

- 범위종료 값

  → 순번합을 1단계 범위종료결정값(나눈수2)으로 나눈 사사오입 정수값 +1

예: 시작/종료값 90.5 ~ 103.4 → 90 ~ 104

이 규칙을 적용한 것을 첫번째 문자열 f를 기준으로 설명하면

(1) 상위 그룹은 선거구번호 합인 순번합이 924이고 아스키코드 91에서 126 구간에 일차적으로 들어오기 위한 1차 가공으로 100으로 나누고 소숫점 이하는 버려 정수처리를 합니다. (trunc기능)

즉 924/100 = 9.24 ==> 정수처리 : 9

(2) f 문자에 해당하는 나눈수 적용 규칙은 f가 l보다 적은 아스키코드 값을 가지므로 [~a ~ k 범위에 해당 하여 나눈수 적용규칙 1을 적용합니다.

(3) 범위시작을 결정하기 위한 나눈수 1은 f가 규칙 1에 적용을 받기 때문에 순번합을 100으로 나눈 값을 정수화한 후 1을 더하게 되어 다음과 같이 됩니다.

924/100 = 9.24 ==> 정수처리 : 9   규칙 적용 9 + 1 = 10

(4) 범위 종료를 결정하기 위한 나눈수 2는 f가 규칙1에 적용 받기 때문에
순번합을 100으로 나눈 후 정수화 하는 것이며 다음과 같습니다.

924/100 = 9.24 ==> 정수화 : 9

(5) 이제 적용범위 시작/종료를 결정하기 위한 나눈수 1,2가 결정되
었기 때문에 범위시작/종료값 결정 규칙을 적용하면 다음과 같습니다.

- 범위시작값 = (924/10) = 92.4   => 정수화 : 92
- 범위종료값 = (924/9) = 102.66 => 사사오입 정수화 : 103,

규칙적용 : 103 + 1 = 104

(6) 같은 방법으로 아래 17번 그룹도 동일하게 적용합니다.

(7) 위와 아래 그룹의 범위시작/종료값에 대한 교집합구간을 찾으면
다음과 같습니다.

1,2 LINE 교집합구간 (공통구간)	
상위그룹 (1 LINE)	92
	104
하위그룹 (2 LINE)	96
	107
교집합구간	**96**
교집합구간정렬	**104**
1	96
2	97
3	98
4	99
5	100
6	101
7	102
8	103
9	104
10	
11	

[그래픽 62] 1열 교집합 구간 표

(8) 이 교집합 구간 96~ 104구간에 해당하는 정수값의 아스키코드값은 ' a b c d e f g h와 같이 도출되게 됩니다.

(9) 위와 같이 방법으로 16개 모든 문자열에 대하여 적용하면 [follow_the_party], [follow_the_ghost]가 도출되게 됩니다.

문자로변환 결과	
1	'
2	a
3	b
4	c
5	d
6	e
7	f
8	g
9	h
10	
11	

[그래픽 63] 문자로 변환 결과

상위그룹 (1LINE)								
그룹	1	2	3	4	5	6	7	8
순번합	924	1247	1128	845	1292	826	711	652
순번합 /100	9.24	12.47	11.28	8.45	12.92	8.26	7.11	6.52
trunc(순번합 /100)	9	12	11	8	12	8	7	6
나눈수적용규칙	1	2	2	2	2	2	1	2
trunc+1	10	13	12	9	13	9	8	7
trunc	9	12	11	8	12	8	7	6
trunc-1	8	11	10	7	11	7	6	5
나눈수 1	10	12	11	8	12	8	8	6
나눈수 2	9	11	10	7	11	7	7	5
범위 시작	92	103	102	105	107	103	88	108
~ 종료	104	114	114	122	118	119	103	131

상위그룹 (1LINE)								
그룹	9	10	11	12	13	14	15	16
순번합	855	521	939	700	862	666	711	990
순번합 /100	8.55	5.21	9.39	7	8.62	6.66	7.11	9.9
trunc(순번합 /100)	8	5	9	7	8	6	7	9
나눈수적용규칙	1	1	1	2	1	2	2	2
trunc+1	9	6	10	8	9	7	8	10
trunc	8	5	9	7	8	6	7	9
trunc-1	7	4	8	6	7	5	6	8
나눈수 1	9	6	10	7	9	6	7	9
나눈수 2	8	5	9	6	8	5	6	8
범위 시작	95	86	93	100	95	111	101	110
~ 종료	108	105	105	118	109	134	120	125

하위그룹 (2LINE)								
그룹	17	18	19	20	21	22	23	24
순번합	1163	644	912	1065	945	1061	907	979
순번합 /100	11.63	6.44	9.12	10.65	9.45	10.61	9.07	9.79
trunc(순번합 /100)	11	6	9	10	9	10	9	9
나눈수적용규칙	1	2	2	2	2	2	1	2
trunc+1	12	7	10	11	10	11	10	10
trunc	11	6	9	10	9	10	9	9
trunc-1	10	5	8	9	8	9	8	8
나눈수 1	12	6	9	10	9	10	10	9
나눈수 2	11	5	8	9	8	9	9	8
범위 시작	96	107	101	106	105	106	90	108
~ 종료	107	130	115	119	119	119	102	123

하위그룹 (2LINE)								
그룹	25	26	27	28	29	30	31	32
순번합	447	673	904	826	1032	932	1051	680
순번합 /100	4.47	6.73	9.04	8.26	10.32	9.32	10.51	6.80
trunc(순번합 /100)	4	6	9	8	10	9	10	6
나눈수적용규칙	1	1	1	2	1	2	2	2
trunc+1	5	7	10	9	11	10	11	7
trunc	4	6	9	8	10	9	10	6
trunc-1	3	5	8	7	9	8	9	5
나눈수 1	5	7	10	8	11	9	10	6
나눈수 2	4	6	9	7	10	8	9	5
범위 시작	89	96	90	103	93	103	105	113
~ 종료	113	113	101	119	104	118	118	137

교집합구간(공통구간)																
상위	92	103	102	105	107	103	88	108	95	86	93	100	95	111	101	110
	104	114	114	122	118	119	103	131	108	105	105	118	109	134	120	125
하위	96	107	101	106	105	106	90	108	89	96	90	103	93	103	105	113
	107	130	115	119	119	119	102	123	113	113	101	119	104	118	118	137
교집합구간	96	107	102	106	107	106	90	108	95	96	93	103	95	111	105	113
교집합구간정렬	104	114	114	119	118	119	102	123	108	105	101	118	104	118	118	125
1	96	107	102	106	107	106	90	108	95	96	93	103	95	111	105	113
2	97	108	103	107	108	107	91	109	96	97	94	104	96	112	106	114
3	98	109	104	108	109	108	92	110	97	98	95	105	97	113	107	115
4	99	110	105	109	110	109	93	111	98	99	96	106	98	114	108	116
5	100	111	106	110	111	110	94	112	99	100	97	107	99	115	109	117
6	101	112	107	111	112	111	95	113	100	101	98	108	100	116	110	118
7	102	113	108	112	113	112	96	114	101	102	99	109	101	117	111	119
8	103	114	109	113	114	113	97	115	102	103	100	110	102	118	112	120
9	104		110	114	115	114	98	116	103	104	101	111	103		113	121
10			111	115	116	115	99	117	104	105		112	104		114	122
11			112	116	117	116	100	118	105			113			115	123
12			113	117	118	117	101	119	106			114			116	124
13			114	118		118	102	120	107			115			117	125
14				119		119		121	108			116			118	
15								122				117				
16								123				118				
ASCII코드에서 문자로 변환 대상*																

문자로변환 결과	f	o	l	l	o	w	_	t	h	e	_	p	a	r	t	y
1	`	k	f	j	k	j	Z	l	_	`	]	g	_	o	i	q
2	a	l	g	k	l	k	[	m	`	a	^	h	`	p	j	r
3	b	m	h	**l**	m	l	₩	n	a	b	**_**	i	**a**	q	k	s
4	c	n	i	m	n	m	]	o	b	c	`	j	b	**r**	l	t
5	d	**o**	j	n	**o**	n	^	p	c	d	a	k	c	s	m	u
6	e	p	k	o	p	o	**_**	q	d	**e**	b	l	d	t	n	v
7	**f**	q	**l**	p	q	p	`	r	e	f	c	m	e	u	o	w
8	g	r	m	q	r	q	a	s	f	g	d	n	f	v	p	x
9	h		n	r	s	r	b	**t**	g	h	e	o	g		q	**y**
10			o	s	t	s	c	u	**h**	i		**p**	h		r	z
11			p	t	u	t	d	v				q			s	{
12			q	u	v	u	e	w				r			**t**	|
13			r	v	w	v	f	x				s			u	}
14				w		**w**		y				t			v	
15								z				u				
16								{				v				

[그래픽 64] follow_the_party 전체 도출표

[follow_the_party] 삽입을 위한 설계 흐름도

※ 이 흐름도는 각 선거구에 부여된 고유 번호를 활용하여 작성된 것이다.

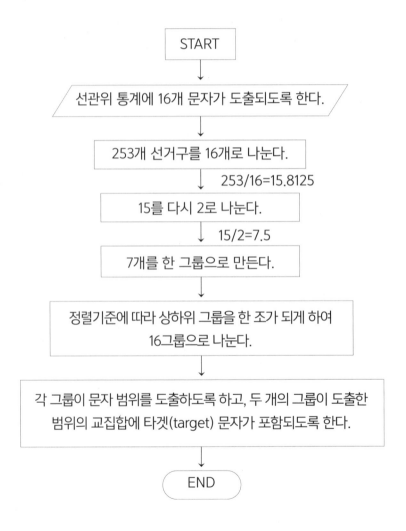

START

선관위 통계에 16개 문자가 도출되도록 한다.

253개 선거구를 16개로 나눈다.

253/16=15.8125

15를 다시 2로 나눈다.

15/2=7.5

7개를 한 그룹으로 만든다.

정렬기준에 따라 상하위 그룹을 한 조가 되게 하여
16그룹으로 나눈다.

각 그룹이 문자 범위를 도출하도록 하고, 두 개의 그룹이 도출한
범위의 교집합에 타겟(target) 문자가 포함되도록 한다.

END

(1) 띄어쓰기 포함 16개 문자가 나타나도록 한다.

(2) 16개 문자를 아스키코드로 바꾸면 숫자로 변환될 수 있다. (대문자, 소문자 알파벳이 다 가능하나 대문자는 값이 너무 커서 소문자를 택함.)

(3) 253개 선거구를 16개로 나눈다. 253/16=15.8125 (정수 15). 대한민국 253개 선거구는 종로 1번에서 서귀포 253번까지 선거구별 고유번호를 갖고 있으며 지문 도출에 이 고유번호를 활용함.

(4) 정수 15개 선거구가 문자 하나를 도출하도록 하는 것은 어려움.

(5) 15개 선거구를 사용해 문자 하나의 범위를 도출하는 것은 범위가 너무 넓어질 수 있음. 15개 선거구 고유번호합의 범위가 120~3690임.

(6) 15를 다시 2로 나눔. 15/2=7.5

(7) 정수 7개를 취해 일곱 개 선거구를 한 그룹으로 만들기(grouping).

(8) 각 그룹이 문자 범위를 도출하도록 하고, 두 개의 그룹이 도출한 범위의 교집합에 타겟(target) 문자가 포함되도록 한다.

(9) 선거구를 7개씩 그루핑하면 총 32개 그룹이 필요. 7x32=224 (두 개의 정렬기준에 따라 224개 선거구가 순차적으로 취해지고 남는 선거구 29개는 ftp 도출에 불필요하므로 배제.)

(10) 더불어민주당 당일득표율기준 50%이상은 비중을 많이 낮추는 지역부터 (주로 광주/전남 지역과 같은 더불어민주당 텃밭) 적게 낮추는 지역으로, 50%미만은 비중을 작게 낮추는 지역에서 많이 낮추는 순서로 정렬 (맨 끝은 더불어민주당이 가장 열세인 지역이 됨.)

(11) 범위 도출 알고리즘 : 1번 그룹이 도출한 범위와 17번 그룹이 도출한

범위의 교집합, 이런 식으로 16번 그룹이 도출한 범위와 32번 그룹이 도출한 범위의 교집합.

(12) 기본적으로 각 그룹에 속하는 선거구 고유번호의 합(이를 순번합으로 부름)을 사용해 범위를 도출하는 것임.

(13) 아스키코드에서 영문 소문자는 97~122에 위치하고 빈칸에 나타낼 문자 '_'(언더바)는 아스키코드 95번에 해당함.

(14) 순번합을 통해 95~122에 포함되는 범위를 도출하는 알고리즘이 필요함.

(15) 순번합의 경우는 최소 29(가령, 1+2+3+4+5+6+7=29)에서 최대 1750(247+248+249+250+251+252+253=1750)까지 범위가 가능하나 현실적으로 400~1300 안에 배치됨.

(16) 이 값으로 95~122에 포함되는 범위의 시작값과 끝값을 얻기 위해서는 특정 규칙에 따라 나누거나 빼주어야 함.

(17) 나누기 규칙 1: 문자 소문자 엘(l) (아스키코드는 108)을 기준으로 타겟 문자의 아스키코드가 108보다 작으면, 즉 '-'에서 'k'에 속하면 순번합을 100으로 나누고 1을 더해주는 값으로 나눈값이 범위 시작값. [(순번합/100)+1] 이 때 l(엘)을 기준으로 하는 이유는 교집합을 통하여 추출가능한 문자범위인 91번 '['에서 126번 '~'의 사이 중간에 해당함.

(18) 나누기 규칙 2: 순번합을 100으로 나누고 1일 뺀 값으로 나눈값이 범위 종료값. [순번합/100-1] (나누기 규칙 1, 2를 통해 기준값에

더하기 1과 빼기 1을 적용하는 규칙성이 발견된 것임.)

(19) 각 그룹당 범위 시작값과 종료값이 도출됨.

(20) 범위의 교집합을 구하면 끝.

위의 로직을 표로 정리하면 다음과 같다.

문자로변환 결과	f	o	l	l	o	w	_	t	h	e	_	p	a	r	t	y
1	`	k	f	j	k	j	Z	l	_	`	]	g	_	o	i	q
2	a	l	g	k	l	k	[	m	`	a	^	h	`	p	j	r
3	b	m	h	**l**	m	l	₩	n	a	b		i	**a**	q	k	s
4	c	n	i	m	n	m	]	o	b	c	`	j	b	**r**	l	*t*
5	d	**o**	j	n	**o**	n	^	p	c	d	a	k	c	s	m	u
6	e	p	k	o	p	o	**_**	q	d	**e**	b	l	d	t	n	v
7	**f**	q	**l**	p	q	p	`	r	e	f	c	m	e	u	o	w
8	g	r	m	q	r	q	a	s	f	g	d	n	f	v	p	x
9	h		n	r	s	r	b	**t**	g	h	e	o	g		q	**y**
10		o	s	t	s		c	u	**h**	i		**p**	*h*		r	z
11		p	t	u	t		d	v	i			q			s	{
12		q	u	v	u		e	w	j			r			**t**	|
13		r	v		v		f	x	k			s			u	}
14			w			**w**		y	l			t			v	
15								z				u				
16								{				v				

장영후 201

III. 비례대표 선거 부정 메카니즘

사전투표 용지의 QR코드는 헌법상 비밀 선거 원칙을 위협한다. QR코드내 일련번호는 유권자 성향에 대한 데이터를 확보하는데 이용할 수 있는 불법 도구이다. 사전투표지 발급시스템의 유권자 정보와 투표지 분류기를 통해 저장된 이미지 화일, 선거인 명부 등과 연계하여 어느 정당과 어느 후보를 선택하였는지 확인할 수 있기 때문이다.

QR코드는 사전투표지에만 적용된다. 여기서 조작에 필요한 사전투표지를 물리적으로 만드는 시점에 대하여 두가지 경우를 생각해 볼 수 있다. 사전투표일 이전에 미리 제작하여 준비하거나, 사전투표일 1일차 및 2일차 투표 중 또는 저녁에 제작하여 준비해야 할 것이다.

사전에 제작하는 경우의 문제는 미리 일련번호를 어떤 형식으로든 결정해서 인쇄해야 하고 실제 유권자가 사전투표일에 나와서 투표하는 투표지와 일련번호 중복을 피하고 최종 발급번호 범위 내에서 또한 인쇄되어야 한다. 사전투표율이 짧은 시간내에 급격히 올라갈 수 없는 구조이므로 조작에 추가하는 표의 일련번호도 한 군데 몰려 있지 않은 시간대별 분포가 되어야 할 것이다. 이런 상황에도 문제가 되지 않게 일련번호가 관리되어야 하는 것이다.

사전투표일 당일 실제 투표시간에 어디에선가 선관위 시스템에 연결하여 실시간으로 투표지를 인쇄하거나 또는 선거 종료후 프린터로 인쇄하는 경우이다. 이 경우 일련번호를 맞추는 것은 쉬울 수 있으나 너무 많은 표를 프린터로 인쇄해 내야 하므로 물리적으로 난관이 있다. 또한 3480여 개에 달하는 사전투표소에 투표일에 임박하여 배송 작업을 한다는 것은 보안 유지 등 많은 허점을 노출할 수 있기 때문에 필자가 설계자의 입장이라면 이 방법은 사용하지 않았을 것이다.

그렇다면 미리 상당 부분 인쇄한 경우로 봐야 한다. 미리 인쇄된 사전투표 일련번호와 실제 투표장에서 인쇄된 일련번호 간 연결성을 유지하기가 쉽지 않을 것이다. 전체 표를 바꿔치기하지 않는 이상 일련번호의 연결성에 문제가 발생할 소지가 크다. 따라서 지역구 선거에서처럼 전체 표를 바꾸지 못하였다면 비례대표 재검표는 좀처럼 이루어지기 어려울 것이라 추측해 볼 수 있다.

이제부터 비례대표 투표도 표가 추가된 정황과 규모에 대해서 추적해보고자 한다. 어떤 상항이 문제인지 아닌지를 판단해 보는 가장 쉬운 방법은 정상이라고 생각하는 대상과 비교해 보는 것이다. 지역구 선거 분석에서도 활용한 20대 선거와 21대 비례대표 선거를 비교하는 것이다. 비례대표 분석에는 지역구 분석과 다르게 교차투표 개념의 비교 분석을 통하여 20대 총선에 비해 21대 총선의 비정상적인 형태를 설명하겠다.

양해를 구해 둘 것은 이 장을 연구하고 기술하는 데 있어 절대적으로 시간이 부족했다는 것이다. 충분한 해설이 미진하나 자료 일람용으로 첨부해 두고 향후 수정 보완하기로 한다.

1. 교차투표

지역구 선거에서 좌파 후보를 찍었는데 비례투표에서는 중도나 우파성향 정당을 선택하고 또는 그 반대되는 상황을 교차투표라고 부른다. 이러한 관점에서 20대 총선과 21대 총선 경향이 어떻게 차이 나는지 보겠다.

구분	정당	득표수	합	교차 (지역>비례)	정당	득표수	합	교차 (지역>비례)
지역	더불어민주당	7362	7362	-3111	새누리당	5077	5077	-27
	좌파군소정당	0			기독자유당		0	
					우파군소정당		0	
비례	더불어민주당	4159	4251		새누리당	5050	4729	
	좌파군소정당	92			기독자유당		230	
					우파군소정당		91	
지역	정의당	0		1102	국민의당		2267	1690
비례		1102					3957	
지역					무소속 / 중도정당		0	332
비례							332	
교차투표 합 (차이)				-14				
무효표	지역	198						
	비례	257						

[그래픽 65] 2016년 20대 총선 경기도 구리시 사전투표 시 교차투표 현황

경기도 구리시 2016년 20대 총선 사전투표 결과 더불어민주당 성향의 지역구 투표자 7362명 중 더불어민주당 성향의 정당에 4251명이 지지를 하였고 새누리당 계열 우파는 5077명의 지역구 투표자 중 5050명이 새누리당, 기독자유당 등 우파계열 정당에 지지를 표하였다. 좌파 계열 지역구 선거 투표자 7362명 중 3111명이 정의당이나 국민의당에 대부분 교차로 지지를 표하였고 일부 중도로 간 것을 알 수 있다. 우파 성향은 지역구 선거유권자의 27명이 다른 성향으로 교차투표했음을 볼 수 있다. 여기서 주목해야 할 점은 이러한 교차투표에도 불구하고 교차투표 과정에서 후보자를 결정하지 못하고 방황한 투

표수는 단지 14표에 불과했다는 것이다.

같은 20대 총선에서 경기 구리시의 당일(선거일) 투표에서 동일한 데이터를 살펴보자.

구분	정당	득표수	합	교차 (지역>비례)
지역	더불어민주당	33444	33444	-14500
	좌파군소정당	0		
비례	더불어민주당	18560	18944	
	좌파군소정당	384		
지역	정의당	0		4790
비례		4790		
지역				
비례				
교차투표 합 (차이)				-684
무효표	지역	941		
	비례	1642		

정당	득표수	합	교차 (지역>비례)
새누리당		27398	-48
기독자유당	27398	0	
우파군소정당		0	
새누리당		24896	
기독자유당	27350	1910	
우파군소정당		544	
국민의당		12040	7881
		19921	
무소속 / 중도정당		0	1193
		1193	

[그래픽 66] 2016년 20대 총선 경기도 구리시 당일투표 시 교차투표 현황

당일투표에서는 사전투표에 비해 투표한 유권자 수가 5배 정도 많다는 것을 고려하더라도 교차투표 수합(차이)가 14에서 684로 48배 많은 것을 볼 수 있으며, 무효표의 숫자도 사전투표에 비하여 많이 증가한 것을 볼 수 있다. 이러한 경향이 사전투표에 의지를 가지고 투표하는 적극 유권자와 소극적으로 참여하는 유권자의 차이에 따른 수치라고 해석할 수 있다. 이러한 성향이 구리시에만 나타난다고 하면 일반화의 오류가 있겠지만 다른 많은 선거구에서도 동일한 패턴이 나타난다. 아래 상세 로직을

설명하면서 다른 선거구에 대한 결과도 함께 표시하였다.

그러면 동일한 지역에서 21대 총선에서는 어떠한 현상이 발생하였는지 동일한 형태로 분석한 결과를 보자.

구분	정당	득표수	합	교차(지역>비례)	정당	득표수	합	교차(지역>비례)
지역	더불어민주당	26239	26239	-6307	미래통합 _ 한국당		12483	-1602
	좌파군소정당	0			기독자유 _ 새벽당	12483	0	
	열린민주+민생	0			우파군소정당		0	
비례	더불어민주당	18560	19932		미래통합 _ 한국당		10070	
	좌파군소정당	384			기독자유 _ 새벽당	10881	418	
	열린민주+민생	3928			우파군소정당		393	
지역	정의당	0		3882	국민의당		0	2471
비례			3882				2471	
지역					무소속 / 중도정당		620	519
비례							1139	
교차투표 합 (차이)				-1037				
무효표	지역	400						
	비례	1428						

[그래픽 67] 2020년 21대 총선 경기도 구리시 사전투표 시 교차투표 현황

투표하겠다는 의지가 강한 사전투표 유권자가 3배 정도 늘어난 수를 감안하더라도 비례 지지정당을 결정하지 못한 표가 1037표로 20대 총선때 14표에 비교할 수 없을 만큼 고스란히 교차투표 합(차이)로 나왔으며 지역구선거의 무효표수는 20대에 비해 2배정도 늘어났는데 비례투표에서는 6배 정도 늘어난 것을 볼 수 있다.

당일투표에서도 지역구 선거는 무효표가 비슷하나 비례투표에서는 지역구와는 다르게 20대 대비 두배 이상 발생하였다.

구분	정당	득표수	합	교차 (지역>비례)	정당	득표수	합	교차 (지역>비례)
지역	더불어민주당	38426			미래통합 _ 한국당		30972	
	좌파군소정당	0	38426		기독자유 _ 새벽당	30972	0	
	열린민주+민생	0		-11119	우파군소정당		0	-4190
비례	더불어민주당	22080			미래통합 _ 한국당		23647	
	좌파군소정당	562	27307		기독자유 _ 새벽당	26782	1998	
	열린민주+민생	4665			우파군소정당		1137	
지역	정의당	0		6771	국민의당		0	5341
비례		6771					5341	
지역					무소속 / 중도정당		1519	775
비례							2294	
교차투표 합 (차이)				-2422				
무효표	지역	927						
	비례	3352						

[그래픽 68] 2020년 21대 총선 경기도 구리시 당일투표 시 교차투표 현황

이제 이러한 현상이 구리시만의 현상이 아님을 로직을 설명하면서 분석해 보았다.

20대 총선과 21대 총선의 비교를 위하여 대상은 단일 시군구가 단일 선거구인 경우에 한정하였으며, 갑·을·병 등으로 구분된 선거구는 선거구 간의 출마 후보자가 다르고, 행정동이 선거구 획정과 선거시점에 따라 변경되는 경우가 있기 때문에 비교가 쉽지 않아 오류의 가능성을 최소화하기 위해 단순한 대상으로 선정하였다. 시간상 제약만 없다면 동일한 방법으로 모든 선거구에서도 분석이 가능함을 말해두고 싶다.

2016년 20대, 2020년 21대 총선 비례대표 집계 단위인 시군구와 선거구가 동일한 경우에 해당하는 지역은 아래와 같다.

시도	시군구	시도	시군구	시도	시군구
강원	강릉시	경북	김천시	울산	동구
경기	이천시	대구	달성군	울산	북구
경기	하남시	대전	동구	울산	울주군
경기	구리시	부산	동래구	울산	중구
경기	안성시	부산	사상구	전남	목포시
경기	안양시만안구	부산	수영구	전북	군산시
경기	양주시	부산	연제구	제주	서귀포시
경기	거제시	서울	금천구	충남	당진시
경남	경산	서울	종로구	충북	충주시
경북	경주시	서울	용산구		

[그래픽 69] 교차투표의 기준 정당별 성향

교차투표의 기준인 정당별 성향은 다음과 같이 정의하였다.

• 20대 총선에서의 교차투표의 기준인 정당별 성향:

　우파 : 새누리당, 기독자유당, 한나라당, 공화당, 기독당

　좌파 : 더불어민주당, 노동당, 민중연합당

　　　　정의당, 국민의당은 개별 분류, 기타 군소정당은 중도로 분류

• 21대 총선에서의 교차투표의 기준인 정당별 성향:

　우파 : 미래통합당, 미래한국당, 기독자유통일당, 새벽당,

　　　　우리공화당, 친박신당

　좌파 : 더불어민주당, 민생당, 더불어시민당, 열린민주당,

　　　　민중당, 노동당, 민중연합당

　정의당, 국민의당은 개별 분류, 기타 군소정당은 중도로 분류

　경기도 구리시를 포함하여 시군구와 선거구가 동일한 대상의 교차투표 합(차이) 현황은 다음과 같다.

			교차투표 합 (차이)					
			사전			당일		
연번	시도	시군구	2016- 20대 총선	2020- 21대 총선	차이 (20-21대)	2016- 20대 총선	2020- 21대 총선	차이 (20-21대)
1	부산	사상구	-443	-1904	1461	-2947	-3402	455
2	경북	경주시	-415	-1653	1238	-2843	-1898	-945
3	전북	군산시	-372	-2577	2205	-2218	-2855	637
4	경남	거제시	-261	-1462	1201	-1194	-2621	1427
5	울산	울주군	-256	-1218	962	-2162	-2710	548
6	전남	목포시	-249	-1836	1587	-996	-1479	483
7	울산	울산동구	-243	-824	581	-1649	-1636	-13
8	충북	충주시	-201	-1786	1585	-1990	-2855	865
9	울산	울산북구	-196	-903	707	-1337	-1909	572
10	강원	강릉시	-153	-1802	1649	-1879	-2962	1083
11	경기	안성시	-148	-1500	1352	-1669	-2007	338
12	서울	금천구	-125	-1397	1272	-1227	-2565	1338
13	대구	달성군	-118	-925	807	-1778	-2602	824
14	부산	동래구	-117	-1279	1162	-1525	-2768	1243
15	울산	울산중구	-109	-1106	997	-1346	-2368	1022
16	경기	이천시	-96	-1529	1433	-1322	-2659	1337
17	경기	하남시	-95	-1381	1286	-878	-2695	1817
18	충남	당진시	-80	-1018	938	-1467	-2367	900
19	경기	안양시만안구	-55	-1654	1599	-1042	-2810	1768
20	부산	수영구	-21	-968	947	-729	-1816	1087
21	경기	구리시	-14	-1037	1023	-684	-2422	1738
22	경북	경산시	3	-1133	1136	-607	-2673	2066
23	부산	연제구	9	-1348	1357	-822	-2867	2045
24	경기	양주시	15	-1694	1709	-718	-2751	2033
25	제주	서귀포시	54	-1057	1111	-1759	-2716	957
26	서울	종로구	106	373	-267	-606	-1359	753
27	서울	용산구	118	-1025	1143	-1016	-1841	825
28	대전	대전동구	152	-1757	1909	-1284	-3159	1875
29	경북	김천시	271	-1142	1413	-955	-1069	114
		평 균	-105	-1329		-1402	-2408	
		합 계	-3039	-38542		-40649	-69841	

[그래픽 70] 29개 선거구 비례대표 / 지역구 선거간 교차투표 현황

이 표의 내용을 설명하면 2016년 20대 총선 사전투표의 교차투표 합(차이) 즉, 지역구 선거에는 후보자를 선택하였으나 정당후보를 선택하지 못

하였거나 (값이 -인 경우), 반대로 지역구후보를 결정하지 못한 경우(값이 +인 경우) 그 값의 규모가 271 ~ -443 정도의 범위로 분포되어 있고 값도 작은데, 21대 총선에서는 투표인수가 2~3배 정도 증가된 규모를 고려하더라도 특이한 종로구를 제외한 모든 지역에서 큰 -값을 나타내고 있다.

참고로 개표결과 종로구는 더불어민주당의 당일득표율이 후보총득표수 기준 50.58%(투표수 기준 49.87%)로 이 책의 모든 내용에 기초가 되는 더불어민주당 당일득표율의 중심점 50% 근처에 위치한 선거구 중 하나이다. 정치 1번지인 종로구에서 50% 당일득표율을 계획한다면 충분히 상징성이 있을 것으로 생각한다.

이 분석에 사용된 데이터는 오픈 소스로 공유하니 검증해보고 싶은 독자께서는 확인해 보시기 바란다. 결론적으로 지역구 선거에서 사전투표가 부정의 핵심이었듯이 비례투표 분석을 통해서도 사전투표에서 정당을 선택하지 못한 많은 무효표를 보더라도 비례투표 역시 정상적인 선거가 아니었음을 알 수 있다. 추후 모든 선거구에 대해서 위와 같은 분석을 하여 별도로 공개하도록 하겠다.

비례대표 투표의 무효표 분석에 이어 대부분의 지역에서 문제가 있었음을 전체 선거구 관점에서 분석해 보도록 하겠다.

2. 20대·21대 총선 사전·당일득표율 비교 분석

지역구선거의 20·21대 총선 사전·당일득표율 그래프 [그래픽 57], [그래픽 58]을 통하여 21대 총선의 사전득표율이 당일득표율에 비해 많이 높음을 보았다. 비례대표에서도 동일한 현상이 확인된다.

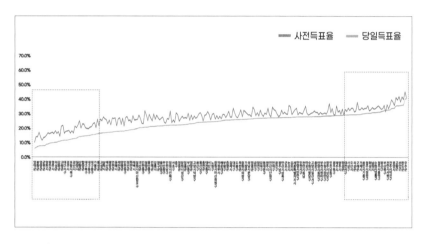

[그래픽 71] 2016년 20대 총선 더불어민주당 당일·사전득표율
(당일득표율 기준 오름차순)*

더불어민주당 위 [그래픽 71] 내 열세지역(좌측)과 우세지역(우측)에 위치한 20개 지역은 [그래픽 72]와 같다.

---

* 모든 그래프 내 기초데이터는 재외투표, 거소선상은 표본수가 적어 제외하고 당일과 관내/관외사전 투표만 사용한다.

20 대 총선 비례대표 더불어민주당			
최대 열세지역 득표율			
시도	시군구	당일	사전
경북	영덕군	5.8%	5.8%
경북	예천군	6.4%	6.4%
경북	봉화군	7.0%	7.0%
경북	울릉군	7.4%	7.4%
경북	영양군	7.5%	7.5%
경북	문경시	7.5%	7.5%
경북	군위군	7.7%	7.7%
경북	청도군	7.7%	7.7%
경북	영천시	8.5%	8.5%
경북	성주군	8.6%	8.6%
인천	옹진군	9.2%	9.2%
경북	김천시	9.4%	9.4%
경북	영주시	9.5%	9.5%
경북	상주시	9.6%	9.6%
경북	의성군	9.8%	9.8%
경북	청송군	9.9%	9.9%
인천	강화군	10.3%	10.3%
경북	울진군	10.4%	10.4%
경북	고령군	10.7%	10.7%
경남	의령군	11.1%	11.1%

20 대 총선 비례대표 더불어민주당			
최대 우세지역 득표율			
시도	시군구	당일	사전
충북	청주시흥덕구	29.7%	33.8%
전남	여주시	29.7%	32.7%
광주	광산구	30.1%	31.5%
전북	익산시	30.4%	32.0%
부산	부산북구	30.6%	34.2%
전북	완주군	30.9%	30.0%
충남	천안시서북구	31.1%	34.6%
전북	군산시	31.2%	31.9%
전북	전주시덕진구	31.2%	34.4%
전남	담양군	32.1%	37.8%
전남	광양시	32.2%	36.2%
전북	전주시완산구	32.3%	34.0%
전남	고흥군	33.8%	39.2%
전남	순천시	33.9%	37.6%
전북	부안군	34.0%	40.0%
전북	장수군	34.1%	36.3%
전남	완도군	34.3%	39.6%
경남	김해시	34.4%	37.9%
전북	무주군	38.4%	43.0%
전북	진안군	38.5%	38.7%

[그래픽 72] 20대 총선 더불어민주당 비례대표 열세 · 우세지역 득표율

　　최대 열세지역에서 경북, 경남 이외의 지역인 인천 강화군, 옹진군
에서도 열세를 보이고 있으며 우세지역은 전남, 전북, 광주광역시를
제외하고도 경남 김해, 충남, 충북 그리고 부산에서조차 사전득표율이
높은 예를 볼 수가 있다. 이러한 예외가 발생하는 것이 극히 정상적이며
해당 선거에서 해당 후보의 선거기간 동안 노력의 흔적이라고도 볼 수

있다. 한 지역이기는 하지만 전북 완주군에서 더불어민주당 당일득표율
이 30.9%, 사전득표율이 30.0%로 당일득표율이 사전득표율보다 높은
예외가 발생하는 것은 정상이다. 20대 총선 지역구 선거에서 예외를 보
면 보수 우파의 텃밭이라고 하는 서울 강남구을 선거구에서 갑·병 선거
구에서는 새누리당 후보가 당선되었지만 을 선거구에서는 더불어민주
당 후보가 당선되었고, 반대로 새누리당 이정현 후보가 더불어민주당 아
성인 전남 순천시에서 당선되었다. 예외가 있는 것이 순리인데 21대 총
선의 결과를 보겠다.

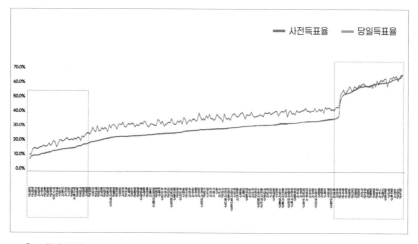

[그래픽 73] 2020년 21대 총선 더불어민주당 당일·사전득표율
(당일 득표율 기준 오름차순)

전체 시군구의 더불어시민당(더불어민주당의 비례 위성정당)의 사전·당
일득표율을 도식화한 [그래픽 73]에서 눈에 바로 보이는 것이 오른쪽 부분
에서 당일득표율이 급격히 올라가고 사전득표율과 당일득표율이 혼조세
를 보이는 구간이 있다. 이 지역들은 모두 광주, 전남, 전북 지역이다. 그 외

의 지역이 당일득표율보다 사전득표율이 시도별로 평균 최저 경북 4.8%
에서 최고 서울 9.1%까지 높게 나타나는데 오로지 광주, 전남, 전북 지역만
자연스러운 모습에 가깝게 사전·당일득표율의 패턴을 보인다는 것이다.
20대 총선처럼 다른 지역과 같은 형태라면 광주, 전남, 전북 지역도 당일득
표율보다 사전득표율이 모두 높게 일정한 수치 이상으로 격차를 보이는 것
이 논리적으로 타당한데 그렇지 않음을 그래프를 통해 직관적으로 알 수
있다. 열세, 우세 20개 지역의 실제 데이터를 보면 [그래픽 74]와 같다.

21대 총선 비례대표 더불어시민당 (더불어민주당 위성정당)			
최대 열세지역 득표율			
시도	시군구	당일	사전
경북	군위군	6.7%	9.9%
경북	의성군	8.4%	9.8%
경북	영덕군	8.9%	13.2%
경북	성주군	9.1%	14.1%
경북	고령군	9.1%	14.0%
경북	청송군	9.3%	13.5%
경북	문경시	9.3%	14.0%
경북	청도군	9.6%	14.8%
경북	상주시	10.2%	14.7%
대구	대구서구	10.3%	15.7%
경북	울진군	10.5%	15.3%
경북	영양군	10.8%	15.1%
경북	봉화군	10.9%	15.8%
경북	영천시	11.3%	17.4%
경북	합천군	11.3%	15.6%
경북	김천시	11.9%	16.8%
대구	대구남구	12.1%	18.7%
경북	영주시	12.2%	17.9%
경북	예천군	12.3%	14.7%
경북	경주시	12.7%	16.8%

21대 총선 비례대표 더불어시민당 (더불어민주당 위성정당)			
최대 우세지역 득표율			
시도	시군구	당일	사전
전남	영광군	56.9%	57.4%
전남	함평군	56.9%	55.2%
전남	곡성군	57.0%	59.2%
전북	고창군	57.1%	56.4%
전남	나주시	57.2%	59.0%
전남	광양시	57.4%	59.3%
전남	구례군	57.4%	58.9%
광주	광주서구	57.6%	59.9%
광주	광주동구	57.7%	60.6%
전남	보성군	58.0%	55.4%
광주	광산구	58.03	58.9%
광주	광주남구	58.5%	61.0%
전남	광주북구	59.2%	60.4%
전남	화순군	59.2%	60.4%
전남	순천시	59.9%	61.0%
전남	여수시	60.3%	62.3%
전남	신안군	60.6%	59.0%
전남	장성군	60.9%	60.8%
전남	완도군	61.1%	62.8%
전남	담양군	63.3%	62.3%

[그래픽 74] 21대 총선 더불어민주당 비례대표 열세 · 우세지역 득표율

20대 총선에서 예외 지역에 대하여 색칠을 하였으나 21대 총선에서는 상, 하위 20개 지역에서 열세지역은 모두 대구, 경남, 경북지역, 우세지역 은 광주, 전남, 전북으로 이 범주를 벗어나지를 않는다. 예외가 없다. 정상 이 아니다. 이제 각 비례정당별로 특이성을 살펴보도록 하자.

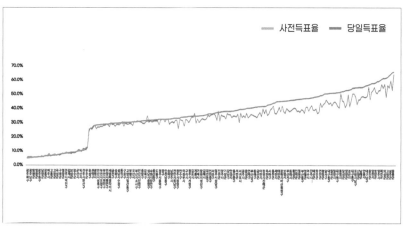

[그래픽 75] 2016년 20대 총선 새누리당 당일·사전득표율
(당일득표율기준 오름차순)

20대 총선 새누리당(미래통합당 전신) 그래프를 보면 왼쪽은 전라도 지역으로 사전과 당일 모두 낮은 득표율을 보이다가 그 외 지역에서는 급격히 올라가지만 사전당일득표율 차이는 일률적인 경향을 보이지 않 는 자연스러운 현상이다.

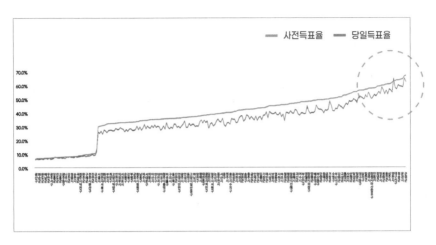

[그래픽 76] 2020년 21대 총선 미래한국당 당일·사전득표율
(당일득표율 기준 오름차순)

당일보다 사전득표율이 높은 지역은 그림 왼쪽의 전북 고창군, 장수
군, 임실군으로 그 차이는 0.33%, 0.02%, 0.07%로 당일과 사전득표
율이 비슷한 경향을 보이는 것이 자연스러운 현상이다. 그 외 지역에서
사전득표율이 당일득표율을 초과한 지역은 경북 의성군으로 행정안전
부 인구통계에 따르면 2020년 3월 31일 기준 18세이상 연령 48520명
중 60세이상이 27290명, 56%로 전국에서 가장 높으며 그래프 오른쪽
끝부분에 사전득표율이 당일득표율에 근접한 지역은 경북 군위군으로
전국에서 두번째로 높은 55%에 달한다. 이 지역의 사전득표율이 높은
것은 이 원인으로 추측된다. 그 외 지역에서는 시도별 평균 인천 4.5%
에서 강원 7.8%까지 일률적으로 사전득표율이 낮다. 부자연스럽다.

그럼에도 당일득표율이 올라가면서 사전득표율도 편차를 가지고 함
께 올라가는 것은 동일지역에 사는 유권자들의 표심을 단지 투표하는

시점차이로 분리해도 유사한 형태로 나오는 자연스러운 현상이다. 미래한국당은 이 점에서는 그런 경향을 보였다. 이제 그러한 현상이 발생하지 않은 정당을 살펴 보도록 하자.

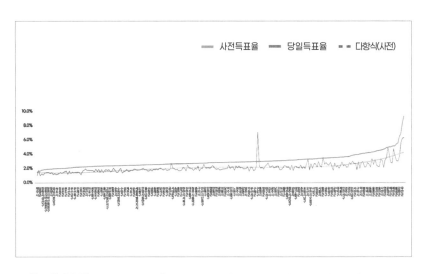

[그래픽 77] 2016년 20대 총선 기독자유당 비례대표 사전 · 당일득표율
(당일기준 오름차순)

20대 총선, 여기도 스파이크가 발생한 예외 지역이 있다. 서울 구로구 수궁동 관내사전투표에 새누리당, 더불어민주당, 국민의당 모두의 득표수 합만큼 많은 1305표가 기독자유당을 선택하였기 때문이다. 당일득표율 대비 사전득표율도 완만하게 상승 곡선을 그리고 있는 것을 볼 수 있다. 그러나 21대 총선에서는 아래 [그래픽 78]처럼 당일득표율의 상승에 비례하여 사전득표율이 정상적이지 않음을 직관적으로 알 수 있다.

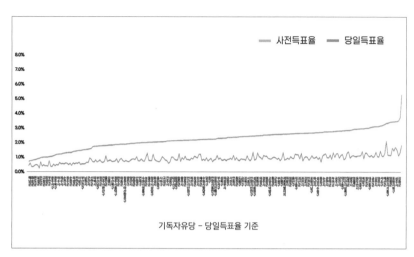

[그래픽 78] 2020년 21대 총선 기독자유통일당 비례대표 사전·당일득표율
(당일기준 오름차순)

정당 득표율이 유사한 다른 소규모 정당들조차 사전과 당일득표율에
대해서 그래프를 보면 당일득표율 증가에 비례하여 사전득표율이 증가
함을 볼 수 있다.

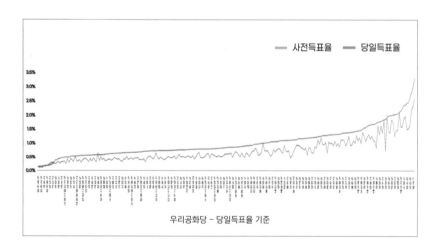

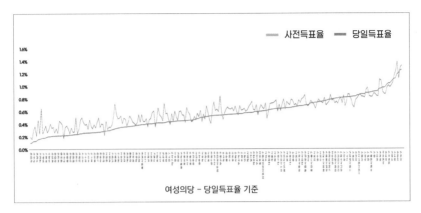

여성의당 - 당일득표율 기준

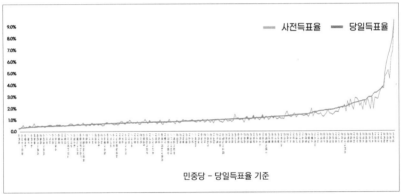

민중당 - 당일득표율 기준

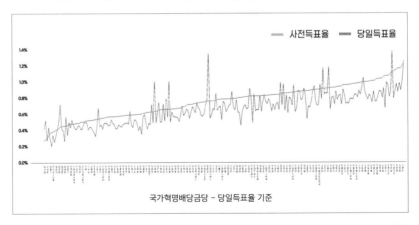

국가혁명배당금당 - 당일득표율 기준

[그래픽 79] 21대 총선 우리공화당, 민중당, 여성의당, 국가혁명배당금당 순 사전·당일
득표율

기독자유통일당과 같이 새벽당도 정상적인 경향을 보이지 않는다.

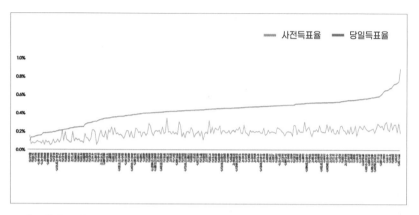

[그래픽 80] 21대 총선 새벽당 사전 · 당일득표율

군소정당에 대하여 사전과 당일득표율이 같은 방향성을 갖는 것은 20대 총선에서도 분명하게 볼 수 있다.

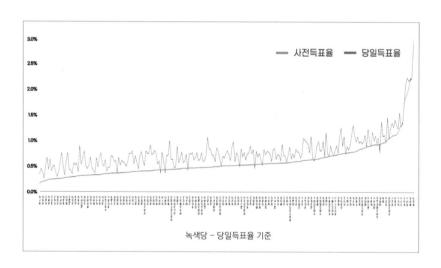

녹색당 – 당일득표율 기준

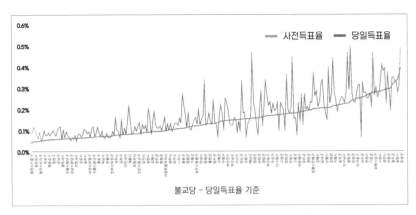

불교당 - 당일득표율 기준

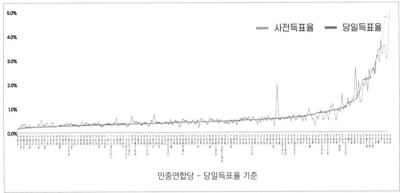

민중연합당 - 당일득표율 기준

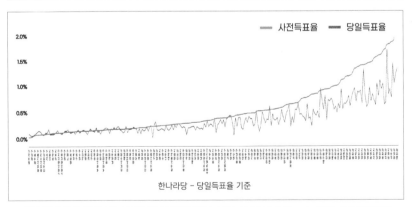

한나라당 - 당일득표율 기준

[그래픽 81] 2016년 20대 총선 비례대표 사전·당일득표율 - 녹색당, 민중연합당,
불교당, 한나라당

또 다른 예외가 21대 열린민주당 총선 득표율 그래프 [그래픽 82]이다.

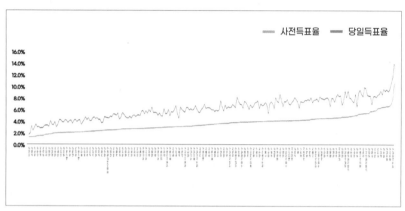

[그래픽 82] 열린민주당, 21대 총선 사전·당일득표율, 당일기준 오름차순

열린민주당은 당일득표율보다 사전득표율이 전체 지역에서 월등히 앞섰으며 경북의성군이나 군위군처럼 60대 이상이 50%가 넘는 지역에서 조차 미래한국당(통합당)도 간신히 넘은 사전득표율이 당일득표율보다 높은 현상을 신생 정당인 열린민주당이 그 지역들에서 시현을 하였다. 정상적이지 않다.

민생당에 대한 사전·당일득표율 그래프는 다음과 같은 정상적인 유형임을 볼 수 있다.

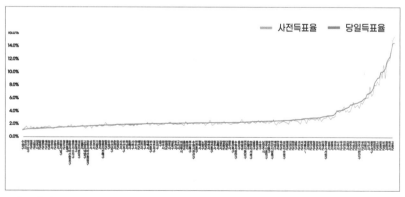

[그래픽 83] 21대 총선 민생당 사전·당일득표율

더불어시민당과 미래한국당 사이에 있는 국민의당(그림내 위)과 정의당(아래)의 비례대표 그래프에서 20대 총선, 21대 총선을 함께 나타내 보았다.

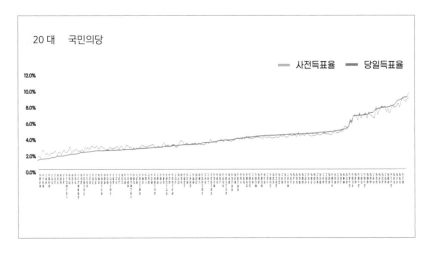

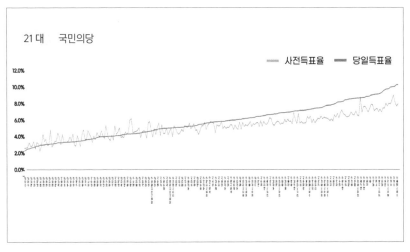

[그래픽 84] 국민의당 20대·21대 사전·당일득표율

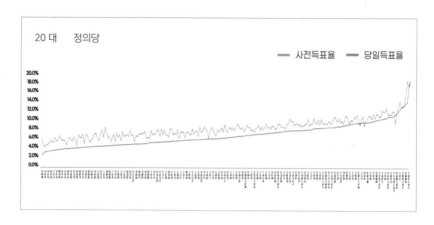

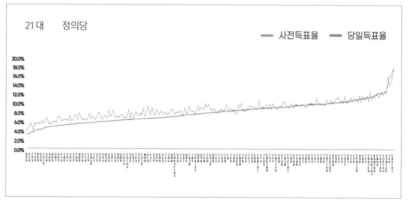

[그래픽 85] 정의당 20대·21대 사전·당일득표율

전체 시군구 정당별 득표율 분석 결과 소규모정당과 정의당 정도를
제외하고 지역구 선거와 마찬가지로 21대 총선 비례대표 투표에서도 정
상적이라고 볼 수 없는 투개표 결과를 추론해 볼 수 있다.

이제 앞서 교차투표 설명에서도 언급이되었던 비정상적인 무효표의
규모와 발생 원인을 분석해 보자. 20대·21대 총선에서 지역구선거와 비
례대표 선거의 투표수 대비 무효표 비율은 다음 [그래픽 86]과 같다.

	지역구			비례		
	당일	사전	전체	당일	사전	전체
20 대	1.31%	1.32%	1.32%	2.91%	2.12%	2.74%
21 대	1.34%	1.25%	1.30%	4.48%	3.82%	4.21%

[그래픽 86] 20대·21대 총선 무효표율

지역구 선거에서 무효 투표율은 20대와 21대에서는 거의 비슷하게 나왔지만 비례투표에서는 지역구와는 달리 현저히 높게 나왔다. 사전 투표는 의지를 가지고 사전에 투표하는 것으로써 무효표 발생 확률이 적음에도 불구하고 매우 많이 발생한 것은 부정이 의심되는 비정상적인 무효표라고 볼 수 있다. 우리 국민의 민도가 4년사이에 올라가면 올라갔지 내려갈 수가 없기때문이다.

이제 이 무효표가 왜 나오게 되었는지, 규모가 얼마인지 설명해야 하는데 머리 아프게도 이를 위해서는 비례대표 당선자 결정 로직을 이해하고 가야 한다. 왜 이렇게 복잡하게 만들었는지는 훗날 역사가들이 설명해 주기를 바란다.

비례대표 당선자 결정 로직

많은 유권자가 기억하고 있듯이 2019년 비례대표 선거법 개정안에 대하여 미래통합당의 거세고 다양한 방어에도 불구하고 더불어민주당의 밀어붙이기가 관철되어 통과되었다.

비례대표당선자가 어떻게 결정되는지를 설명하라고 하면 엑셀에 의한 수식을 보지않고 설명하기가 막막하다. 그래서 부득이 엑셀 표를 통한 설명을 하겠다. 설명을 간단하게 하기 위하여 미래통합당과 더불어민주당은 위성정당을 활용하고 비례후보를 내지 않았기 때문에 이 경우를 기준으로 설명하겠다.

비례대표 정당별 의석배분은 두가지 방식에 의한 배분 의석수의 합이며 다음 식과 같다.

비례대표 배분 의석수 = 병립배분 의석수(17석) + 연동배분 의석수(30석)

단, 결정함에 있어 사용되는 변수는 다음과 같다.

(i) 무소속 당선자수

(ii) 비례후보를 낸 정당의 지역구 당선자수 (21대총선은 정의당 1석이 유일)

(iii) 정당별 비례대표 환산득표율로 3% 이상 득표한 정당의 득표율을 100%로 환산한 득표율 (예: 21대 총선에서는 5개 정당이 3% 이상 득표하여 그 합이 총 89.07% 이며 이 값을 분모로 하는 기준으로 재산정한 득표율, 이 경우 득표율이 많게는 10%정도 상승된다.)

우선 이해하기 쉬운 병립배분 의석수부터 산정해 보자.

· 1차 산정: 환산 득표율의 정수값에 해당하는 의석 분배

예) A당 병립배분 의석수 = trunc(17석 x 비례대표 환산 득표율) : 정수만 취함

· 2차 산정: 환산득표율의 정수를 제거한 소수점의 크기 우선 순에 따라서 17석 중 1차 산정 후에 남는 의석수를 순차 배정

연동배분 의석수는

연동배분 의석수 = 총 의석수 - 무소속당선자 의석수 : (21대 총선의 경우)

지역구보정 연동 의석수 = ((연동배분 의석수 x 환산득표율) - 지역구

당선자수) / 2

- 1차 배분 의석수:

   = trunc(캡 의석수 x 각당별 연동배분 의석수 / 총연동배분 의석수) :

   정수만 취함

   주) 캡 의석수는 연동배분에 할당된 의석수로 21대 총선은 30석임

- 2차 연동배분 의석수 산정

   각 당의 캡 의석수 x 각당별 연동배분 의석수 / 총연동배분 의석수의

   소숫점의 크기 순위에 따라 캡 의석수와 1차 배분 후에 남는 의석수를

   순차 배정

21대 비례대표 총선 결과를 산정로직에 대입하여 표현하면 다음과

같다.

21대 총선 비례투표에서 3%이상 득표한 정당은 미래한국당, 더불어

시민당, 정의당, 국민의당, 열린민주당 총 5개 정당으로 미래한국당은

미래통합당, 더불어시민당은 더불어민주당의 비례대표투표를 위한 위

성정당이다.

연동배분의석 배분결과는 다음과 같다.

총 의석수 (a)	의석할당 정당이 추천하지 않은 지역구의원수 (무소속당선자) (b)	연동배분 의석수 (c = a-b)
300	5	295

캡 의석수	30

	비례투표 득표율 (%)	환산 득표율 (%)	연동 의석수	지역구 당선자 수	지역구 보정 연동 의석수	캡의석수 기준 연동 의석수	1차배분 의석수 (정수)	잔여 의석	연동 의석수 소수점값	소수점값 순위	2차 배분 의석수	총 연동배분 의석수
미래한국당	33.84%	37.99%	112.07	0	56	11.42857	11		0.42857	2	1	12
더불어시민당	33.35%	37.44%	110.45	0	55	11.22449	11		0.42857	5	0	11
정의당	9.67%	10.86%	32.04	1	16	3.265306	3		0.42857	3	0	3
국민의당	6.79%	7.62%	22.48	0	11	2.244898	2		0.42857	4	0	2
열린민주당	5.43%	6.09%	17.97	0	9	1.836735	1		0.42857	1	1	2
계	89.07%	100.0%	1.12		147	30	28	2	0.42857		2	30

　캡 의석수는 비례대표 의석수 중 준연동형으로 산정하는 의석수로 21대 총선은 30석이다. 표에서 보다시피 미래한국당은 환산득표율 0.5% 차이로 운좋게 한 석을 추가로 배정받게 되었다.
　병립배분의석 및 정당별 배분받은 총 의석수는 다음과 같다.

병립배분 의석수	17

	비례투표 득표율 (%)	환산 득표율 (%)	의석수	1차배분 의석수	잔여 의석	환산득표율 소숫점 값	소숫점값 순위	2차배분 의석수	총병립 결정 의석수	총비례 의석수
미래한국당	33.84%	37.99%	6.4583	6		0.4583	2	1	7	19
더불어시민당	33.35%	37.44%	6.3648	6		0.3648	3	0	6	17
정의당	9.67%	10.86%	1.8462	1		0.8462	1	1	2	5
국민의당	6.79%	7.62%	1.2954	1		0.2954	4	0	1	3
열린민주당	5.43%	6.09%	1.0353	1		0.0353	5	0	1	3
계	89%	100%		15	2			2	17	47

병립배분을 통해 미래한국당은 7석, 더불어시민당은 6석을 배당받았으며 단지 비례 득표율 0.3% 차이로 또 한 석을 더 받게 되었다. 계산상으로 작은 차이로 한 석을 더 받은 것이며 단지 비례득표율 0.5% 차이로 2석을 더불어시민당 보다 더 얻게되는 결과를 보였다. 비례대표에서 미래한국당은 12+7= 19석,   더불어시민당은 6+11= 17석을 확보하였으며 이 결과는 지역구선거에서 당일득표율에 준하여 당선자 결정시 미래통합당 124석, 더불어민주당 123석과 거의 같은 비율이라고 할 수 있다.

그런데 지역구 선거에서 더불어민주당은 당일득표율 기준 123선거구에서 승리할 수 있었으나 사전득표율이 높아서 163석을 얻게 되었는데 비례대표에서도 당연히 유사한 비율로 확보해야 하는 1.325 비율에 해당하는 17석 기준 22.5석 가량이 되어야 한다.

개정 비례대표선거법에 따라 시뮬레이션을 해보니 더불어민주당의 비례대표를 위한 위성정당인 더불어시민당은 비례대표 득표율 30%에서 33%를 확보하면 17석은 무난히 가져오는 구조로 확인되었으며, 비례대표 17석에 지역구 선거 163석을 합하면 개헌을 제외한 모든 입법이 가능한 180석을 확보하는 것을 의미한다.

설계자 관점에서는 더불어민주당의 기본득표율이 있기 때문에 민생당, 열린민주당, 국민의당, 정의당 및 군소 좌파정당으로 표가 분산된다 하더라도 지역구선거만큼이나 무리한 조작을 하지 않아도 30%의 비례대표득표율을 확보하는 것은 가능해 보인다.

그렇다고 조작은 하지 않은 것은 아니며 이에 대한 정황증거로 더불어시민당의 비례사전득표율이 당일득표율에 비해 전라도 지역을 제외한 모든 선거구에서 2016년 20대 총선에 비하여 많이 높고, 국회입성을 바라지 않는 기독자유통일당, 새벽당 사전득표율 그래프가 다른 군소정당을 포함한 모든 다른 당들의 그래프와 다르게 당일득표율의 상승그래프와 연동되지 않고 거의 일정한 기형을 보이는 것, 2016년 총선 결과 모든 정당이 보이는 사전·당일득표율 경향과도 다른점, 그리고 열린민주당의 사전득표율이 모든 시군구에서 당일득표율 대비 과도하게 높은 것에서부터 유추해 볼 수 있다. 사전득표율이 당일보다도 높다고 주장한다면 왜 전라도 그 많은 지역은 그 외 지역과 다르게 사전득표율과 당일득표율이 일률적인 방향이 아닌 혼조세를 보이는지 설명해 보길 바란다. (아래 그림 내 점선 네모 상자)

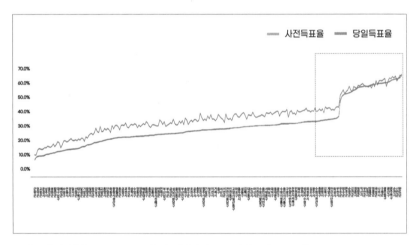

[그래픽 87] 2020년 21대 총선 더불어민주당 당일·사전득표율 [재인용]

총선에서 60%의 의석을 달성하는 것도 기적에 가까운 일인데 180석을 초과하여 당선자 수를 낸다면 어떻게 될까?

총선 결과에 대한 채널 A의 뉴스보도 멘트를 보면 "이긴쪽도 진쪽도 누구도 예상하지 못한 총선 결과가 나왔습니다." 여당 180석 미래통합당 103석, 여당의 압승이었습니다."하고 말할 정도로 180석도 예측과는 과도하게 다른 숫자이다.

신율 명지대 정치외교학과 교수는 "투표율이 65~70% 안팎이면 야당(미래통합당)이 이길 것이고, 60~65%이면 20대 총선처럼 1~2석 차이로 원내 1당이 갈릴 것이라고 2020년 4월 14일 예측하였다. 투표율이 얼마인지 이제는 기억할 것이다.

필자는 비례대표 분석을 통하여 다음과 같은 상황으로 정리하고자 한다. 더불어민주당은 180석이라는 개헌을 제외한 모든 법률을 야당의 비협조나 방해에도 불구하고 통과시킬 수 있는 의석이 필요했고 이 정도 의석만 있어도 충분하기 때문에 그 이상의 의석수를 확보하는 것을 원치 않은것 같다.

상황에 따라 열린민주당, 정의당, 전라도지역 무소속 당선자 등의 지원을 받을 수 있다. 21대 국회 개원 후 180석 이 숫자만으로도 상임위원장을 야당과 분배하는 그동안의 관례를 깨고 독식하였으며 2021년 10월 현재 더불어민주당은 다른 의견을 수렴하지 않고 원하는 법안을 통과시키는 행태를 보이고 있다.

이제 설계자는 지역구후보 + 비례대표 해서 180석을 확보하는데 지역구를 몇 석으로 하고 비례를 몇 석으로 하는지 결정해야 한다. 그 결정은 총선 결과로 보면 지역구를 163석 비례대표를 17석으로 한것으로 판단된다.

그런데 비례대표 당선자수 시뮬레이션 결과 더불어시민당만 순수하게 1.5%만 더 득표해도 33.5+1.5 = 34.85%가 되며 시뮬레이션 결과는 아래와 같다.

캡 의석수	30

	비례투표 득표율 (%)	환산 득표율 (%)	연동 의석수	지역구 당선자 수	지역구 보정 연동 의석수	캡 의석수 기준 연동 의석수	1차배분 의석수 (정수)	잔여 의석	연동 의석수 소수점값	소수 점값 순위	2차 배분 의석수	총 연동배분 의석수
미래한국당	33.84%	37.36%	110.21	0	55	11.42857	11		022449	4	0	11
더불어시민당	34.85%	38.48%	113.52	0	57	11.22449	11		0.63265	2	1	12
정의당	9.67%	10.8668	31.51	1	15	3.265306	3		0.06122	5	0	3
국민의당	6.79%	7.50%	22.13	0	11	2.244898	2		0.24490	3	0	2
열린민주당	5.42%	5.98%	17.64	0	9	1.836735	1		0.83673	1	1	2
계	90.577%	100.0%	1.10		147	30	28	2	0.42857		2	30

병립배분 의석수	17

	비례투표 득표율 (%)	환산 득표율 (%)	의석수	1차배분 의석수	잔여 의석	환산 득표율			총병립 결정 의석수	총 비례 의석수
						소숫점값	소숫점값 순위	2차배분 의석수		
미래한국당	33.84%	37.36%	6.3512	6		0.3512	3	0	6	17
더불어시민당	34.85%	38.48%	6.5416	6		0.5416	32	1	7	19
정의당	9.67%	10.68%	1.8156	1		0.8156	1	1	2	5
국민의당	6.79%	7.50%	1.275	1		0.275	4	0	1	3
열린민주당	5.42%	5.98%	1.0166	1		0.0166	5	0	1	3
계	91%	100%		15	2			2	17	47

더불어시민당은 2석이 추가로 늘어나 19석, 미래한국당은 2석이 줄어 17석이 나온다.

이러한 과대 비례대표의석수가 배분되지 않게 지역구선거 당선자확보를 위해 과대 조작된 표들에 대하여 다른 정당으로 줄 수도 없고, 물론 좌파계 정당으로 흘러간 부분도 있지만 상당부분을 무효표로 처리한 것으로 판단된다. 이제 그 규모를 보겠다.

구분	정당	득표수	합	교차 (지역>비례)	정당	득표수	합	교차 (지역>비례)
지역	더불어민주당	8861694			새누리당	9200690		
	좌파기타	201351	9063045		기독자유당	1376	9207566	
				-2,766,795	우파기타	5500		-423,742
비례	더불어민주당	6059563			새누리당	7931157		
	좌파기타	236687	6296250		기독자유당	625072	8783824	
					우파기타	227595		
지역	정의당	395357			국민의당	3585126		
비례		1716633		1,321,276		6346097		2,760,971
지역					중도정당	79318		481,752
비례						561070		
지역					무소속	1672008		-1,672,008

			교차투표 합 (차이)		-298,546
무효표	지 역	198	358336		
	비 례	257	668512		310,176
	지역구 전체투표자		24360756		-1.23%
	비례대표 전체투표자		24372386		

　먼저 20대 총선의 전체 지역에 대한 교차투표 현황을 통하여 민도의 수준을 보자. 지역구 총 투표자 대비 비례투표에 당을 정하지 못한 유권자 비율이 2016년 20대 총선에서는 1.23%가 나왔다.

　다음은 21대 전체투표자의 교차투표 현황이다.

---

* 경남통영시, 고성군이 20대 무투표로 지역구 당선된 선거구로 비례대표만 투표가 이루어졌으며, 지역구와 비교를 위해 비례대표수에서 경남고성군, 통영시 숫자를 차감함.

구분	정당	득표수	합	교차 (지역>비례)	정당	득표수	합	교차 (지역>비례)
지역	더불어민주당 _ 시민당	14345425			미래통합당 _ 한국당	11915277		
	좌파기타	173521	14932607		기독자유통일당	7633	11973677	
		413661		-3,024,070	우파기타	50737		-1,516,906
비례	더불어민주당 _ 시민당	6059563			미래통합당 _ 한국당	9441520		
	좌파기타	236687	6296250		새벽당	513159	10456771	
					새벽당	10819		
					우파기타	400273		
지역	정의당	395357		2,205,856	국민의당			1,896,719
비례		1716633				186719		
지역					중도정당	265629		674,252
비례						939881		
지역					무소속	1124167		-1,124,167

			교차투표 합 (차이)	-888,316
무효표	지 역	198	380059	
	비 례	257	1226532	
	지역구 전체투표자		29168239	-3.05%
	비례대표 전체투표자		29126396	

우리 국민의 3%가 넘는 숫자가 지역구선거에서는 후보를 선택하였는데 비례투표에서 정당을 선택하지 못하였을까? 민도가 4년동안 낮아졌을까? 정당수가 많아서 그럴까? 중도정당이 많아졌기 때문에 중도 정당에 투표할 의지가 있는 유권자는 20대 56만명에서 21대 93만명으로 늘어났다. 즉, 20대 비해 늘어난 교차투표합 차이부분은 온전히 정상적인 무효표라고 볼 수 없다. 그 규모를 산정하기 위해 [그래픽 88]을 다시 참조하겠다.

	지역구			비례		
	당 일	사 전	전 체	당 일	사 전	전 체
20 대	1.31%	1.32%	1.32%	2.91%	2.12%	2.74%
21 대	1.34%	1.25%	1.30%	4.48%	3.82%	4.21%

[그래픽 88] 비례대표 무효투표율 [재인용]

20대, 21대 지역구 선거의 무효율이 거의 유사한 민도를 보여주는 것처럼 비례대표도 유사한 민도를 보여준다고 하면 20대와 21대의 비례 무효율의 차이인 1.47% 만큼 비정상적인 무효표가 발생하였다고 볼 수 있으며 그 규모는 다음과 같다.

$$29126396 \times 1.47/100 = 428158$$

이 숫자는 위 비례대표 배분 시뮬레이션 시 사용한 더불어시민당 추가득표율 1.5%에 대한 득표수 43만여표와 거의 같은 숫자이다.

참고로 지역구선거에서 무효표율이 유사하게 나온 것은 지역구선거에 투입한 표에는 무효표가 없기 때문이다. 분석하는 필자의 입장에서 표를 추가하는 것은 물리적으로 쉽게 상상이 되나 기독자유통일당이나, 새벽당 사전득표율 그래프의 비정상적인 경향을 보이게 만드는 방법에 대해서는 물리적인 개표과정이 함께 있었기 때문에 설명이 어렵다.

위 분석과정을 통하여 비례대표도 정상적이지 않음을 선관위가 공개한 개표결과분석을 통하여 확인하였다.

무효표로 버려진 표는 지역구선거 당선자 규모에 부합하는 사전투표 수가 비례대표 목표당선자 대비 과도한 표가 나왔고 이 표를 비례대표 당선자 수 범위내로 조절하는 과정에서 발생한 것으로 필자는 분석하였다.

지나간 역사에 대하여 가정을 하는 것은 의미 없다고 하지만 다음과 같이 가정을 해 보겠다.

설계자가 비례대표 무효표를 발생시키지 않기 위해 지역구 당선자를 163명에서 162명으로 줄였다면 지역구에서 더불어민주당의 누가 낙선하게 되었을까? 이 책에서도 언급하였듯이 전국 최소표 171표차로 낙선한 인천 동구미추홀구을의 더불어민주당 남영희 후보, 남원임실순창의 무소속후보가 전략 판세표에는 있었으나 전술 판세표에는 당선자에서 빠진 것을 읽으셨을 것이다. 두 지역 선거구는 아쉽게도 지역구 당선자 수가 너무 많아 당선자에서 배제된 것으로 추정된다.

그 뒤를 이은 낙선 후보자는 누구일까? 더불어민주당 후보자들의 개표결과 사전득표율 기준(전술 판세표 또는 개표결과 판세표)으로 내림차순 정렬을 하면 다음과 같다.

무효표를 발생시키지 않게 비례대표당선인 수를 17석에서 18석으로 늘렸다면 인천 연수구을 정일영후보가 낙선하고 민경욱 후보가 당선 될 순서이다. 19석으로 늘리면 그 다음이 의왕 과천 선거구가 될 것이다.

선거구 번호	시도	지역구	더불어민주당 득표율		당선당
			사전	당일	
50	부산	중구영도구	50.73%	39.29%	미래통합당
147	경기	의왕과천	50.62%	37.97%	더불어민주당
58	부산	북구강서구을	50.55%	39.03%	미래통합당
109	울산	울산남구갑	50.52%	37.92%	미래통합당
54	부산	동래구	50.47%	37.54%	미래통합당
66	부산	사상구	50.43%	43.12%	미래통합당
53	부산	부산진구을	50.36%	38.26%	미래통합당
67	부산	기장군	50.19%	41.06%	미래통합당
138	경기	동두천시연천군	50.15%	39.67%	미래통합당
181	강원	속초인제고성양양	50.12%	38.51%	미래통합당
113	울산	울주군	50.03%	38.15%	미래통합당
187	충북	충주시	49.66%	40.21%	미래통합당
188	충북	제천단양	49.59%	39.45%	미래통합당
198	충남	서산태안	49.19%	39.03%	미래통합당
201	충남	홍성예산	49.09%	39.67%	미래통합당
180	강원	동해태백삼척정선	49.04%	37.05%	미래통합당
55	부산	부산남구갑	48.94%	37.26%	미래통합당
42	서울	강남구갑	48.53%	33.93%	미래통합당
65	부산	수영구	48.50%	35.46%	미래통합당
84	인천	연수구을	48.21%	37.72%	더불어민주당
51	부산	서구동구	47.94%	36.70%	미래통합당
174	경기	여주양평	47.48%	33.82%	미래통합당
63	부산	금정구	47.21%	35.03%	미래통합당
248	경남	양산시갑	47.18%	39.02%	미래통합당
238	경남	창원시마산회원구	46.94%	38.23%	미래통합당
209	전북	남원임실순창	46.83%	43.43%	무 소 속
110	울산	울산남구을	46.67%	35.64%	미래통합당
40	서울	서초구갑	46.15%	30.32%	미래통합당
59	부산	해운대구갑	45.88%	31.72%	미래통합당
62	부산	사하구을	45.76%	34.23%	미래통합당
82	인천	동구미추홀구을	45.28%	36.33%	무 소 속
189	충북	보은옥천영동괴산	45.09%	36.02%	미래통합당
74	대구	수성구갑	45.08%	34.79%	미래통합당

[그래픽 89] 더불어민주당 개표결과 사전득표율 기준 내림차순 정렬

필자는 2020년 8월 27일 VON영상에서 민경욱후보를 낙선시킨 것이 더불어민주당의 가장 큰 패착이라고 언급한 적이 있다.

von뉴스_ 최적화 상수
140의 의미~사전투표 개표
전 게리맨더링 시뮬레이션

민경욱 후보가 낙선한 지역구는 더불어민주당 당선자 중 당일투표에서 가장 낮은 지지율을 획득한 곳으로 37.72%에 불과했다. 민경욱 후보를 낙선시키겠다는 의지가 강하게 반영된 설계였다고 보여진다. 연수구을 더불어민주당 후보보다 당선 가능성이 높았던 인천동구미추홀구을 남영희 후보는 오히려 낙선했다. 민경욱 후보는 당일투표에서 약 4% 3,240표를 더 얻었으나 조작으로 5,200표를 잃었다. 민경욱 후보가 부정선거 규명전에 투신하게 되는 길이 열렸다는 점에서 긍정적으로 해석할 수도 있다면 아이러니가 아닐 수 없다.

IV. 결론: 사전투표 조작을 주로 한 대규모 선거부정

앞에서 살펴본 바와 같이 4.15총선 결과 발표 이후 많은 의혹이 제기되어 왔다. 이미 다루었던 문제들을 다시 요약해 보자면 다음과 같다.

의혹

(i) 당일투표에서 이기고 있던 후보가 사전투표 개표에서 역전될 수 있는가?

(ii) 경합 지역구(주로 수도권)에서 후보간 득표 비율이 63:36이라는 일정한 값이 나올 수 있는가?

(iii) 허용오차 범위 0~3%를 훨씬 벗어난 표준편차 히스토그램 (histogram)은 무엇을 의미하는가?

(iv) 진보 성향의 유권자들이 사전투표에서 상대적으로 많았는가?

(v) [follow_the_party]는 어떻게 도출되었는가?

[그래픽 90]은 더불어민주당과 미래통합당을 대상으로 중앙선관위에서 발표한 "판세표"의 데이터를 사전득표율과 당일득표율 차이를 미래통합당과 더불어민주당을 좌우로 나타낸 것이다.

서울	미통	더불	부산/울산/세종	미통	더불
종로구		15.68%	중구영도구		11.43%
중구성동구갑		12.07%	서구동구		11.24%
중구성동구을		13.37%	부산진구갑		12.47%
용산구		14.48%	부산진구을		12.11%
광진구갑		13.32%	동래구		12.93%
광진구을		13.43%	부산남구갑		11.68%
동대문구갑		13.07%	부산남구을		12.09%
동대문구을		10.94%	북구강서구갑		9.52%
중랑구갑		10.30%	북구강서구을		11.51%
중랑구을		11.07%	해운대구갑		14.16%
성북구갑		12.25%	해운대구을		12.01%
성북구을		11.70%	사하구갑		11.83%
강북구갑		11.94%	사하구을		11.53%
강북구을		11.81%	금정구		12.18%
도봉구갑		11.85%	연제구		12.42%
도봉구을		11.88%	수영구		13.04%
노원구갑		11.96%	사상구		7.31%
노원구을		10.90%	기장군		9.12%
노원구병		10.99%	중구남구		10.51%
은평구갑		11.48%	동구갑		8.78%
은평구을		12.48%	동구을		9.12%
서대문구갑		12.21%	서구		7.41%
서대문구을		11.28%	대구북갑		9.05%
마포구갑		13.34%	대구북구을		10.38%
마포구을		13.93%	수성구갑		10.29%
양천구갑		14.02%	달서구갑		9.55%
양천구을		11.94%	달서구을		9.30%
강서구갑		12.52%	달성군		9.39%
강서구을		12.06%	중구강화옹진군		8.49%
강서구병		13.49%	동구미추홀구		9.28%
구로구갑		13.40%	연수구갑		10.26%
구로구을		13.07%	연수구을		10.49%
금천구		10.91%	남동구갑		11.41%
영등포구갑		13.70%	남동구을		9.75%
영등포구을		14.50%	부평구갑		9.66%
동작구갑		13.14%	부평구을		10.22%
동작구을		13.89%	계양구갑		10.39%
관악구을		12.98%	계양구을		11.63%
서초구갑		15.83%	인천서구갑		9.47%

[그래픽 90] 사전득표율 · 당일득표율

경기	미통	더불	충청/경상	미통	더불
수원시갑		9.99%	춘천화천양갑		12.07%
수원시을		9.54%	춘천화천철원		12.63%
수원시병		10.41%	원주시갑		12.70%
수원시정		10.76%	원주시을		13.49%
수원시무		9.39%	동해태백삼척		11.99%
성남수정		10.22%	속초인제고성		11.61%
성남중원		10.73%	홍천횡성영평		12.96%
성남분당갑		13.98%	청주시상당구		9.12%
성남분당을		14.86%	청주시서원구		11.09%
의정부시갑		10.33%	청주시흥덕구		10.11%
의정부시을		9.85%	청주시청원구		8.18%
안양시만안구		10.77%	충주시		9.44%
안양동안갑		12.34%	제천단양		10.14%
안양동안을		11.83%	보은옥천영동		9.06%
부천시갑		10.05%	증평진천음성		10.67%
부천시을		11.81%	천안시갑		10.83%
부천시병		11.14%	천안시을		7.94%
부천시정		11.72%	천안시병		11.16%
광명시갑		11.70%	공주부여청양		11.40%
광명시을		10.36%	보령서천		8.53%
평택시갑		8.34%	아산시갑		9.82%
평택시을		9.61%	아산시을		8.61%
동두천연천		10.48%	서산태안		10.15%
안산상록갑		10.71%	논산계룡금산		12.25%
안산상록을		10.87%	당진시		18.17%
안산단원갑		8.48%	홍성예산		9.42%
안산단원을		11.89%	포항북구		8.17%
고양시갑		8.93%	포항시남구울릉		8.04%
고양시을		12.22%	경주		5.40%
고양시병		12.00%	김천시		6.96%
고양시정		13.75%	안동예천		7.14%
의왕과천		12.65%	구미갑		11.37%
구리시		12.54%	구미을		8.12%
남양주갑		10.73%	영주영양봉화		7.45%
남양주을		11.87%	영천청도		9.87%
남양주병		11.53%	상주문경		6.78%
오산시		9.88%	경산		10.51%
시흥시갑		9.46%	군위의성청송		4.47%
시흥시을		7.87%	고령성주칠곡		7.50%

[그래픽 90] 사전득표율 · 당일득표율

[그래픽 90]에서 보는 바와 같이 더불어민주당은 평균 +10%, 미래통합당은 평균 -10%의 편차를 보이고 있다. 여기에서 "+" 값들은 사전투표 득표율이 당일투표 득표율보다 크다는 의미이다. 이 평균값들의 허용오차 범위는 0 ~ ±3%를 훨씬 초과하는 것이다. 이런 경우는 정상적으로는

발생할 수 없는 현상으로 통계물리학자 박영아 교수는 서울 424개 동을 예제로 하며 2의 424승분의 1의 확률이라 주장한 바 있다.

더불어민주당	투표자수	득표수	득표율	사전-당일득표율 차이
사전투표	47,200	30,943	65.56%	65.56-49.87
당일투표	48,031	23,953	49.87%	= 15.69%

미래통합당	투표자수	득표수	득표율	사전-당일득표율 차이
사전투표	47,200	15,108	32.01%	32.01-46.81
당일투표	48,031	22,484	46.81%	= -14.80%

따라서 인위적 조작이 있었다는 것을 학자의 관점에서 설명한 것이다. 대부분 지역의 경우 ±12% ~ ±15%의 범위에 위치하고 있어 경합지역에서 큰 폭의 조작이 수행되었다고 추정할 수 있다.

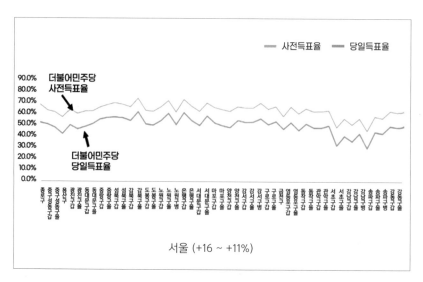

[그래픽 91] 253개 선거구별 더불어민주당 사전·당일득표율

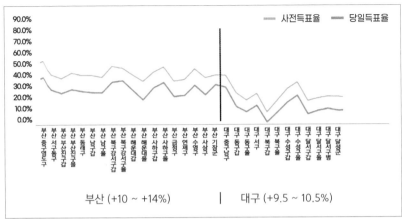

부산 (+10 ~ +14%) | 대구 (+9.5 ~ 10.5%)

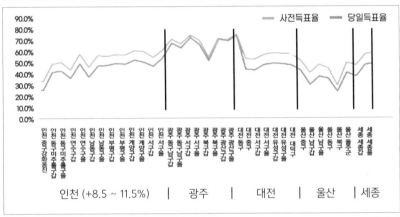

인천 (+8.5 ~ 11.5%) | 광주 | 대전 | 울산 | 세종

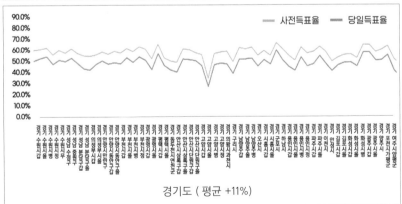

경기도 (평균 +11%)

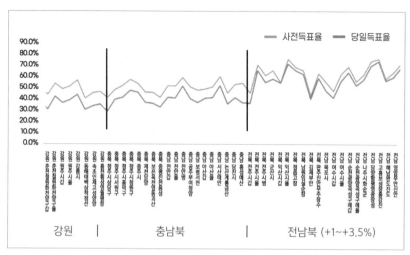

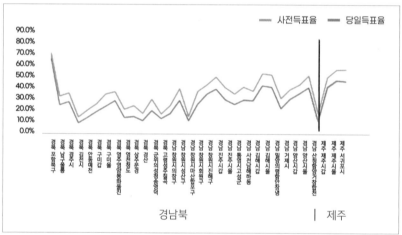

[그래픽 91] 253개 선거구별 더불어민주당 사전·당일득표율

　[그래픽 91]은 전국적으로 편차의 범위를 한 눈에 볼 수 있도록 다시 표시한 것이다. 서울의 경우는 편차가 ±11% ~ ±16%, 부산 ±10% ~ ±14%, 대구 ±9% ~ ±10%, 인천 ±9% ~ ±12%로서 매우 큰 편차를 보이고 있다.

한편 전라도 광주 ±1% ~ ±3% 편차로 허용오차 범위에 들어가 있다. 도별 그래프를 고찰해보면 경기도 평균 ±11%, 전라남북도 ±1% ~ ±3.5%로서 전라도 지역에서는 비교적 정상적 선거가 이루어졌음을 알 수 있다.

앞서 보았던 더불어민주당의 21대 총선 당일득표율과 사전득표율 그래프를 다시한번 보자. 중앙선거관리위원회는 모든 물리적 증거들은 파기할 수 있어도 이 그래프에 나타난 이상성은 파기할 수 없다.

번호	선거구	사전득표율	당일득표율
224	경북 경주시	17.3%	11.9%
250	경남 산청함양거창합천	20.9%	13.9%
231	경북 상주문경	20.9%	14.1%
236	경남 창원시성산구	18.2%	14.2%
71	대구 서구	22.2%	14.8%
233	경북 군위의성청송영덕	20.5%	16.0%
225	경북 김천시	23.9%	16.9%

[그래픽 92] 더불어민주당 사전 · 당일득표율 (이하 선거구 생략)

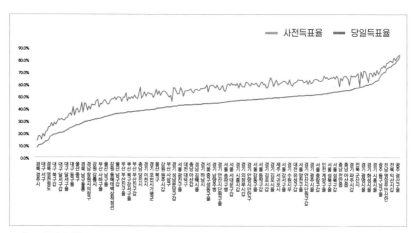

[그래픽 93] 253개 선거구 더불어민주당 사전 · 당일득표율을 당일 득표율 기준 정렬

이상과 같은 사전투표율 이상성에 대해 사회심리학적 요인에 의해 가능한 상황이 발생한 것이며 조작의 결과가 아니라는 견해도 있어왔다. 그러나 필자의 설명이 프로그램 설계에 관해 비전문가인 독자들에게는 난삽하고 요령부득일 수 있으되 선거 전에 이미 결과가 설계된 초유의 부정선거라는 인식에 함께 할 수 있었을 것으로 본다.

요컨대 4.15총선 상황은 인위적 조작 없이 가능하지 않은 거대한 디지털 범죄라는 사실을 구체적으로 해설하려고 최선의 노력을 기울였다. 무엇보다 중앙선관위 선거 결과 데이터에서 찾아낸 [follow_the_party]등 문자판의 존재는 선거 개표에 사용된 서버와 로그 데이터를 검증해 볼 수 없는 지금의 상황에서는 영영 인멸될 수 없는 유일한 증거로서 앞으로 진지한 연구와 토론의 대상이 될 것으로 기대된다.

4.15부정선거 비밀의 열쇠
[follow_the_party]

민경욱*

[편집자주] 이 인터뷰는 2021년 8월 26일 방영된 "4.15부정선거 비밀의 열쇠 [follow_the_party] 민경욱 4.15부정선거 국민투쟁본부 대표 인터뷰" 영상을 녹취 발췌하여 김미영 VON뉴스 대표가 묻고(김), 민경욱 대표가 답(민)하는 식으로 정리한 것이다.

김: 저희가 [해커의 지문: follow_the_party] 기획을 시작하게 된 계기는 민경욱 대표님의 전격적인 발표 때문이었습니다. 개표결과에서 해커의 흔적을 찾아낸 로이킴씨의 제보를 받고 내용을 검토를 하던 중 지

---

*연세대 행정학과를 졸업하고, 국제학대학원에서 행정학 석사학위를 받았다. KBS기자, 뉴스 앵커, 워싱턴 특파원으로 활동하였다. 박근혜 대통령 대변인, 20대 총선에서 국회의원을 역임했고, 4.15부정선거 국민투쟁본부의 상임대표로 부정선거 진상 규명과 자유민주주의 수호를 위해 싸우고 있다.

난 5월 민대표님이 앞서 이 내용을 발표하셔서 제가 나중에 연락을 드렸습니다.

민: 제가 그 당시에 제보를 받기 위해 제 이메일 주소를 공개했습니다. 그래서 얻게 된 많은 제보 가운데 [follow_the_party]라는 제목이 눈에 띄었어요. 그 제목이 자꾸 마음에 쓰여서 한번 찾아봤습니다. '4.15는 컴퓨터 프로그래밍에 의한 부정 선거이고 주범이 중국 사람 같습니다. 그 근거는 이 안에 이스터 에그(해커의 지문)를 숨겨놓았는데 그 글자를 찾아봤더니 팔로워 더 파티였다'는 내용이었습니다. 중국 공산당 구호가 영원근당주(永远 跟党走)이지요. 이 말을 우리말로 풀면, '영원히 당과 함께 뛰어라'이고 영어로는 Forever Follow the Party인데 이 뒷부분이 프로그램에 들어있다는 내용이었습니다. 탐사보도 기자를 하면서 중요한 제보를 받았을 때 느꼈던 그 가슴 떨림, 진동 같은 것을 그때 느꼈고 바로 연락을 했죠.

그 분이 말한 내용은 프로그래머가 자기만 알아보도록 배열한 숫자열을 찾아내서 이진법으로 푼 뒤 0을 붙여서 글자 사이에 언더바( )를 붙이니까 [follow_the_party]라는 구호가 나왔다는 것이죠. 전화로 이런 내용을 확인 후 바로 그분을 직접 만났습니다. 이 사람이 어떤 사람인가? 이 사람이 나에게 거짓말을 해야 할 이유가 있는가? 이 사람이 설명하는 것이 내가 듣기에 합리적인 것인가? 이런 것을 몇 시간 동안 관찰을 했죠. 제가 내린 결론은 이 사람이 나에게 거짓말을 할 이유가 없다는 것이었습니다.

김: [follow_the_party]를 조금 더 자세히 설명해주시겠어요?

민: 우리나라에는 총 253개의 선거구가 있고 중앙선관위에서 각 선거구에 고유번호를 붙여 관리합니다. 종로가 1, 종로에서 제일 먼 서귀포가 253번이죠. 로이킴씨는 중앙선관위 결과 통계에서 선거구끼리의 특수한 연관성을 발견한 후, 이 연관성에 따라 253개 선거구를 재배열한 바탕 위에서 이 해커의 지문을 발견한 것입니다.

컴퓨터는 아스키코드라는 것을 쓰는데, 아스키코드를 십진수로 전환하고 그 십진수를 알파벳으로 전환하면 숫자 97부터 122까지가 알파벳 소문자에 해당합니다. 이제 16개 그룹마다 들어있는 7개 선거구 번호의 총합을 적절한 숫자로 나눠서 97부터 122 사이의 숫자가 나오도록 하고 결과로 나온 숫자를 영어 알파벳으로 전환했습니다. 이렇게 해서 16개 그룹 각각이 표현할 수 있는 알파벳을 나열했더니 [follow_the_party]라는 문장을 만들 수 있고, 이 문장이 바로 '영원히 당과 함께 하라'는 중국 공산당의 모토라는 것을 알게 된 것입니다.

사실 [follow_the_party]를 설명하는 과정에 해프닝이 있었습니다. 이것을 발견한 로이킴씨는 위대한 발견을 했지만 일반인들이 알아듣게 설명하는 재주는 없었습니다. 그래서 수학을 잘하고 설명도 잘하는 분을 모셔서 그분께 이해와 설명을 부탁했던 적이 있습니다. 더 눈밝은 분들에 의해 로이킴 해설에서 하자가 발견된 거죠. 그래서 이 하자 때문에 우리가 해온 모든 이야기가 거짓말, 괴담, 사기라는 비난을 받았습니다. 하지만, 그것은 본질적인 하자가 아니었습니다. 해커의 지문을 발견했다는 중요한 사실은 움직이지 않았습니다.

김: 저는 이 부정선거 규명에 있어서 가장 중요한 세가지 사건은 더불어민주당 이근형의 판세표 공개, [follow_the_party]의 발견, 그리고 황교안 전 미래통합당 대표의 부정 선거 특검 요구라고 봅니다.

민: 예, 이근형씨가 공개한 판세표는 일종의 실행 계획표입니다. 선거에 압승하기 위한 선거운동의 기본 계획이죠. 이 계획에 맞는 결과를 만들기 위해 그 전에 다섯단계의 프로그램 진화가 있었다고 우리는 생각하고 있습니다. 제일 첫번째 판은 진짜 여론조사를 하는 것이죠. 그동안 축적된 빅데이터와 과거 선거이력을 활용해서 실제 투표결과를 예상합니다. 이런 정보를 활용해서 1번 선거구인 종로부터 253번 선거구인 서귀포까지 계획을 만들어지고 그것을 기반으로 판세표를 만듭니다.

김: 이근형 판세표의 첫번째 정보는 민주당 우세지역, 경합지역, 열세지역이 표시되어 있습니다. 이것이 바로 기초 판세표의 축약본이지요. 그런데 그 다음에 사전투표 보정값이라는 것이 우측 상단에 있습니다.

민: 그것이 바로 전략적 목표로 몇 명을 당선시켜야 된다는 것이고 지역구 163이라고 적혀 있습니다. 비례대표 포함 180이라는 숫자는 300석 국회의 60%, 정확히 국회선진화법을 뚫을 수 있는 숫자입니다. 개헌을 하려면 200석이 필요하지만, 180석만으로도 야당의 방해를 뚫고 온갖 법안을 밀어붙일 수 있지요. 그래서 이 목표를 달성하기 위해 어떤 선거구를 당선시킬지, 그러려면 몇 표가 필요한지를 계산한 기본 판세표를 만들었을 것입니다.

여기에 구체적인 사정과 투표율 등을 고려해서 실제로 목표 실현에 필요한 작전기획도를 만든 것이 전략 판세표입니다.

이제 네번째 단계인 전술 목표 미세조정이 있습니다. 대략적인 전략 목표로 큼직큼직한 변수들을 다 집어넣고 실제 얻어야 되는 표를 거의 최종적으로 결정한 것이 전략 판세표입니다.

그런데, 사전투표율을 마구 올릴 수는 없어요. 지난 선거이력과 너무 차이가 나면 의심을 받으니까요. 예를 들어, 지난번에 50 퍼센트를 얻었는데 이번에 80, 90퍼센트로 올릴 수는 없거든요. 너무 티가 나지 않게 65 퍼센트라든가 그럴듯하게 보이는 선이 있습니다. 그래서 숫자를 다루는데 능한 프로그래머가 표를 어떻게 배분하면 눈에 띄지 않게 180석을 만들 수 있을지 공들여 조정을 했을 겁니다. 이렇게 마무리한 것이 전술 판세표라 부르는 것이고요. 프로그래머의 의견을 제 식으로 이해한 내용이지만 선거 전에 최종 통계표가 나와 있었다는 것은 짐작할 수 있습니다.

김: [follow_the_party]라는 16개 글자를 넣는 미세한 조정도 미리 했을 것입니다. 이렇게 문장을 이스터 에그(헤커의 지문)로 남기는 것은 아주 이례적인데, 아마도 외국인이 넣은 것이겠죠?

민: 외국인이 프로그램을 짰기 때문에 부천 신중동과 민통선 안쪽 동네, 울릉도 등 지역적 사정을 모르고, 부천의 경우 사전투표를 한 이틀 동안 4초 만에 한 표 씩 쉼없이 투표해야 나올 만큼 엄청나게 많이 수를 불리는 실수를 했던 것이라고 생각합니다.

김: 참 놀라운 발견입니다. 제가 로이킴에게 어떻게 이것을 발견했는지 계속 물었거든요. 그 친구 말이 큐브를 맞추기 위해 계속 돌리듯이 한 달 내내 시행착오를 거듭했다고 합니다. 전산 조작으로 투표결과를 뒤

바꿔서 문제가 된 프로듀스 101 사건도 4.15총선처럼 이상한 통계수치들이 발견된 것에서 촉발이 됐습니다. 저희가 이 [follow_the_party]를 제일 쉽게 설명하는 방법은 그림의 낙관이라고 생각해요. 어떤 그림의 낙관은 잘 찾아봐야 보이는 경우가 있어요. 숨겨져 있지만 확대시켜 보면 이름이 써져 있고 때로는 그림이 그려져 있기도 해요. 저희는 그 낙관을 찾아냈고, 낙관에 쓰인 글자가 [follow_the_party]라고 읽은 것인데, 하태경은 '아니야, [follow_the_ghost]야'라고 처음에 말했죠?

민: 낙관이 있긴 있다고 얘기한 것이죠. 우습게도 프로듀스 101을 발견했다고 주장한 사람이 하태경입니다. 그때는 그 발견을 자랑 삼더니 이제는 아니라고 하는 것입니다.

김: 낙관이라는 것이 결국 이 그림은 '내가 그렸다'라고 표시하자는 것입니다.

민: 그렇죠. 낙관을 숨겨 놓으면 가짜 그림이 나왔을 때, '내 그림에는 숨겨진 낙관이 있어'라고 말해서 진품을 확인할 수 있지요. 그런 목적으로 낙관을 숨겨둔 것입니다.

김: 하태경 의원은 낙관이 있긴 한데 그게 물고기 모양 아니고 사람 모양이야. 이런 식으로 말하며 민대표님을 괴담세력이라고 몰아간 것이나 마찬가지입니다.

민: 일단 하태경의 그 말은 인위적인 조작은 있다고 인정한 건데, 저를 괴담세력이라고 할 뿐 아니라 어디 중국을 욕하냐고까지 말했습니다. 중국이든 미국이든 우리 대한민국의 선거제도를 망치면 욕을 해야하는데 거기에 의혹을 제기했다고 그런 대응을 하는 것을 보면 하태경이야

말로 사대주의에 빠진 사람이라고 생각합니다.

김: 선거부정 작업의 시작은 여론조사라고 볼 수 있지요. 여론조사가 어떤 사람들에 의해 장악되어 있는지 봐야 합니다.

민: 정치적으로 기운 사람들이 시행한 여론조사 결과를 우리가 믿어야 할까요? 게다가 여론조사 결과가 업체마다 심하게 들쭉날쭉해요.

김: 우리나라 최고의 빅데이터 전문가가 누구인지 아십니까? 『빅데이터, 승리의 과학』을 쓴 고한석씨가 한 좌파 매체와 빅데이터에 관해 인터뷰를 했어요. 그 인터뷰를 보면 이 사람들이 빅데이터를 이용해서 부정선거를 할 것을 미리 예상할 수 있지요.

민: 고한석이라면 박원순 서울 시장이 자살할 때 그 당시 비서실장을 했던 사람이고 자살 직전에 마지막으로 만났던 사람입니다. 고한석은 간첩 사건으로 투옥됐다가 석방되면서 항문에 지령문이 담긴 캡슐 두개를 숨겨 가지고 나오다가 들켰습니다. 고한석은 중국에서 활동하며 여론조사를 배워왔고, 귀국 후 하태경 등과 함께 한국사회디자인연구소를 만들었습니다. 너무 얽히고 설킨 데가 많습니다.

김: 저희는 중앙선관위 통계는 인위적으로 조작됐을 것이고 재검을 하면 뭔가 나온다고 생각하고 있었어요. 왜냐하면 이 사람들이 방심해서 통계와 실물표를 정확하게 맞추지는 못했을 것이므로 투표함을 열면 뭔가 나올 수 밖에 없다고 생각했던 것입니다. 그래서 재검표라는 합법적인 과정을 통해 부정선거를 밝혀야 한다고 봤습니다. 소송제기일로부터 벌써 1년 2개월, 14개월이나 지난 2021년 6월 28일에 재검표가 이루어졌는데, 배춧잎 투표지를 비롯한 많은 물증들이 쏟아져 나왔습

니다. 배춧잎 투표지가 증거물로서 어느 정도 확증성이 있을까요?

민: 제가 법을 전공하지는 않았지만 취재기자 경험으로 볼 때, 배춧잎은 재현 불가능한 것이므로 증거능력이 충분하다고 봅니다.

김: 미국법에서는 증거물의 수준을 일곱 단계로 세분해 놓습니다. 사람들이 보통 말하는 '이것이 증거야'라는 것은 합리적인 의혹(reasonable suspicion) 정도도 많습니다. 재검표라는 검증과정을 통해서 증거의 단계를 높여야 했지요. 그런데, 대법원은 이 재검표를 미루고 또 미뤘습니다.

민: 재검표는 그냥 주어진 것이 아니었지요. 이 사람들은 계속 미뤄서 대선까지 미루고, 대선도 부정선거로 치르고, 다시 정권 잡으면 영원히 파묻으려고 했던 것 같아요. 그런데, 우리가 똘똘 뭉쳐서 길거리에서 정말 한 주도 빠짐없이 싸웠기 때문에 얻어낸 것이지요. 영하 15도의 혹한 속에서 발이 너무 시려서 서있을 수도 없었던 날, 한여름 35도를 넘는 불볕 더위에도 저희가 매주 싸워온 결과라고 생각합니다.

　우리의 힘만으로는 될 수 없는 신기한 일들도 있었지요. 예를 들어, 작년에 저희 사건을 맡았던 대법관 네 명이 올해 모두 바뀌었어요. 새로 구성된 재판부에는 우리법 연구회나 국제 인권법 연구회 소속 판사가 한 사람도 없습니다. 지금 저희 사건을 맡은 민유숙, 천대엽, 조재연, 그리고 이동원, 이 네 사람은 자신들이 대법관이 되어서 처음 맞이한 이 상황에서 역사에 남을 부당한 판결을 되도록 피하려는 의도가 있었던 것 같습니다.

김: 이건 정말 위대한 역사예요. 검사들은 합리적 의심의 여지가 없는,

검증된 증거만을 증거라고 부릅니다. 그래서 배춧잎처럼 일반인에게는 빼박 증거가 나와도 반드시 공신력 있는 기관, 국립과학수사연구소 같은 곳에서 감정을 해주어야 됩니다. 개인적으로 배춧잎 투표지는 수사를 할 만한, 즉 영장신청을 할 수 있는 수준의 증거라고는 생각합니다. 이렇게 높은 수준의 증거가 나왔기 때문에 이미 정치적으로는 굉장히 중대한 사건이 된 것 같습니다.

민: 조재연 대법관은 경남 양산을 재검표 현장에서 사진을 찍지 못하게 했습니다. 그 와중에 제가 사진 한 장을 찍어 왔는데, 왼쪽 여백이 아예 잘려 나간 표에요. 그리고 본드가 묻어서 두 장, 세 장씩 표들이 붙어 있는 경우, 심지어 아예 두 장이 잘리다가 말아서 붙어 있는 것도 있었어요. 지역이 서로 다르게 표시된 표들이 덜 절단되어 붙어 있었던 것이지요.

경남 양산을에서는 투표지의 무게를 측정한 대사건도 있었습니다. 6.28 재검표에서부터 인쇄전문가들은 투표지의 두께가 다르다는 의견을 냈었어요. 규정은 평량 100g 모조지를 쓰게 되어 있는데, 더 두꺼운 종이로 투표지를 만들어서 개표기가 계속 고장을 일으킨다는 것이었죠. 개표기가 멈추는 빈도가 너무 높았거든요. 그래서 두번째 재검표인 양산을에서는 투표지를 100장씩 모아서 무게를 쟀습니다. 아주 정밀한 저울을 가지고 들어가서 재어보니 평량 100g이 아니라 150g 짜리 이상의 무게가 나왔습니다. 그런데 여기서 또 중요한 것은 한국에서 쓰는 종이는 기본적 규격이 평량 100g인 반면, 중국에서는 평량 150g 용지를 기본으로 쓴다는 것입니다.

김: 두번의 재검을 통해서 상당히 높은 수준의 증거들이 나왔는데, 걱

정스러운 점은 조재연이라는 대법관입니다. 두번째 재검표를 혼자 진행했고, 사진을 전혀 못 찍게 하는 등 문제가 많았지요? 이분의 약력을 보면서 저는 상당히 걱정이 됐습니다.

민: 조재연 대법관은 뵙기에는 굉장히 인자하고 부드러운 분입니다. 그리고 입지전적인 분이시지요. 상고를 졸업하고 한참 은행에서 일했는데, 은행을 다니면서 방통대를 졸업하고 성균관 대학을 야간으로 다녔습니다. 그러면서 고시에 합격하고 판사를 하셨죠. 부장판사까지는 못하고 변호사 생활을 했는데, 1982년 사법연수원 12기로 문재인 대통령과 동기에요. 변호사 생활은 대륙아주라는 최초로 중국에 로펌을 만들고 중국과 많은 일을 하는 법률회사에서 합니다. 그러다가 문대통령에게 발탁이 되어 대법관이 됐습니다.

김: 변호사가 대법관이 된 최초의 경우지요. 최근에는 양심적 병역거부에 손을 들어 준 판결이 있었고, 근래에는 법원행정처장과 공수처 후보 추천 위원회 위원장도 맡았습니다.

민: 보이지 않는 손에 의해 크게 쓰임을 받는 사람으로 보입니다. 이번 양산을 재검표의 경우 원래는 이동원 대법관이라는 좀 더 합리적인 성향의 저와 같이 82학번인 대법관이 주심이었는데, 갑자기 조재연 대법관이 주심으로 등장했습니다. 조재연 대법관은 개표도 공개하는 마당에 재검표를 비공개로 진행한 사람입니다. 6.28 재검 때는 그나마 천대엽 대법관이 우리가 꼭 사진을 찍어야하겠다고 할 때는 찍게 했습니다. 물론, 배춧잎 투표지 하나 만큼은 찍지 못하게 했지만요.

김: 저희는 [follow_the_party]와 맹주성 교수님의 프로그램 가설 등이

설명하듯이 "4.15는 디지털 부정선거였다. 그래서 실물표가 숫자와 조금씩은 차이가 났을 것"이라는 가설을 세우고 투표함을 열면 이 사람들이 부정선거의 물증을 남겼을 것이라고 생각했습니다.

민: 왜 선관위와 대법원은 공개를 쉽게 안 하는 겁니까? 숨길 것이 그렇게나 많기 때문이겠지요. 김상환 대법관이 주재하는 재판이 딱 한 번 열렸습니다. 4.15총선에서 딱 1년이 지난 2021년 4월 15일 첫 재판이 열렸지요. 제가 그때 여러가지 이야기를 했습니다만 중앙선관위에 대해서도 한마디 했습니다. "당신들은 지금 피고석에 앉아 있긴 하지만 당신들도 우리 나라 선거제도가 민주주의에 있어서 얼마나 중요한지를 알 것이고 거기에 대해서 자부심을 갖고 있는 사람들로 알고 다 보고 다 요구하고 그래라. 우리가 선제적으로 다 보여 줄테니 자꾸 숨기면서 알고 싶다는 우리들을 욕하면 안 된다. 숨기고 도망가는 자가 범인이다" 이런 얘기였죠.

김: 참 어려운 싸움이었는데 이제는 부정선거가 국민들에게 널리 알려진 것 같습니다.

민: 3.5퍼센트의 소금만 있으면 온 바닷물의 생태계가 유지되는 겁니다. 바닷물이 짜기 위해서 소금 200 퍼센트가 있을 필요가 없습니다. 3.5 퍼센트면 돼요. 전국적으로 175만명만 있으면 우리가 외롭지 않고 저 정권을 무너뜨리고 진실을 얘기할 수 있을 것이라고 마음을 먹었는데, 3.5 퍼센트가 아니라 지금 훨씬 많은 사람들이 부정선거가 있다고 믿으며 싸우는 우리들을 응원해 주고 있습니다.

김: 부정선거 문제는 한 정치인의 문제가 아니라 대한민국 자유민주주

의를 지키는 문제이고, 한반도 통일 비전을 쇄신하는 문제이고, 인류의 새로운 빛을 만드는 중대 사안입니다. 부정선거 진상규명을 위해 애쓰시는 민의원님과 국투본, 많은 애국시민들이 속히 승리하기를 기도하겠습니다.

민: 감사합니다.

[VON 특별기획]4.15 부정선거 비밀의 열쇠
follow_the_party_ 민경욱 국투본 대표 인터뷰

발문

코페르니쿠스적 인식 전환으로
디지털 부정선거 이해해야

도태우*

2021년 6월 28일 인천지방법원에서 선거소송 제기 후 1년 2개월여 만에 민경욱 후보에 대한 연수을 지역구 재검표가 실시되었다. 이 재검표 현장에서 배춧잎 투표지를 비롯한 수많은 부정투표지들이 나타났고, 이로써 부정선거 저항운동은 새로운 단계로 진입하게 되었다.

투표되고 개표된 정상투표지라고 볼 수 없는 부정투표지는 부정선거를 웅변하는 물적 증거였다. 그 후 인천지검에서 배춧잎 투표지에 대한 수사가 착수되었고 대통령 권한대행까지 지낸 황교안 국민의힘 당시 대통령 예비후보는 '부정 선거의 의혹이 이제는 물증으로 나타나 도저히 예

---

* 서울대학교 공대에 입학해 전공을 바꿔 국문학과로 졸업한 뒤 문학동네로 등단한 작가, 이후 사법시험에 합격해 변호사로 활동하며 박근혜 대통령 탄핵 사건의 변호를 맡았다. 법치와자유민주주의연대 설립 대표를 맡았고, 4.15 부정선거 국민투쟁본부 사무총장으로 일하고 있다.

전과 같은 상황으로 볼 수 없다'며 특검을 주장하기에 이르렀다.

재검표의 실행과 황교안 전 권한대행의 참여로 부정선거 저항운동은 또 다시 새로운 전기를 맞게 되었다. 이제 1년 반 넘어 진행되고 있는 부정선거 저항운동의 주변 맥락을 차분히 살펴볼 필요가 있다. 눈앞에 보이는 것만으로는 사태의 전개를 충분히 파악하기 어렵기 때문이다.

세계 초유의 디지털 부정선거

4.15부정선거를 제대로 이해하자면 부정선거에 대한 인식의 전환이 필요하다. 이 전환은 천동설에서 지동설로 인식이 바뀐 것에 비유할 만하다. 인류가 천동설적인 세계관을 당연하다고 믿었던 때가 있었다. 그냥 하늘을 보면 우리는 가만히 서 있고 해가 떠서 지고 또 별들이 떠서 진다. 우리는 가만히 있고 해와 달과 별들이 우리를 중심으로 돈다는 생각이 1차적으로는 너무나 자연스러워 보인다.

그러다가 코페르니쿠스적인 대전환이 일어났다. 이것은 우주의 중심이라고 생각했던 우리가 하나의 주변적인 위치로 밀려나는 듯한 대충격을 의미했다. 이런 대변환에 대한 거센 저항이 왜 없었겠나? 하지만, 몇 백 년 동안 축적된 관측 결과와 발전된 수학의 결합 앞에서 지동설로의 대전환은 피할 수 없는 것이었다.

과학계에서는 이런 현상을 패러다임의 전환이라고 부른다. 철학에서도 칸트는 탐구 대상을 '탐구하는 이성' 자체로 전환한 자신의 철학을 코페르니쿠스적인 전환에 비유한 바 있다. 이러한 패러다임의 전환이라는 개념이 현재의 부정선거 문제를 이해하는데 있어서도 유용하다.

부정선거에 관한 코페르니쿠스적 전환의 요점은 정밀하게 계산된 결과의 수치가 투표 전에 나와 있었다는 것이다. 4.15부정선거는 결과로 발표될 수치를 먼저 확정해두고 실물을 거기에 맞추어 가는 신종 범죄였다. 예전에는 이처럼 '정밀한 수치가 먼저 있다'라는 것은 발상도, 실행도 어려웠다. 그러나 현대에는 빅데이터 분석과 발전된 디지털 기술력으로 전에는 불가능했던 것을 실현할 수 있게 되었다.

인위적으로 만들어진 숫자이기에 숫자에 밝은 분들이 먼저 그 본질을 간파했다. 그래서 통계학, 물리학, 공학, 화학 등 숫자에 평생을 바쳐온 분들이 이번 4.15총선 선관위 발표 숫자를 분석하고는 곧 '이것은 조작 숫자구나, 이것은 인위적인 숫자구나, 결코 자연스럽게 실제로 형성된 숫자가 아니구나'라고 판단할 수 있었던 것이다.

현대의 디지털 부정선거는 디지털 전체주의의 자유체제 공격에 긴밀히 연결되어 있다. 왜 하필 대한민국에서 세계 초유의 디지털 부정선거 문제가 대두되었을까? 이것을 깊이 이해하기 위해서는 먼저 대한민국 자유체제 발전의 동학(Dynamics)을 파악할 필요가 있다. 나아가 서구적 자유체제 발전과의 차이, 그 빈 틈을 헤집고 '민주'를 내세우며 침투해 온 전체주의의 오랜 운동사, '촛불혁명'과 부정선거의 내재적 연결, 계급적, 종족적, 디지털 전체주의 모두와 대항해 온 대한민국의 숙명, 마침내 미·중 체제 격돌의 최전선에서 발생한 4.15부정선거의 맥락을 모두 꼼꼼히 복기해 볼 필요가 있는 이유이다.

4.19와 1987년 – 자유 실현의 체제내적 운동

대한민국 최초의 부정선거 저항운동은 4.19이다. 4.19는 1948년 건국 후 약 12년이 지난 뒤, 6.25전쟁 종전 후 10년도 지나지 않은 1960년에 솟아올랐다. 건국과 전쟁을 겪으며 사회가 깊은 불안정과 상처 속에 있을 때 순수한 열정을 가졌던 학생들은 정의로운 나라를 꿈꾸며 4.19를 주도했다. 이와 관련하여 북한 공산당의 어떤 작용이 없었겠느냐, 또는 여러 불순 세력의 침투가 없었겠느냐를 논하자면 당연히 있었을 것이라 본다. 그러나 그 핵심부에 있었던 순수한 학생들의 운동을 인정하지 않는 입장은 받아들이기 어렵다.

이것은 여러 문학 작품 속에도 표출되어 있고 직접 증언이 가능한 영역이다. 아직까지 생존자들이 많이 남아 있고 4.19에 참여했던 분들이 4.15부정선거저항운동에까지 참여하는 경우도 있다. 그분들은 "당시 나는 4.19에 참여했다. 그런데, 지금 우리나라에서 다시 부정선거가 저질러졌다. 나는 죽기 전에 반드시 이것을 밝혀내고 죽겠다"라고 말하고 있다. 이렇듯 4.19는 우리나라가 1948년 건국 후 얼마 지나지 않았던, 자유민주주의의 유년기라 할 시점에 일어난, 가장 순수한 마음으로 자유민주주의 이념을 추구했던 운동이라고 볼 수 있다.

이승만 대통령의 위대한 점 중 하나는 고등교육을 장려하면서, 자신을 몰아낼 사람들과 몰아낼 제도를 공들여 육성했던 것이다. 역사 속에는 이승만 대통령의 예에서처럼 진정한 위인들이 그 위대함 때문에 축출되는 경우가 많이 있다. 김일성은 그 반대이다. 그는 쫓겨나지 않기 위해, 죽어서도 모욕당하지 않기 위해 3대 세습독재와 정치범 수용소로 점철된 완전한 감옥국가를 만들었다. 반면 이승만은 자유민주주의 이념을 순수한 그대로 가르쳤고, 그랬기 때문에 학생들이 3.15부정선거에 저항하게 된 것이다. 고등교육을 실시하면 독재를 하기 어렵다.

헌법 전문에도 있는 이 4.19가 1987년으로 연결된다. 4.19 때 대학생이었던 세대는 성장하여 1987년 헌법의 초안을 주도했을 것이다. 왜냐하면 4.19를 주도했던 청년들이 그로부터 27년 후인 1987년에는 사회 전반에서 활발히 활동할 나이인 중년에 이르렀기 때문이다. 이들은 4.19의 기억을 생생히 간직한 채 1987년 개정 헌법을 기초하게 되었고, 1987년 제9차 개정 헌법은 지금까지도 유지되고 있다.

4.19와 1987년 6월은 둘 다 선거와 관련이 깊다. 1987년 6월의 목표는 대통령 간선제 헌법에 반대해서 직선제 개헌을 이루려는 것이었다. 우리나라는 건국 당시 초대 대통령을 추대한 이후 1972년까지 직선제로 대통령을 뽑았다. 그러다가 1972년 유신 이후 약 15년가량 대통령 간선제가 지속되었다.

1972년부터 1987년까지의 대통령 간선제는 현재 미국에서 이루어지는 직선제에 준하는 간선제와 다르다. 왜 그때 그렇게 제한적인 민주주의가 시행되었을까? 이 질문에 대한 답을 제대로 하기 위해서는 시야를 우리나라로 좁히지 말고 전세계로 넓혀볼 필요가 있다.

지난 세기 후반에 세계를 요동치게 했던 전체주의 확산 운동과의 대결이라는 맥락을 떠나서는 1972년부터 1987년까지 우리나라의 역사를 이해하기 어렵다. 흔히 반공 자유민주주의 체제라고 불리는 이 시기 우리나라의 정체(政體)는 분명 자유민주주의에 제한을 가했다. 하지만 자유민주주의를 포기한 체제는 아니었다. 그러기에 진정한 보통선거권을 실현하는 방향으로 계속 전진했던 것이다.

부정선거에 비하면 간선제는 보통선거권을 제한하는 수준에 불과하다. 부정선거가 일어나면 한 사람, 한 사람에게 주어진 보통선거권을 형해화(形骸化)시키게 된다. 우리 헌정사는 세계 전체주의 확산세력과 대항하면서 각 사람을 모두 존엄한 개체로 대우한다는 건국헌법 이념을 제도화한 보통선거권을 충분히 현실화하는 방향으로 점차 발전해 왔다. 이런 큰 흐름을 중시하지 않고 다른 방향에서 민주화운동을 이야기하면 그 귀결은 자유민주화운동과 어긋나는 방향으로 가기 십상이다.

지금까지 말씀 드린 대로, 우리나라 민주화운동의 주요 맥락은 4.19로 대표되는 부정선거에 대한 저항에서 솟아올라 1987년 직선제 개헌 운동으로 이어져왔다. 1980년 5.18의 경우도 자유권의 제한에 저항한 맥락에서 해석해야지 그렇지 않으면 자유민주화운동의 틀을 벗어날 위험성을 갖고 있다. 우리가 제대로 계승해야 할 민주화운동은 자유민주체제 이념을 충분히 현실화하려는 체제 내적인 운동이다. 민주화운동이라는 말에 뒤섞여 있는 체제 변혁적인 흐름과 이것은 분명히 구별되어야 한다.

이는 류근일, 장기표 같은 이가 평생의 삶으로 증거하고 있는 흐름이다. 류근일 주필은 1950년대부터 민주화운동을 했고 현재 활동하고 계신 분들 중 민주화운동 최고원로가 아닐까 생각한다. 지금 그는 격렬한 반주사파 정론을 펴고 있다. 그의 이런 활동은 1987년 민주화 이후부터 시작되었다. 류근일 주필은 1950년대 감옥에 갔을 때부터 종북 좌익적인 생각으로 반(反)대한민국적인 교조에 빠진 사람들을 많이 접했다고 증언한다. 그는 북한과 연결되는 흐름과는 절대 함께 하지 않겠다는 결단을 그때부터 했다고 한다.

자유·산업·민주

4.15부정선거는 자유를 확산하려는 헌법적 흐름을 전체주의 세력이

디지털 기술을 활용해 차단한 대사건이다. 우리나라 헌정사에서 지금 왜 이런 사건이 벌어졌는지 제대로 검토하기 위해서는 서구에서 '자유-산업-민주'가 전개된 순서와 대한민국에서 전개된 순서를 비교해 볼 필요가 있다.

서구에서는 자유가 먼저 있었다. 그런데 이 자유는 '자유주의'에서 출발하면 잘 보이지 않는다. 진보주의로 표상된 리버럴리즘(Liberalism)이든 19세기의 고전적 자유주의이든 '자유주의'에서 자유를 보면 자유의 폭을 굉장히 축소하게 된다. 역사적으로 자유는 인류 시작만큼이나 '정말 오래된 이야기'라고 서울대 정치학과 명예교수이자 학술원 회원인 김홍우 교수는 말한다. 이처럼 '자유주의'에서가 아니라 정말 오래된 이야기인 '자유'에서 자유주의를 보아야 자유를 넓게 조망할 수 있고, 이 순서를 바꾸면 부당한 오해를 낳기 쉽다.

자유에서 자유주의를 봐야 하고 보수에서 보수주의를 봐야 하는데, 자유주의를 먼저 세워놓고 자유를 해석하거나 보수주의를 먼저 세워놓고 보수를 해석하면 2차적인 것에서 1차적인 것을 바라보는 우를 범하게 된다. 우리의 경험과 삶에서 이념이나 개념들을 해석해야 하는데, 이념과 관념을 앞세우면 이것이 하나의 렌즈가 되어 거꾸로 삶을 재단하는 것으로서 이는 사태를 바라보는 순서가 완전히 뒤바뀐 것이다.

서구에서 있었던 '자유-산업-민주'라는 발전의 첫 단추는 자유이다. 이 자유는 추상적이고 포괄적인 단일 개념으로서의 자유가 아니라 개별적인 자유를 가리킨다. 예를 들어, 우리 헌법에는 '모든 국민은 종교의 자유를 가진다'라는 한 줄이 적혀 있다. 우리는 건국헌법 때 수십 개 자유권 조항과 함께 일거에 이 조항도 받았다. 그런데, 세계사적으로는 어떤가? '종교의 자유를 가진다', 이 한 줄을 위해 유럽은 어떤 일들을 겪었나? 이 하나의 조항을 위해 얼마나 많은 사람이 죽었고, 얼마나 많은 사람이 가슴을 졸였고, 전쟁을 했고, 배를 타고 미국으로 떠났고, 얼마나 많은 일들이 일어나는가? 그 모든 과정이 '종교의 자유' 하나로 요약된다.

신체의 자유도 마찬가지이다. 우리 헌법에 역시 한 줄로 나타난다. '모든 국민은 신체의 자유를 가진다.' 그런데, 영장 없이 사람을 함부로 가둘 수 없다는 구체적인 '신체의 자유'는 지구상에 영국에서 최초로 나타났다. 이는 어마어마한 일이었다. 지금 우리는 '신체의 자유를 가진다'는 말을 당연하게 생각하지만, 그 반대인 '자의적 구금'이 동서고금 어디에나 있었고 심지어는 귀족들도 함부로 갇혔다. 그러다가 1200년대 영국에서 마그나카르타를 통해 귀족들을 함부로 가두지 못하게 하는 제도가 처음으로 만들어졌다. 물론 고대에도 그리스 로마로 가면 자의적 구금을 금지한 사회가 있었다. 그로 인해 그리스와 로마가 빛나는 고전 시대가 된 것이다. 하지만 대부분의 사회에서는 자의적 구금이 횡행했다. 마그나카르타의 나라 영국에서도 처음에는 귀족들만 함부로 못 가두게 하였다가 점차 그 적법절차 원리가 하급 귀족, 상층 평민, 일반 국민으로 확장되어 갔다.

'학문의 자유'라 하면 갈릴레오 갈릴레이를 떠올리게 된다. 그는 지동설 주장에 관한 종교재판을 받고 나오며 '그래도 지구는 돈다'고 혼자 되뇌며 학문의 자유를 숨죽여 주장했다고 한다. 서구의 역사에는 이처럼 종교의 자유, 신체의 자유, 학문의 자유 등 개별 자유권 헌법 조항마다 수백 년에 걸친 그리고 수백만의 사람들이 겪은 고통이 놓여 있었다. 이런 실제적 삶과 관련된 경험이 토대가 되어 유럽 자유의 역사가 전개된 것이다.

우리가 자유라고 뭉뚱그려 말하는 추상적인 자유 말고, 이 하나하나의 개별적 자유들을 토대로 인간의 창의성이 분출되고, 여러 가지 분화된 사회가 생기며, 과학기술이 발전하면서 산업혁명이 터져 나왔다. 이어서 시장의 자유가 더욱 커지고 일거에 근대사회로 가는 큰 문이 열리게 되었다.

보통선거권은 이 모든 일들이 바탕에 놓인 다음에 실현된 것이다. 서구 선진국에서도 20세기 초반이 되어서야 여성에게까지 참정권이 다 확대되었다. 보통선거권이 온전히 실현되기까지 얼마나 오랜 발전의 역사와 수많은 투쟁의 역사가 있었겠는가?

그런데 우리나라는 이 모두를 한꺼번에 다 받았다. 1948년 건국헌법과 함께 수많은 자유권 조항과 보통선거권이 단번에 우리나라에 들어온 것이다. 이는 이승만이라는 뛰어난 건국자가 있었기 때문에 가능한 일이었다.

서구에서 단 하나의 조항을 위해서도 수많은 사람들이 죽어간 자유를 우리는 일단 송두리째 수용했다. 하지만, 그 자유가 스스로 성장해가기 위해 필요한 잔뿌리는 바로 내릴 수는 없다. 4.15부정선거 저항운동에 큰 의의가 있다면 4.19와 87년 6월을 계승하여 자유가 우리 속에 내화되는 과정이라는 의미일 것이다.

이런 자유의 내화에 역행하는 세력이 현재 대한민국에서 기승을 부리고 있다. 얼마 전 북한이 한마디 하니까 한미연합훈련을 연기하자고 현역 의원 72명이 성명서를 발표했다. 심지어, 2018년에는 비숫한 숫자의 의원들이 '자유'를 삭제하는 개헌을 시도하기도 했다. 2차 대전 당시 독일에서 나치를 지지하는 30%의 국민이 있었던 것처럼 우리 사회에도 자유의 물결에 역행하는 흐름이 뚜렷하게 존재하는 것이다.

그들의 민주는 우리가 생각하는 자유민주주의 체제와는 완전히 다른 것이다. 그들이 주장하는 민주는 북한과 중국이 말하는 민주와 마찬가지로 거짓된 것이다. 서구의 발전을 보면 개별 자유들에서 중산층이 자라나며 산업혁명이 오고, 그 다음에 보통선거권으로 대표되는 민주가 따라온다. 만일 뿌리가 되는 자유를 지운다면, 중산층이 자라날 수 없고, 그로부터 산업화와 민주주의가 발전할 수 없다. 자유의 뿌리가 없는 사회에서 주장하는 민주는 가짜 민주이다. 그것을 주장하는 세력이 결국 전제적인 정치, 전체주의 체제로 떨어지고 말 것은 능히 예상되는 일이다.

우리는 지금 갈림길에 서 있다. 자유를 내화해서 순서는 좀 다르지만 결국 서구가 걸었던 자유와 산업과 민주를 다 얻는 길로 갈 것인지, 아니면 자유를 내화하지 못하고 결국은 세 개를 다 잃는 벼랑 끝으로 떨어질 것인지 하는 갈림길에 놓여 있는 것이다. 이러한 자유민주 세력과 체제변혁 세력간의 대립은 소위 촛불혁명, 탄핵 사태에서부터 확실하게 모습을 드러냈습니다. 이제 그 대립의 상황을 반추해 본다.

국민주권 대 촛불혁명

소위 '촛불혁명'은 문재인 대통령의 연설문 속에서 수없이 강조된다.

이들이 촛불민주주의, 촛불혁명이라 부르는 것은 광장에 나온 사람들을 주권자로 절대화하면서 국민주권을 그 위에 투사하는 데 기초한다. 그들은 계속해서 '우리나라의 주권은 국민에게 있고 모든 권력은 국민으로부터 나온다'는 헌법 조항을 부르짖었다.

그러나 그들은 다른 곳에서 더 많은 사람들이 태극기를 들고 모여도 단번에 무시해 버린다. 광장에 모인 자기편 사람들의 뜻만이 전체 국민의 뜻이고 절대적인 주권자인 양 왜곡하면서, 모든 대의기관과 헌법상 보장된 적법절차도 필요 없다는 식으로 횡포를 부린다. 하태경 의원이 황교안 당시 대통령 권한대행을 향해 외친 "촛불에 타 죽고 싶어요?"(2016.12.21. 국회 대정부질문)라는 말이 이런 모습을 잘 보여준다. 횃불을 들고 국회를 포위하고, '헌법재판 잘못하면 혁명을 각오하라'는 유의 말이 횡행했다. 그들은 이를 국민주권이라는 이름으로 정당화했다.

이렇게 해서 그들은 사실 일종의 정변, 쿠데타, 불법적인 권력 찬탈을 해버린 것이다. 그 찬탈의 연장이 부정선거인데 이는 더욱 심한 찬탈이다. 그리고 이들의 첫번째 찬탈 속에 부정선거를 통한 두 번째 더 큰 찬탈의 방향이 내재되어 있었다.

광장에 모인 일부 사람들의 뜻을 절대적인 주권자의 지위로 끌어올린다는 것은 무엇을 의미하는가? 이것은 적법 절차에 의해 대의기관을 구성하고 직접민주적인 보완 장치를 병용하여 진정한 국민 전체의 뜻을 받든다는 현대 자유민주주의의 틀을 거부한다는 결단을 의미한다.

과연 이런 결단을 통해 집권한 이들이 공정한 선거를 통해서 전체 국민의 진정한 뜻을 받들어 대의기관을 구성하는 방향의 길을 걸었을까?

소위 촛불혁명의 틀 속에는 이미 진정한 국민주권을 파괴하는 경향이 내재되어 있었다. 그 경향은 결국 가까운 시일 내에 현실화되었으며, 그것이 바로 4.15부정선거였다.

촛불혁명 주장은 프랑스 혁명의 어두운 모습을 낳은 급진적인 인민주권론과 여러 모로 흡사한다. 광장에 모인 사람들의 뜻을 절대적인 것으로 떠받들게 되면 모든 금지와 제한이 사라진다. 이렇게 되면 입헌민주제가 아니라 전제군주제와 비슷한 상황으로 돌아가는 것이다. 광장에 모인 사람들의 변덕이 변덕스런 폭군의 자리를 대신할 뿐이며, 그 변덕이 결국 자기파들도 다 단두대에 세우는 끔찍한 비극의 악순환으로 치달아 가게 된다. 이러한 민주를 가장한 광기 속에는 부정선거조차 용납하여 권력을 쟁취하려는 내재적인 흐름이 있다.

대한민국 헌정 발전 4단계론

헌법학과 영미법을 강의한 최대권 교수는 대한민국 헌정 발전 4단계를 정리한 바 있다. 1단계는 자유민주 건국에 이어 6.25 전쟁으로 이를 지킨 단계이다. 2단계는 박정희 대통령에서 전두환 대통령까지 연결되는 시기로 낮은 단계의 제한적인 법치와 민주주의 단계이다. 이 시기가 '독재'라고 공격받는데 중국의 독재와는 분명히 구분되어야 한다. 중국은 자유민주 헌법의 싹이 없기 때문에 제한적인 법치와 낮은 단계의 민주주의를 애초에 발전시킬 수 없다.

박정희 대통령 시대와 중국이 가는 길을 유사하게 보는 것은 아주 잘못된 시각이다. 비전 면에서도 이 시기 한국의 지도자들은 우리나라가 결국 서구와 같이 높은 단계의 법치와 민주주의로 나아가야 한다고 확고히 인식했다. 그랬기 때문에 결과적으로 1987년, 대통령 직선제로 평화적인 이행이 가능했던 것이다.

헌정사 2단계인 낮은 단계의 법치와 민주주의 시기에는 언론의 자유와 사법권의 독립에 분명 제한이 있었다. 그렇지만 또 북한처럼 완전히 자유를 박탈했다고 볼 수는 없다. 그 시기에는 민주화를 위한 저항운동 속에서 산업화가 병행되었습니다. 또 체제 수호가 병행되어야 했다는 당시의 역사적 맥락이 있다. 현재 이 지점의 중요성이 망각되고 있는 것은 매우 안타까운 일이다.

1970년대는 베트남이 무너지고, 세계 공산주의 확산의 기세가 높던 때였다. 1980년대 초반까지도 공산 세력은 아직 강고해 보였고 대부분의 사람들은 10년 뒤 소련이 무너질 줄을 짐작하지 못했다. 대한민국은 공산주의와 최전선에서 맞서는 상황 속에서 체제 위기라는 엄연한 현실적인 제약 조건을 늘 안고 있었다.

그런 시기를 거쳐 1987년 마침내 3단계인 높은 단계의 법치와 민주주의 시기가 도래했다. 그 싹은 4.19 때 이미 드러났던 것으로 27년의 숙성을 거쳐 만개한 셈이다.

1987년 제9차 개헌을 통해 영미 헌법 이념의 정수로 논해지는 적법절차 원리가 우리 헌법에 명시적으로 도입되었다. 이후 30년 간 87년 헌법은 한 차례의 개헌도 없이 상대적으로 안정되게 유지되어 왔다. 그러다 5년 전 대통령 탄핵이라는 헌정의 대위기가 갑자기 폭발했던 것이다. 그러나 사실 이 위기는 오랜 뿌리를 가진 것으로 단지 5년 전에 비롯된 것이 아니다.

최대권 교수에 따르면 대한민국 헌정사의 마지막 4단계는 건국 헌법부터 규정된 자유 통일이다. 그 때가 되면 비로소 건국헌법에서부터 규정된 헌법적 기획이 충분히 만개한 것으로 여겨진다. 다시 말해 대한민국 헌정사 제1막의 최종 단계는 대한민국에서 실현된 높은 단계의 법치와 민주주의가 한반도 북반까지 확장되어 자유통일이 실현되는 단계이다.

친일-독재-미완의 혁명-체제변혁

위와 같은 시각과 아주 상반되게 체제변혁을 추구하는 자들의 관점에서 본 대한민국 현대사 4단계는 '친일 - 독재 - 미완의 혁명 - 체제변혁'으로 요약된다. 이들은 자유민주 건국과 호국 시기를 친일 세력의 득세 시기로 왜곡한다. 친일 세력이 독립운동을 했던 사람들을 핍박하는 잘못된 분단 체제가 들어섰고, 그 다음에 독재를 했다는 것이다.

'친일이 득세하고 다음에 독재 세력이 활개쳤다. 이러한 적폐세력의 준동에 맞선 4.19도, 1980년 5월도, 1987년 6월도 모두 미완의 혁명이었다. 이제 마침내 개헌을 통해서든 부정선거를 통해서든 체제 변혁을 완수해야 한다'는 생각이 체제변혁세력들을 사로잡고 있다. "한 번도 경험해 보지 못한 나라를 만들겠습니다"라는 문대통령의 취임사는 진담이었다.

체제변혁 추구세력은 헌법에서 자유를 삭제하려 했으나 헌법 개정에는 한계가 있다. 헌법에서 자유를 삭제하는 것은 헌법 개정이 아니라 제정 수준의 변화이며 이를 용납하면 갑자기 나라의 체제가 바뀌는 것이다. 결국 수포로 돌아간 개헌소동을 통해, 이를 추진했던 자들이 건국이념에 찬동하지 않고 지속적으로 체제 변혁을 추구해 온 세력임이 세상에 드러났다.

전체주의 운동 對 자유의 물결: ① 제1, 제2, 제3 전체주의 운동

전체주의의 대표격은 공산주의이다. 전체주의 체제는 끊임없이 확산을 추구하기 때문에 정치학자 한나 아렌트는 그것을 '전체주의 운동'이라 불렀다.

전체주의의 계보는 어떻게 될까? 프란시스 후쿠야마 같은 학자는 중국의 진(秦)나라를 인류 역사상 가장 먼저 완비된 전체주의 체제라 보았다. 이처럼 아주 고대적인 전체주의도 있지만 근래의 전체주의라 하면 나치를 먼저 떠올리게 된다. 인류에 충격을 준 독일의 나치즘 운동을 제1전체주의 운동으로 볼 수 있다.

2차 대전 패전 이전 일본은 독일에 연결된 전체주의 운동 흐름 속에서 영·미와 대립했다. 그러나 패전 후 일본은 전체주의 운동 계열에서 빠져 나왔다. 20세기 현대사는 전체주의 운동 흐름 대 자유체제 간의 대립을 떠나서는 이해하기 어렵다. 일본은 저쪽 편에 있다가 이쪽 편으로 온 경우이다. 큰 변화가 생긴 것이다. 그러나 우리나라의 상당수 사람들은 이 점을 제대로 인식하지 못하고 현실을 굉장히 왜곡하고 있다.

혹자는 나치즘이 왜 제1전체주의인가? 소련이 더 먼저가 아닌가 의문을 가질 수 있다. 그러나, 독일 나치즘 운동의 기본은 비스마르크 시기부터 이어져 온 것이라는 데 주목하면 독일이 먼저라고 볼 수 있다. 19세기 후반 사회주의 운동도 독일에서 가장 활발했다. 따라서 공산당이 먼저 권력을 장악한 곳은 소련이지만 현대 집산주의(Collectivism, 集産主義) 출현 순서에 따라 소련을 제2전체주의 운동으로 불러도 무방할 것이다.

제1전체주의 운동인 나치 독일을 패퇴시킬 때 서구는 힘이 모자라 제2전체주의 소련과 손을 잡았다. 그것이 후에 아주 큰 골칫거리를 낳았고, 미국은 소련과 다시 대결해야 했다. 제2전체주의 소련을 패퇴시키기 위해 미국은 이번에는 제3전체주의 중공과 손을 잡았다. 이로써 소련은 패퇴되었지만 미국은 이후 중공이라는 큰 골칫덩이를 다시 안게 되었고 현재까지 여전히 대면하고 있는 상황이다. 그럼 현대사는 제3전체주의 운동에서 끝날 것인가? 이슬람근본주의운동과 같은 신종 전체주의 운동을 보면 인류가 지속하는 한 이런 유사 흐름은 멸절되지 않을 것이라는 생각까지 하게 된다.

전체주의 운동 對 자유의 물결: ② 서구 자유 문명의 세 전통

이런 전체주의 운동에 반대되는 자유체제는 문명의 흐름을 대표하는 정수라고 여겨진다. 우선 미국 건국에서 유대-기독교적 전통이 얼마나 기초적인 지위를 차지하고 있는지는 널리 알려져 있다. 한편 르네상스에서 계몽주의로 이어진 그리스-로마 전통의 부활이 정치체제로서 가장 먼저 확립된 국가도 미국이다. 이렇게 하여 헬레니즘 전통도 영·미 속으로 강하게 흘러 들어간 것이다.

마지막으로 게르만 전통이라 볼 수 있는 보통법을 문명의 큰 흐름으로 들 수 있다. 보통법 전통은 일찍이 자유정신을 많이 간직했던 영국에서 자라났다. 로마법 보다 더 수직적으로 변한 중세 교회법과 교황체제에 장기간 대립하면서 상향적인(Bottom-up) 법 전통이 새로 자라난 것이다. 유대-기독교적 전통이 최소 3천 년, 그리스-로마 전통이 최소 2천 년, 게르만적인 보통법 전통도 최소 천년 된 오랜 문명의 전통들이다. 이 세 전통이 다 합쳐진 것이 영·미 근대 자유민주주의 문명이라 할 수 있다. 이승만 대통령은 이 세 전통을 다 체화한 인물이었다.

전체주의 운동 對 자유의 물결: ③ 최전방의 대한민국

건국의 기초자를 통해 문명의 최고 수준이 전해졌다는 면에서 대한민국의 건국은 축복받은 것이었다. 하지만 중공이 제3전체주의 운동의 중심이자 세계의 골칫거리로 등장하게 되면서 우리는 속물적 디지털 전체주의인 중공, 그리고 제1 제2 제3 전체주의 모습을 다 가지고 있는 최악의 전체주의 북한과 최전선에서 대치하게 되었다. 북한은 종족적 전체주의이자 공산 전체주의며 나아가 속물적 전체주의이다.

제3전체주의는 제2전체주의 때와는 달리 부분적으로 시장을 받아들였다. 이후 그들은 축적된 자산을 활용해 자유체제 내부를 급속도로 붕괴시키고 있다. 물론 제1 제2 전체주의 때도 자유세계 내부가 교란되는 측면이 없지 않았으나 지금과는 비교될 수 없는 정도라고 여겨진다.

자유체제의 교란 상황은 이렇다. 동성애에 반대하는 교회가 핍박을 받는 데서 보듯 유대-기독교적 전통이 약해지고 있다. 헬레니즘 전통이 약해져 '정신의 자유'가 아니라 '정체성 정치'를 표방하는 흐름이 대학을 장악하고 정치 코드를 강요하고 있다. 보통법적 전통, 법의 지배 및 적법절차가 최고로 확립되었다는 미국이 부정선거로 몸살을 앓고 있다. 이처럼 미국에서조차 자유 문명의 세 가지 주된 전통이 모두 심대한 공격을 받는 상황이니 최전선에 놓인 우리나라에 대해서도 엄청난 공격이 이루어질 것은 당연히 예상되는 일이다.

우리가 겪었던 4.15부정선거는 최악의 전체주의와 맞선 최전방에서 자유체제가 먼저 공격을 받고 휘청대었던 사건이다. 우리는 현재 인류사의 최전방에 서 있다. 그래서 한편으로 대단히 어려운 싸움이지만 다른 한편으로는 극히 보람된 싸움이다. 인류사 최전방의 운명을 극복하면 문명 주도 국가가 될 수밖에 없다. 살아남기 위해서 운명을 극복하면 새로운 빛을 잉태할 수밖에 없는 것이다.

패배주의도 낙관주의도 독

네 번의 재검표를 통해 드러난 부정투표지 등의 증거가 너무나 다량이고 심각했기 때문에 조금 과장하자면 승리가 눈앞에 있다는 낙관론이 나올 수 있다. 그러나 동시에 우리에게는 '너무 거대한 범죄라 밝히기가 어려울 것 같다'라는 패배감과 무력감도 존재한다. 결론적으로 우리는 낙관주의와 패배주의 두 극단을 모두 피해야 한다.

눈앞에 있는 것들로 인해 안이한 낙관론에 빠지지 않고 동시에 패배감에도 빠지지 않으면서 궁극적으로 승리를 향해 나아가는 태도가 요청된다. 목표가 설정되었고 이에 동의했더라도 실천적으로 어떻게 이양극단을 넘어설 수 있을지는 언제나 부딪히는 문제이다. 그 방법을 논하기에 앞서 우선 비관적인 감정을 좀 더 분석해 보겠다.

첫째로 적이 너무 커 보인다는 점이다. 전국적으로 조직적인 부정선거를 저지른데다 해외 세력까지 연결되어 있는 듯 보여 우리를 위축시킨다. 둘째로 우리나라의 제도권 전체가 너무나 장악되어 보인다. 언론을 위시해서 심지어는 대법원도 수하에 있는 듯하고, 수사기관도 얼마나 적극적일지 의문이 든다. 인천지방검찰청 한 곳에서 수사를 착수했는데 다음에는 과연 어떻게 될지 불안한 상황이다.

이에 더해 당사자 정당이 투쟁하지 않고, 부정선거 투쟁을 '부정쟁이'라고까지 모욕하던 이가 야당 대표로 낙점되었다. 그와 원팀이라 할 하태경 의원은 토론회에 나와 부정선거 주장에 동조한 대통령 예비후보들에게 호통치기까지 했다. 사회적으로는 코로나를 핑계로 계엄령과 마찬가지의 제한이 강제되어 집회와 시위, 심지어는 사람들이 모여 의견을 교류할 수 있는 기회마저 차단되어 왔다.

한편, 낙관론을 펴는 입장에도 근거가 전무하지는 않다. 우선 물증이 너무나 많이 나왔다. 앞으로 진행될 재검표에서도 나올 것이고 아무리 중앙선관위원회 등이 인멸하려고 해도 인멸행위조차 인멸의 증거를 남긴다.

다음으로 4.15부정선거에 대한 인식은 분명히 확산되어 왔고 지금도 확산되고 있다. 2021년 10월 28일 진행된 오피니언 코리아의 여론조사에 따르면 보수우파 지지자 중 54%가 지난 4.15총선이 부정선거였다고 생각하고 있다. 이런 수치들은 부정선거를 밝히려는 노력이 허무하지 않았다는 것을 보여준다.

앞으로의 확장 가능성도 남기고 있다. 부정선거가 있었다고 생각하다가 의견을 바꾸는 사람은 경험적으로 찾아보기 어렵다. 부정선거라는 엄청난 범죄를 인정할 때는 이미 각종 자료를 찾아 봤고 재검표의 결과물들을 검토한 뒤이기 때문에 그 확신은 변하지 않는다. '잘 모르겠다'였다가 '부정선거가 있었네'라고 생각을 바꾸는 사람들은 갈수록 늘어나고 있다. 여전히 부정선거의혹을 음모론으로 치부하고 비난하는 사람들의 비중은 그대로 유지될 수 있다. 그러나 '잘 모르겠다'고 대답했다가 '있었다'라고 대답하는 층이 늘어날 것을 고려하면 전 국민의 3분의 2 정도로까지 부정선거에 대한 인식이 확산될 수 있다고 생각된다.

디지털 부정선거와 재검표의 충격

현재 우리를 위기에 빠뜨린 부정선거는 후진국형 부정선거가 아니다. 21세기에 어떻게 대규모부정선거가 가능하냐고 무시하는 분들은 과거의 후진국형 부정선거만 생각하고 있는 것이다. 디지털 부정선거는 4차 산업혁명 시대의 부정선거이다. 신종 디지털 부정선거는 적어도 수십 년 제대로 된 선거가 치러졌던 지역에서 발생할 수 있는 새로운 유형의 부정선거라 할 수 있다.

미국과 대한민국이 이런 신종 디지털 부정선거의 공격을 받았다. 이 국가들은 중국공산당이 가장 공격하고 싶은 세 곳(대만 포함) 중 두 곳이다. 실제로 부정선거 저항 투쟁과정에서 밝혀진 각종의 인적, 물적 연관성은 4.15부정선거와 중국 공산당의 배후 및 관련성을 의심할 충분한 근거가 되고 있다.

디지털 부정선거를 우려하여 유럽의 여러 나라들은 오프라인적인 종이투표, 현장에서의 수개표로 전환했다. 디지털 부정선거는 투표지를 막 쑤셔 넣거나 빼돌리는 것이 아니라 정교한 목표 숫자를 먼저 만들고 그 목표를 향해서 모양새를 맞추어 가는 것이다.

통신사와 온라인 자료를 기반으로 한 빅데이터를 분석하면, 어느 지역구 어느 후보에 어느 정도 득표수가 나올 것이라는 진짜 여론 수치를 알 수 있다. 따라서 부정선거 기획자들은 자기들이 조작해서 발표할 수치와 진짜 여론 수치 사이의 간극을 상당한 정확도로 계산할 수 있다. 그 간극만 조작하면 목표를 달성할 수 있다. 저들은 전국 선거구를 대상으로 '최소 조작 최대 효과'를 거둘 수 있도록 공학의 최적화 기술을 응용한 방식을 사용한 것으로 보인다.

우리나라는 빅데이터 분석이 용이한다. 수시로 QR코드를 찍으라고 하고, 오래 전부터 신용카드가 많이 사용되었으며, 잦은 여론조사를 통해 개인별 성향 분석이 잘 축적되어 있다. 휴대폰도 많이 쓰고 전자개표기를 통한 수집도 많이 누적되어 있다. 투표 성향에 대한 불법 분석이 축적되어 있다면 극도로 정교한 목표치 숫자와 이를 달성할 최소 유령투표자 선정까지 가능하다.

저들은 최대한 눈에 띄지 않게 투표율을 올리고 득표수를 조정한 결과값을 정한 후, 대략 비슷해 보이게끔 우편투표 등을 미리 투입해 두었을 것이다. 통계적 문제 제기 같은 시비가 일면 음모론으로 몰아가면 된다고 생각했을 것이다. 그런데 대량으로 재검표 요구가 들이닥치니 실물 투표지를 보완해야 할 필요가 급히 발생했다.

대충 맞춰 놓은 실물 투표지를 정밀하게 발표 수치에 맞추기 위해서, 차이 나는 숫자만큼만 보완하기보다는 선거구별로 통째 갈아 넣는 것이 더 수월했을 것이다. 그래서 개표 후 증거보전 때까지 2 ~ 3주 간 부정투표지를 대량으로 인쇄하여 급히 교체해 넣었을 것이다. 그러다 보니 6.28 재검표에서부터 육안으로 보아도 표시 나는 수많은 이상투표지들이 끼어들게 된 것이다. 2021년 8월 30일에 있었던 영등포을 재검표에서는 증거보전을 해놓은 장소의 문고리 봉인이 훼손된 흔적이 사진으로 선명하게 확인되기도 했다.

더불어민주당의 부정선거 침묵

여당인 더불어민주당 계열은 부정선거의 '부'자도 입 밖으로 꺼내지 않았다. 부정선거에 대한 논란이 확산될 때, '아니다, 우리가 이렇게 잘했기 때문에 국민들이 180석을 우리에게 맡긴 것이다'라고 주장할 공적이 없기 때문이다. 그런데, 오히려 야당의원인 하태경 의원이 나서서 민주당과 선관위를 열심히 대변하고 있다. 하태경 의원이 정치이념적으로 민주당의 주사파 계열과 뿌리를 같이 하고 있음을 기억하게 하는 대목이다. 부정선거를 부정하는 무리들의 주장은 이렇다: '민주당이 특별히 잘 한 것은 없지만, 야권이 지리멸렬로 여러 가지 실책도 하고 미운 짓을 했다. 그리고 민주당은 운이 좋아 여러 경합 지역에서 아슬아슬하게 모두 이겼다. 그래서 전체적인 득표율은 과반을 살짝 넘겼으면서도 의석수는 무려 3분의 2에 육박하는 180석을 달성할 수 있었다'는 것이다.

4.15총선은 조국 전 장관의 낙마와 각종 부동산대책의 실패, 코로나 방역 실패로 타격입은 자영업자들의 분노 속에서 치뤄졌다. 따라서 여당의 지지자들도 어떤 두드러진 공적이 있어 180석 대 103석이라는 압도적인 승리가 당연하다는 주장을 하지는 못한다. 일반 국민들 또한 부정선거를 해서라도 더불어민주당에게 180석을 몰아줘야 한다는 열광

의 분위기는 전혀 없었다. 부정선거를 인정하면서까지 그 부정선거 세력을 용인해 줄 수 있는 공적이 없었던 것이다.

그러나 부정선거를 저지른 이들은 공적 대신 퍼주기로 이를 돌파하려하고 있다. 이재명 후보는 기본을 빙자한 무한정 퍼주기로 정부의존적인 국민을 대거 배출하여 나치를 떠받친 고립된 폭민 대중을 등장시키는 경로를 택하고 있다.

패배주의 극복을 위해 해야 할 일 - 조직, 인식, 실천

비관론과 패배주의에 근거가 되었던 것들을 극복하자면 인식, 실천 그리고 조직 이렇게 세 가지 부분에서 노력이 필요하다. 우선 조직화가 필요하다. 부정선거 세력은 사람들을 고립시키고 싶어 한다. 그래서 코로나를 핑계로 모이지도 못하게 해 온 것이다.

고립되어 있으면 4.15부정선거를 확신했다가도 패배감으로 점점 후퇴하게 된다. 혼자 있으면 저들이 더욱 압도하는 것 같고 무력감을 느끼게 된다. 그러니 4.15부정선거국민투쟁본부 네이버 카페에라도 가입하시길 바란다. 그러면, 뜻을 같이 하는 이들이 최소한 수천 명 함께 한다는 것에 힘을 얻게 된다. 또 '나 혼자가 아니다, 4.15부정선거를 해결하고 극복하려고 함께 움직이고 있다'는 연대감을 갖게 된다.

다음 단계는 인식이다. 카페 회원이 되면 인식의 기초인 정보를 여러 사진들과 물증들, 각종 소식들을 빨리 접하게 된다. 나아가 관련 집회와 시위, 대담과 기자회견, 세미나, 강연, 토론회 등을 접하며 우리의 인식이 갱신되고 더욱 굳건해진다.

다음으로 조직적 실천을 들 수 있다. 이제까지는 개별적으로 느슨하게 연대하며 실천해 왔다면, 앞으로는 보다 조직적이고 체계적인 실천으로 발전해 가야 할 것이다.

부정선거 저항운동 성공의 관건

저항운동이 단기간에 끝나면 좋지만 아무도 이를 장담할 수 없다. 그러나 동시에 '단기간에 끝날 수 없다'라고도 말할 수도 없다. 역사에는 수많은 변인들이 있으므로 누구도 함부로 예단할 수 없다. 현재 폭발적으로 터질 수 있는 요인들을 저들도 많이 쌓아놓았다. 화약고에 화약이 많이 쌓여 있으므로 어느 순간 터지면 크게 터질 수밖에 없는 상황이다. 1960년 4.19도 1987년 6월도 아무도 쉽게 그 추이를 예단할 수 없었지만 마침내 역사의 방향을 바꾸었다.

정치운동의 역사는 중장기적인 목표를 설정하고 꾸준히 그것을 추진하는 집단이 반드시 승리한다는 것을 보여준다. 전체주의 운동이 해왔던 바가 바로 그것이다. 저들은 체제를 변혁하겠다는 치명적인 목표를 설정하고 그 전망이 아주 어두워졌을 때에도 자신들의 목표를 포기하지 않았다. 그리고 계속해서 그 목표를 향해 실천을 축적했다. 그 결과 저들은 오늘날 대한민국이 겪고 있는 위기를 낳았다.

우리 헌법 수호 세력의 장기적 목표로는 자유통일을 들 수 있다. 4.15부정선거 극복은 중기적인 과제 정도로 설정될 수 있다. 이런 과제를 설정하고 꾸준히 노력할 때 그 목표는 반드시 달성된다. 만일 상반된 세력, 즉 체제변혁 세력과 헌법 수호 세력이 상반된 방향으로 장기적인 노력을 둘 다 꾸준히 경주한다면 어떻게 될까? 결국에는 역사의 정방향에 합치하는 세력이 승리할 것이다. 헌법 수호 세력인 우리들은 역사의 정방향에 서

있기 때문에 더 큰 저력과 끈기로 저들을 이기고야 말 것이다.

그 과정 중에 조직화도 해야 하고, 조직적인 실천도 해야 하고, 인식의 확산 심화도 해야 한다. 이 모든 것들을 통해 부정선거를 극복하고 자유 통일로 나아가는 뚜렷한 방향을 추진해야 한다. 자유의 물결이 전체주의 운동을 극복하는 이 저항운동은 우리나라만이 아니고 범세계적인 인류사의 싸움이다. 우리는 어떻게 하다 보니 6.25전쟁 이래 두 번째로 인류사 최전선에 서 있게 되었다.

우리는 지금 결코 후진국형 부정선거와 싸우는 것이 아니다. 4차 산업 혁명 시대에 나타난 디지털 부정선거, 미국도 아직 극복하지 못하고 힘겨워하는 디지털 전체주의의 공격을 극복하는 중이다. 마침내 우리가 이를 극복하면, 먼 미래에 '왜 대한민국이 자유 문명의 선두국가가 되었는가'를 되짚어 볼 때, '그 옛날 디지털 전체주의에 맞서 디지털 부정선거를 가장 먼저 극복하면서다' 라고 회상할지 모를 일이다. 함께 이 난국을 훌륭하게 극복해 가길 바란다.

[VON 도변정담 시즌 2] 저항이 답이다 !_ 부정선거 저항운동의 헌정사적 의의 _
도태우 변호사 (2021.8.20.) 영상에서 전편을 볼 수 있다 .

부록

※ 월간 뉴패러다임에 수록되었던 4.15부정선거 관련 주요 기사를 탐사 궤적을 밝혀 두는 의미에서 오류 수정 없이 수록합니다.

01
선거부정은 한 점 의혹도
엄밀검증해야 한다!
모든 증거 인멸 막아야

[뉴패러다임(NP)* 2020년 5월 제7호]

[대구 법원에 낸 중앙선거관리위원회 서버 데이터 소거 금지 가처분 신청 이유]

상상을 초월한 디지털 방식의 부정선거에 대해 합리적이고 강력한 의혹이 제기되고 있으나, 중앙선거관리위원회의 웹서버는 2020. 5. 1. 임차기한 종료로 전체 내용 소거가 예정되고 있습니다. 신청인은 신청인을 원고로 하고 피신청인들을 피고로 하여 대법원에 국회의원선거무효의 소를 제기하기 위해 준비 중입니다.

핵심 디지털증거에 대한 포렌식 절차가 이루어지기까지 위 서버에 보관된 자료와 데이터가 소거되어서는 안 될 것이기에 이 사건 가처분을 신청하기에 이르렀습니다.

---

* 뉴패러다임 (The New Paradigm: NP) 은 사단법인 법치와자유민주주의연대에서 매달 발간하는 기관지 . 기간호 열람과 구독은 npknet.org 에서 가능 .

1. 금번 4.15. 총선에서 사전투표 득표율과 당일투표 득표율 사이의 격차를 발생 빈도에 따라 그래프로 나타내면 자연계에서 도저히 존재할 수 없는 분포를 보여줍니다.

제21대 총선 결과를 히스토그램으로 옮기면, 확률의 불가능성이 극명해집니다. 제20대 총선과 비교해보면, 제21대 총선은 자연계에서 도저히 존재할 수 없는 분포 형태를 띠고 있습니다. 투표의 결과라는 점을 감안하더라도 이는 인위적인 개입이 있었다고 의심할 수 있는 상황입니다.

사전투표 득표율과 당일투표 득표율 사이의 격차에 대한 정상적인 히스토그램은 통상 0을 기준으로 종 모양의 정규분포 곡선을 그리게 됩니다. 동일한 구역에서 동일한 후보에 대한 사전투표 득표율과 당일투표 득표율 사이의 격차는 차이가 없는 경우가 제일 많고 일반적이며, 그 격차가 커질수록 드물게 발생하는 것이 당연한 상식이며 경험칙입니다.

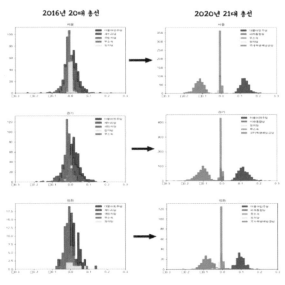

히스토그램 설명: 양수일수록 사전투표에서 이득을 본 것이고
음수일수록 손해를 본 것임.

그런데, 이번 제21대 총선에서는 위 그래프 오른쪽 열에서 보시는 바와 같이 국가혁명배당금당만 0에 몰려있고, 미래통합당과 더불어민주당은 양극단으로 왼쪽과 오른쪽에만 자리잡고 있습니다.

민주당이 사전투표에서 이득을 본 오른쪽에 많이 자리잡고 통합당은 손해를 본 왼쪽에 많이 가 있다는 사실을 문제삼는 게 아닙니다.

격차율이 0에서 7% 정도인 구간은 거의 전무하다시피 되고 좌우 모두 약 10%대를 중심으로 대칭적인 두 개의 정규분포 모양이 그려져 있습니다.

이러한 분포가 전국 대부분의 지역에서 발생한 것이다. 전국 대부분의 지역에서 자로 잰 듯이 민주당 후보자가 같은 선거구 내에서 받은 사전투표 득표율과 당일투표 득표율 사이 격차가 마이너스는커녕 7% 이하도 거의 없고, 7%대에서 시작하여 10%대에서 최다빈도를 이루어 약 14% 정도까지 분포하며, 반대로 통합당은 플러스는커녕 -7%까지도 거의 없고 -10%대에서 최다 빈도를 이루고 있습니다.

이는 극히 부자연스럽고 작위적인 분포로 실제의 정규분포를 양쪽으로 일정한 구간만큼 이동시켜 찢어놓은 모양에 가깝다고 할 것입니다.

2. 사전투표일에 민주당 지지자가 많이 나온 것이 원인이라는 왜곡된 설명은 실제 결과와 전혀 부합되지 않습니다.

일부에서는 더불어민주당에서 사전투표를 장려하였고, 미래통합당에서는 장려하지 않았으며, 사전투표 성향, 당일투표 성향에 따른 차이에 의해 특이한 경우의 수가 발생했다고 호도하나, 위 통계도표에 의해 부정됩니다. 위 표에 따르면, 더불어민주당 지지자들의 경우 총 득표율이 높을수록 오히려 사전투표율이 떨어집니다.

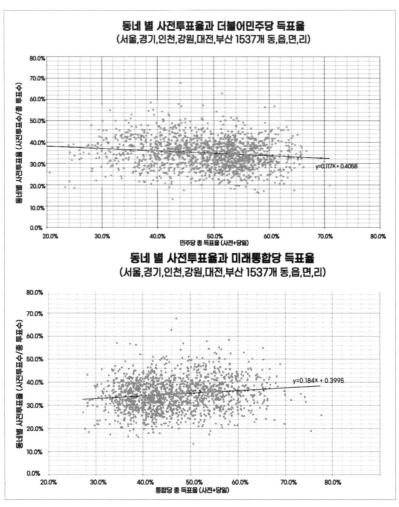

반면, 미래통합당의 경우는 총 득표율이 높아질수록 동네별 사전투표율이 올라갑니다. 이러한 득표결과로 볼 때, 더불어민주당 지지자는 사전투표율이 높고, 미래통합당 지지자는 사전투표율이 낮다는 통계는 그릇된 것이다. 그렇다면 제21대 국회의원 총선거 결과는 도저히 있을 수가 없는 결과인 것입니다.

3. 부정선거 연구 최고전문가, IBM 회로 설계 전문가, 공학박사 등 수많은 지성들이 이번 총선에 관해 심각한 의혹을 제기하며, 디지털 신기술을 이용한 부정선거를 깊이 의심하고 있습니다.

가. 미국 미시건대학교에 재직 중인 부정선거 연구의 세계적 권위자 월터 미배인 교수도 이번 한국 총선의 사전투표에 대해 부정 개입 의혹이 크다고 보았습니다.

미배인 교수의 글을 와세다 대학교에 재직 중인 한국인 정훈 교수가 요약 공개했습니다.1)

1. 통계분석 결과, 이번 21대 총선에서는 부정투표에 의한 선거부정이 일어났을 지도 모른다는 의혹이 있다.

2. 대부분의 부정투표는 '사전투표'에서 발생하였다.

3. 이러한 선거부정은 비단 민주당이 승리한 지역구에서 뿐만 아니라, 통합당이 승리한 지역구에서도 나타났다.

4. 통계모형에 따르면, 이번 21대 총선에서 전체 투표수의 7.26% 가 부정투표에 의해 발생한 것으로 추정되고, 민주당이 승리한 지역구로 한정할 경우, 전체 투표수의 10.43%가 부정투표에 의해 발생된 것으로 추정된다.

5. 다만, 우리가 유념해야 할 점은, 통계모형에서 선거부정이 발생했다는 사실만으로는 그것이 현실 세계에서 '실제로' 불법적인 선거부정이 일어났다는 것에 대한 '확증적인 증거'가 될 수는 없다는 것이다. 이번 총선에서 실제로 불법적인 선거부정이 발생했는지 여부는 추후의 조사를 통해서 밝혀질 수밖에 없다. 재외투표에서는 부정투표가 발견되지 않았다.

나. 벤자민 윌커슨, 맹주성 교수 또한 첨단 정보통신 기술과 컴퓨터적 방식으로 이루어지는 은밀한 개입을 우려하고 있습니다.

벤자민 윌커슨은 1977년부터 IBM의 회로설계에 참여해 온 정보통신 기술 전문가입니다. 그는 대담방송을 통해 화웨이 장비를 받아들인 이번 선거 장비들의 경우 한 사람의 국내 공모자만 있어도 최종 결과치에 대한 원격 조종, 개입, 변경이 가능하다고 말한 바 있습니다. (참조 https://m.youtube.com/watch?v=ID0Aiz7v3yA&feature=you tu.be).

맹주성 교수는 프랑스에서 기계공학 박사 학위를 취득하고 한양대학교에 재직했던 교수로 이번 총선과 같은 결과는 범위를 지정해서 구간 반복을 시행하는 프로그램적 조작으로 도출될 수 있다고 합니다. (참조 https://youtu.be/kS3M5KOa9-Y).

4. 민주당 후보의 최종 득표수를 정확히 도출하는 수식(공식)이 구현되어 인위적인 개입이 가해진 결과임이 강력히 추단되고 있습니다.

중앙선거관리위원회가 공식적으로 발표한 득표수 등 엑셀 자료를 토대로 각 선거구별 민주당 후보의 최종 득표수(A)를 1단위까지 맞추는 간단한 수식이 도출되었습니다.

$$A = X - XY + XY/Zn$$

이 때 X는 총사전투표수이고, Y는 민주당 후보를 제외한 두 유력 후보 당일지지율의 합이다. XY는 두 유력후보가 사전투표에서 득표할 것으로 예상되는 가장 유력한 값입니다. 인위적인 개입이 없었다면 민주당 후보 각각의 사전투표 득표수는 <X - XY (총사전투표수 -나머지 두 유력후보의 사전투표 득표 예상수)>를 크게 벗어나지 않을 것이다. 벗어나는 경우들이 있더라도 이를 하나의 항으로 다 보정해내기는 어려울 것입니다.

그러나, 이번 총선의 경우, 민주당 후보의 사전투표 득표수는 위 공식의 제3항을 더함으로 정확히 계산됩니다. 위 제3항은 별다른 게 아니라 민주당 외 나머지 두 유력후보가 사전투표에서 획득할 표수를 일정한 비율로 뺏아 민주당 후보에게 부정하게 더하여주도록 하는 로직(logic)을 식으로 표현한 것에 불과합니다.

이런 식이 구성 가능하고, 그 식에 상수항 Z가 3.095로 도출될 수 있으며, 각 선거구별로 1.**** 내지 2.**** 범위의 수치 n을 Z에 곱하여 식이 완성되는데, 이런 간단한 도식으로 1단위 숫자까지 민주당 후보의 득표수를 맞출 수 있다는 상황의 함의는 이 총선 결과치의 데이터가 자연적이지 않고 인위적인 개입의 산물임을 강력히 시사한다는 것입니다(소갑제3호증, 공식풀이 및 지역별가중치 목록 참조).

소갑제2호증에 나오는 <프로듀스 101>의 디지털 조작이 새삼 주목됩니다. <프로듀스 101>의 경우 실제로 디지털 조작이 감행되었고, 유효숫자 세 자리의 가중치를 사용했는데, 시청자에 의해 꼬리가 밟혔습니다. 이번 총선 데이터로 볼 때는 총 다섯자리 숫자(1.0000과 2.9999 사이)의 가중치를 대부분의 지역에서 적용한 것으로 분석됩니다.

도태우 변호사, NPK 이사

02

보통사람이 보통선거를 지켜야 한다!

[뉴패러다임(NP) 2020년 6월 제8호]

[편집자주] 로이킴 씨는 미국에서 대학을 마치고 한국에서 정착한 평범한 시민이다. 그는 하루에 12시간 이상 일하는 자영업자이며 아이를 키우는 30대 보통의 가장이다. 그는 중앙선거관리위원회가 발표한 선거 결과에 관한 통계자료를 바탕으로 21대 총선에 일정한 패턴의 선거 조작 혐의가 발견된다며 이를 수식과 그래프로 설명해 냈다. 우리는 그의 발견을 '로이킴 가설'이라고 명명하고 해커의 지문으로 추정되는 'Follow the Party' 등 놀라운 발견에 대해 신속한 재검표와 수사를 통해서 진위가 입증될 수 있다고 본다. 다음은 서면으로 이루어진 로이킴 씨와의 일문일답이다.]

[선거부정 수식 통해 의혹 제기한 30대 시민 로이킴 인터뷰]

통계와 수(數)에 관련된 전문가입니까?

회계학을 전공했으나 회계사는 아닙니다. 10여 년 전 한국에서 대학과 연계된 벤처회사를 설립한 적이 있습니다. 나노 소재 관련 회사를 운영하며 대학의 그래핀 관련 연구팀과 산학 협동 연구를 진행했다. 소재를 다루다 보니 그에 관련된 기술은 숫자와의 싸움이었습니다. 사람의 행동 습관은 관리형, 지지형, 분석형, 행동형으로 분류된다는 얘기를 들은 적이 있습니다. 저는 분석형에 속한다고 생각한다. 덕분에 선거통계 분석에 열중할 수 있었던 것이 아닌가 생각됩니다.

해커의 지문 또는 이스터에그로 추정되는 'follow the party'(이하 주로 FTP로 줄임)라는 문장을 아스키코드를 통해 통계 속에서 도출해낸 것으로 알려져 있습니다. 'follow the ghost'도 찾아진다고 한다. 마르크스 엥겔스의 '공산당 선언'은 '공산주의는 유령'이라는 규정으로 시작됩니다. 문외한이 듣기에 지나친 미스테리같다. 이런 것이 인위적 조작을 통해 통계 숫자 속에 삽입될 수 있다고 보십니까?

　FTP 문장을 발견하는 데는 이틀 정도가 걸렸습니다. 하지만 이 전체 게리맨더링 공식을 완성하기까지는 한달 반 정도 걸렸습니다. 프로그래머의 이스터에그를 처음부터 생각한 것은 아니고 이동값 순서의 규칙을 찾아본 것뿐이었습니다. FTP 도출과정은 '이동값'을 오름차순 순위에서 7개 지역을 1개 그룹으로 만들고 그 지역구 합을 프린터블 숫자로 100에 가까운 수로 구해서 16개 지역과 나머지 16개 지역에 공통분모를 찾아 아스키코드로 문자를 도출한 것입니다. 이는 일반적인 해킹대회 기법중 하나이다. 사람들이 왜 하필 7개 단위로 묶었냐는 질문을 많이 합니다. 전체 253개 지역구를 8개로 나누면 31.62개가 됩니다. 7개로 나누면 36.14개가 나옵니다. 그러면 16개 문장이든 18개 문장이든 구하고 남는 잉여 지역구가 최소가 되는 값이다. 31.62개가 나오면 16개 문장이 안 되고 15개 문장으로 밖에 못 만들겠죠. 이동값을 구하며 규칙성을 찾다가 지역구 순서에서 답을 찾다 퍼즐처럼 만들어본 것이다. 이런 과정을 일반 사람들에게 설명하기가 매우 어렵습니다. 다만 해킹에 대한 지식이 있는 사람들에게는 납득이 될 것으로 생각됩니다.

　FTP 등 본인의 가설이 가장 첨예하게 논란을 많이 일으키고 있는 이유가 무엇이라고 생각합니까?

FTP의 의미가 중국 공산당 구호라는 점에서 외교적 문제가 될 수 있을 것 같습니다. 그래서 더 많은 사람들이 신중하게 접근하는 것 같습니다. 또한 괴담이라는 프레임 공격을 받기 쉬워서 사람들의 염려가 있는 것 같습니다. Follow the Party 외 Ghost, Spectre, Hippo, Harpy, Riots 같은 단어도 만들어질 수 있다고 많은 사람들이 찾아주었습니다. Ghost는 공산주의는 유령이라는 것으로 표현될 수 있고, Augustine of Hippo 의 역사관은 칼 마르크스에 큰 감동을 주었으며, 서구에서는 마오쩌둥을 Hippo라고 부르기도 했습니다. Harpy는 그리스 신화의 새와 인간 모습을 한 괴물로서 마르크시즘을 상징합니다. Spectre는 유령으로 Ghost의 유의어이며 Riots는 공산주의 폭동을 연상하게 합니다. Follow the Party는 띄어쓰기를 한 문장이라 'W'와 'T'사이 'E'와 'P' 사이 두 곳에 데이터가 존재하지만 문장이나 단어의 조합이 어렵습니다.

중앙선관위 통계에서 패턴이나 수식이 있다고 보게 된 계기는 무엇입니까?

맨 먼저 수식을 하나 도출해 냈습니다. 첫번째 제시했던 X-XY-XY/Zn 공식을 기억하실 겁니다. 그 공식은 단순히 최근에 우리 사회에서 큰 논란이 되었던 '프로듀서 101'과 같은 조건으로 만든 랜덤의 가중치를 지역별로 세팅한 것이라는 가설이었습니다. 당시 Zn 값, 즉 가중치가 '랜덤의 숫자' 라고 했는데 이를 사람들이 도저히 납득을 하지 않습니다. 사용된 가중치는 제가 만든 것이 아닙니다. 당일 선거와 사전선거 투표의 차이값이고 객관적인 것입니다. 그래서 사람들을 이해시키기 위해 그 Zn값에 대한 분석을 다시 시작했습니다. 이 작업을 통해 지역구 순위에서 놀랍게도 상위 그룹과 하위 그룹을 나누면 서로 배분된 그래프를 얻을 수 있었습니다.

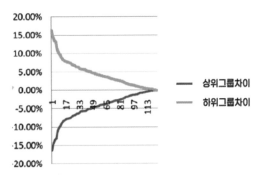

그림1. 첫번째 공식 N값의 상위 그룹과 하위그룹 지역간 차이값 그래프

이 그래프는 매우 중요한 단서가 되었습니다. 즉 랜덤이 아닌 규칙이 있는 배분이라는 확신을 갖게 된 것이다. 또 한 개의 그래프를 더 보시면 누적 가중치와 지지율을 비교할 수 있다.

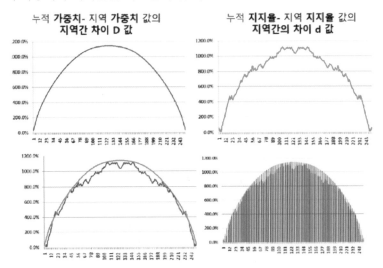

그림2. 누적 가중치의 지역간의 차이값과 누적 당일 지지율 지역간의 차이 값을 비교한 그래프.

자연적으로 만들어진 당일 지지율 그래프를 보시면 톱니바퀴 같은 모양을 하고 있다. 이것은 매우 정상적인 형태이다. 하지만 가중치 그래프는 매끈한 포물선 형태를 갖고 있습니다. 그 포물선이 누적 지지율을 감싸고 있는 형태인 것이다. 따라서 이 가중치 그래프는 자연에서 나올 수 없는 인위적으로 가공한 데이터라는 증거가 될 수 있습니다.

두번째 공식은 위 가중치 즉 차이값을 구하기 위해 다른 방법을 사용했다. 왜냐하면 저런 형태의 그래프가 나오더라도 그것을 100% 재현하는 어떤 수식이나 다른 규칙성을 발견하기 어려웠기 때문이다. 두번째 공식을 소개하자면 아래와 같습니다.

민주당 사전득표율 = [(당일득표율/총당일득표율 +이동값/당일득표수 +두%합을 100%로 만드는 절대값)x이동변환값/이동값]

[사전선거 비중 = 사전득표율 / 총 사전선거득표율]

[당일선거 비중 = 당일득표율 / 총 당일선거득표율]

[이동값비중 = 목표 의석수 비율의 차이값 – 당일 진영간 득표율 비중의 차이값 = 프로그램 목표 의석수에 필요한 값]

[이동값비중 = 이동값/당일득표수 + 100%로 만드는 절대값]

[이동변환값/이동값 = 마법의 상수 = 총 사전득표율]

[사전선거 비중 = 당일 선거 비중 + 이동값 비중]

결론 [이동값 비중 = 사전득표율 비중 – 당일득표율 비중 = 프로그램 목표의석수에 필요한 값]

그동안의 발견을 통해 선거조작이 있었다면 구체적으로 어떤 방식이었을 것으로 보십니까?

데이터를 보면 더불어민주당의 당일득표율을 기반으로 모든 것이 연산됩니다. 지난 4월 15일 당일투표와 사전투표가 동시에 개표되었습니다. 하지만 관외 사전투표지는 모든 개표가 끝나고 참관인들이 휴식을 취한 후 새벽녘 마지막에 주로 개표되었다고 들었습니다. 그때 연산된 값들이 각 지역별로 최종적으로 결정되고 필요한 투표수만큼 더불어민주당으로 최종 배분되어 목표에 부합되었을 것으로 추정합니다. 요컨대 당일 개표가 되어 50% 득표율이 확보된 지역이 발생하는 시점부터 이동시킬 값을 연산하고, 사전투표지가 개표된 시점부터 연산된 값이 적용되었을 것으로 보고 있습니다.

데이터의 이동 흐름을 보면 하나의 지역구 값이 그대로 유지되는 경우도 있지만 두서너개 지역구들이 데이터 값을 주거니 받거니 하는 경우가 대부분입니다. 또 어느 시점이 되면 나머지 177개 지역구에 데이터가 계속 흘러들어간 것을 확인할 수 있습니다. 이유를 생각해 보니 마지막 관외투표가 개표되는 시점이 지역마다 달라서 일찍 개표되는 곳은 2~4개 지역으로 데이터가 끊어지나 어느 시점부터는 모든 지역이 개표가 되어 계속적으로 데이터가 흘러갈 수 있었던 것이 아닐까 추정해 봅니다.

문제는 자신의 지역구 값을 그대로 받은 지역은 상관이 없지만 각 지역구마다 투표인이나 투표자 수가 다른 상황에서 비중값이 옮겨지다 보니 투표자 수가 지역에 맞지 않는 이상한 곳이 생기기도 하고 유령표나 물리적으로 불가능한 투표율이 발생한 곳도 생길 수 있습니다. 일례로 최근 크게 이슈가 되고 있는 부천 신중동의 경우 인구수 대비 너무 많은 투표자가 투표를 해서 4.7초에 한 명이 투표를 해야만 그 투표자수에 도달할 수 있는 곳도 있습니다. 제가 보기에 그곳은 과도할 정도로 많은 데이터 값이 이동하여 현실적으로 불가능한 투표수가 된 것이 아닌가 합니다.

이런 조작이 사실이라면 몇 사람 정도가 전모를 알고 움직여야 될까요?

명령을 내리는 사람(Orderer), 프로그램 설계자(Program Builder), 프로그램 운영자(Program operator), 오프라인 공동 운영자(Offline co-operator) 정도만이 전모를 알 수 있을 것 같다. 많은 사람이 알 수 없고 알 필요도 없지 않을까 생각됩니다.

지금까지 21대 총선 관련 발견한 수식이나 기타 의견에서 시행착오나 수정사항이 있었습니까?

처음 공식을 만들어 보고 거기서 도출한 가중치에 대한 정의를 내리다가 발견한 규칙들이 있다. 예로 사전투표 비중과 당일투표 비중을 빼면 당일 지지율 50% 기준으로 이상 이하 구간으로 나누면 양수값과 음수값이 나오게 됩니다. 일반적으로 양수와 음수가 나올 수 있지만 50% 기준 이하에는 양수, 이상에는 음수로 일관되게 나올 수는 없는 패턴이다. 이리하여 온라인으로 표를 이동시키는 게리맨더링(Gerrymandering) 개념을 발견하게 되었습니다.

그렇다면 이 게리맨더링 개념과 처음에 제시했던 방정식이 어떻게 연관됩니까?

다음의 표를 봐 주시기 바랍니다.

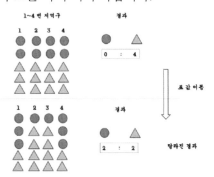

그림 3. 게리맨더링 . 이 기법은 지는 곳을 이기게 바꾸지만 전체 질량은 변경시키지 않는다 .

원래 게리맨더링은 지역구를 나눌 때 불리한 지역구에 유리한 지역구를 포함시키거나 하여 인위적으로 선거의 승패를 유리하게 만드는 개념이었습니다. 하지만 지금은 선거에 IT가 동원되는 시대입니다. 중앙서버가 있고 모든 지역구의 데이터가 실시간으로 모아지는 형식이다. 고전적인 게리맨더링처럼 온라인상에서도 유리한 지역구의 표값이나 득표율값이나 어떠한 것을 옮겨서 불리한 지역을 유리하게 만들 수 있다는 생각입니다. 게다가 선거 전에 이미 빅데이터(Big Data) 수집을 통해 원하는 방향으로 데이터를 활용할 수 있지 않을까요? 앞서 설명해 드렸던 사전 비중에 대한 당일 비중의 차이가 당일 50% 기준으로 양수와 음수로 나오는 것은 통계적으로 특이한 현상입니다. 이긴 지역구 50% 이상에서의 비중을 50% 미만 구간에 보내주는 것. 이것은 게리맨더링이라는 개념이 아니면 다른 말로 설명하기 어려울 것 같습니다. 이미 '워싱턴 포스트'에서도 영상을 통해 이런 방식의 게리맨더링을 소개한 적이 있습니다. 또한 이러한 차이 값은 제가 만든 공식이나 숫자가 아니라 데이터가 있는 그대로를 보여주는 하나의 통계일 뿐이라는 점에서 게리맨더링에 대한 확신을 갖게 합니다.

지역	하위그룹	하위%	상위그룹	상위%
세종	0	0%	2	100%
광주	0	0%	8	100%
전남	1	10%	9	90%
전북	1	10%	9	90%
제주	1	33%	2	67%
대전	3	43%	4	57%
인천	6	46%	7	54%
경기	31	53%	28	47%
서울	32	65%	17	35%
충남	9	82%	2	18%
충북	7	88%	1	13%
울산	6	100%		0%
강원	8	100%		0%
대구	12	100%		0%
경북	13	100%		0%
경남	16	100%		0%
부산	18	100%		0%
총합	164		89	

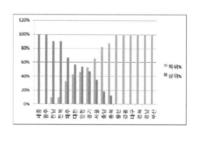

그림4. 더불어민주당 당일 지지율 50% 기준으로 지역 분포도

더불어민주당 당일 지지율 50%를 기준으로 지역 분포도를 보면 어느 곳이 우세 지역인지 분명하게 드러납니다. 우세한 빨강색 지역의 비중은 사전에서 줄어들고 열세 지역인 파랑색 지역의 비중은 늘어납니다. 줄어들고 늘어나는 양이 서로 같습니다.

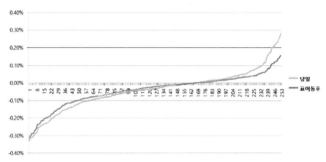

그림5. 50% 회색은 당일 비중, 주황색은 이동값 이동 후 그래프

위 그래프에서 보는 것처럼 당일 비중 파랑색이 이동값 연산 후 빨강색으로 옮겨진 것을 알 수 있다. 결과적으로 이 빨강색 그래프는 사전 비중과 일치하게 됩니다.

지금까지의 가설 또는 의견이 검증되기 위해 중앙선거관리위원회, 법원 또는 검찰 등 수사기관이 당장 해야 할 일은 무엇이라고 봅니까?

서버의 포렌식이 가장 우선되어야 한다. 현지 오프라인에서 이미 수 많은 증거들이 나오고 있습니다. 그 증거들이 가리키는 것은 바로 서버입니다. 알 수 없는 투표지, 유령표, 통신장치, QR코드 모두 서버의 조작에 필요한 것들입니다. 특히 최근 벤자민 윌커슨 박사님이 밝혀주신, 기기 안의 컴퓨터 CPU가 별도로 존재한다는 것은 결국 이 모든 정황을 설명해 주는 결정적 단서 중하나이다. 이 또한 범법자들이 대비해 두었을 가능성이 있지만 말입니다.

또한 사전투표함의 수개표가 신속하게 진행되어야 할 것입니다. 특히 미래통합당 사전투표함이 아니라 더불어민주당의 사전투표함을 철저하게 검증해 봐야 합니다. 더불어민주당이 가져간 표는 미래통합당이나 그 밖의 당의 표, 무효도, 기권표가 섞여 있었을 가능성이 높다고 생각됩니다. 이를 확인하기 위해 사전투표인 명부도 필수라고 생각됩니다.

선거 부정에 관한 의견 개진 과정이나 기타 개인의 삶과 관련하여 애로 사항이 있으면 말씀해 주십시오.

제가 사람들에게 뭔가를 설명해 본 경험이 적은데다, 내용 자체도 어려워 일반인들이 쉽게 접근하지 못하여 안타깝습니다. 그래서 유투브 영상도 이번에 처음으로 만들어 보았지만, 그 역시 설명하는 데 어려움이 많았습니다. 그럼에도, 저의 의견을 받아 주시고 사람들에게 알릴 수 있는 기회를 주신 VON팀 모두에게 감사를 드립니다. 제가 공개한 이 공식은 어려운 수학 공식이 아니라고 생각합니다. 단지 선관위 데이터를 정리하여 보여지는 통계 수치들이 게리맨더링 이론과 너무 딱 맞아 떨어지는 것을 발견한 것뿐이라고 생각한다. 꼭 재검표가 이루어져 제 견해도 검증되었으면 합니다.

03

21대 총선 부정 진실찾기 자유를 사랑하는 세계의 양심들과 함께 하기 위해 알립니다!

[뉴패러다임(NP) 2020년 7월 제9호]

I. 부정선거의 심각한 정황

대규모 디지털 조작 선거를 가능케 하는 선거제도

현재 한국의 사전투표 제도는 당일 현장 투표가 어려운 소수의 유권자를 위해 부재자 신고를 받아 별도의 명부를 작성한 뒤 우편으로 송달하는 전통적인 방식이 아닙니다. 한국의 사전투표 제도는 주민으로 등록된 국민이기만 하면 전국의 3,500개 사전투표소 어느 곳에서나 투표할 수 있습니다. 사전투표지는 선거관리위원회 중앙서버와 교신하여 개인 주민등록 사항을 조회한 뒤 QR코드를 인쇄한 형태로 발급됩니다. QR코드의 일련번호가 기입된 사전투표자 명부는 중앙 서버에 저장된 파일로 존재하며, '통합선거인명부'라 불리고 있습니다. 이 통합선거인 명부의 일련번호는 실물 투표지의 진위 여부를 가릴 중요한 기준인데, 투표일로부터 두 달 지난이 넘은 지금까지 재판 절차를 통한 거듭된 요청에도 일절 제출되지 않고 있습니다.

사전투표는 본투표일 5일 전과 4일 전 06시부터 18시까지 12시간씩 실행되었고, 대통령부터 사전투표에 참여하며 코로나19의 위험성을 강조하여 사전투표수가 총 투표수의 40%에 이르도록 높게 끌어올려졌습니다. 사전투표율을 끌어올릴수록 디지털 선거부정 프로그램에 따라 온라인 게리맨더링 방식으로 미세 수치를 표 부족 지역으로 이동시켜 당선자 목표 수치를 달성해내기 용이하며, 이를 보완하는 실물 투표지의 부정 투입도 훨씬 수월합니다. 사전투표자는 크게 두 종류로 나누어집니다. 동일 선거구 내에서 본투표일보다 미리 사전투표하는 사람(관내 사전투표)과, 해당 선거구를 방문하기 불편하여 다른 선거구에 위치한 투표소에 가서 사전투표(관외 사전투표)를 하는 사람입니다. 다른 선거구 사전투표소에서 투표된(관외 사전투표) 투표지는 해당 선거구로 우편을 통해 보내지는데, 투표지는 선거관리위원회의 감시 없이 우체국과 심지어 택배회사를 통해 보내졌습니다. 우편으로 보내는 관외 사전투표의 경우 선거관리의 세부 규정이 없어 감시의 사각지대가 되었고, 조작의 유혹이 가장 큰 부문이 되었으며, 실제 수치에서도 비정상적인 면이 제일 두드러집니다. 증거보전 시 신권지폐 다발 모양의 관외 사전투표지 묶음이 다량 발견되기도 했습니다.

개표소의 분류기(전자개표기)는 QR코드를 인식할 수 있는 센서와 슈퍼 컴퓨터 수준에 준하는 D RAM을 장착하였고, 칩 내부에 Log 데이터를 저장하는 고성능 ARM 외에 데이터 분산 시스템인 자일링스도 함께 장착하여 부정 프로그램 작동과 증거인멸에 최적화된 사양입니다.

한국 국회의 의석 총수는 300석으로 253석이 지역구이고, 47석은 전국 단위의 비례대표이다. 지역구 253석은 모두 소선거구제로 한 표라도 많이 얻은 후보가 당선됩니다. 소선거구제의 특성상 경합 지역에서 승리하기 위해 필요한 부정 득표수는 그리 크지 않습니다. 253개 지역구에서 집권당은 총 1434만 5425표를, 제1야당 후보는 1191만 5277표를 얻어 243만 표 차이로 집계되었고, 득표율로는 49.9%와 41.5%로 8.4% 차이가 났다고 했다. 그러나 당선자 수에서는 163명 대 84명으로 두 배 가량의 차이를 보였습니다. 대부분의 경합 지역에서 집권당(민주당)이 승리하였고, 40개 선거구에서는 집권당 후보가 사전투표에서 경쟁자보다 20 ~ 30 % 가량 높게 받아 당일투표에서의 열세를 역전하였습니다.

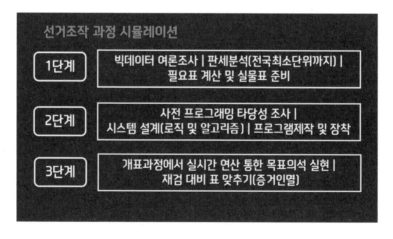

한국은 2002년 이후 선거장비의 전산화를 가속해 왔습니다. 그러면서도 선거 사후 감사 제도를 실시하지 않았다. 부정 개입이 용이한 사전투표의 참가율은 지속적으로 증가되어 왔고, 관외 사전투표에서 감시의 허술함은 극치를 이루었습니다. 집권당은 광범위한 빅데이터 자료를 수집

하였고, 전산 조작과 해킹에 뛰어난 중국 공산당 조직에 정권의 핵심인 사이자 선거운동을 지휘했던 양정철을 파견하기도 했습니다. 이 모든 제도적 약점과 운영 실태가 대규모 디지털 조작 선거가 기획되는 배경을 이루었다고 판단됩니다.

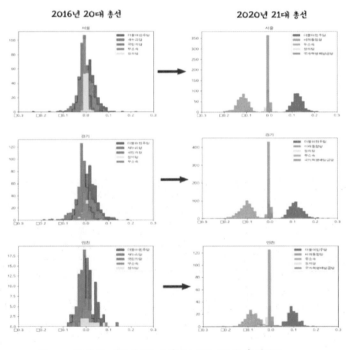

히스토그램 설명: 양수일수록 사전투표에서 이득을 본 것이고 음수일수록 손해를 본 것임.

조작된 선거로 인한 비정상적 결과

이번 부정선거 의혹의 핵심은 총 투표수의 약 40%를 차지하는 사전선거에 대한 부분입니다. 4년 전 치러진 제20대 국회의원 선거와 두 달 전 치러진 제21대 국회의원 선거 결과를 비교하면 사전투표 면에서 극적인 변화가 발견됩니다. 4년 전 20대 선거의 경우 서울 지역 424개 투표소 별로 각 정당 후보의 관내사전투표 득표율과 당일투표 득표율 사이의 격차를 조사하면 민주당(현 집권당)의 관내사전투표 득표율이 당일투표 득표율보다 높은 곳도 있고, 낮은 곳도 있으며, 통합당(현 제1야당)의 경우도 마찬가지입니다. 그리고 민주당의 관내사전투표와 당일투표 득표율 격차는 대개 5% 안쪽으로, 추가득표율 평균은 1.12%에 불과했습니다. 그러나 이번 21대 선거의 경우 서울 지역 424개 투표소 전체에서 하나의 예외 없이 민주당 후보의 관내사전투표 득표율이 당일투표 득표율보다 평균 12.62% 높을 뿐만 아니라, 평균 12% 가량 낮은 통합당 후보와 정확히 대칭 구조를 이루었습니다. 이러한 현상은 서울만이 아니라, 집권당(민주당) 절대 우세 지역으로 제1야당(통합당)이 거의 후보를 내지 않은 특정 지역(전북, 전남, 광주)만 제외하고, 전국적으로 나타났습니다.

위 도표에서 보듯 지난 20대 선거에서 사전투표와 당일투표 득표율 차이 분포 그래프는 차이가 없는 경우가 가장 다수로 ±5% 안쪽에서 종 모양의 정규분포 형태를 보이나, 이번 21대 선거에서 득표율 격차는 정규분포를 인위적으로 찢어 놓은 듯 집권당은 전 투표소에서 사전투표 득표율이 당일투표 득표율보다 10% 가량 높고 제1야당은 전 투표소에서 사전투표 득표율이 당일투표 득표율보다 10% 가량 낮아 좌우 대칭의 쌍봉 형태를 보여주고 있습니다. 사전투표가 얼마나 당일투표와 동떨어져 있고 집권당(민주당) 쪽에 유리하게 치우쳐 있으며 그 결과 당일투표로 예측되는 정상적인 결과를 크게 왜곡했는지는 아래 카토그램이 잘 보여주고 있습니다. 왼쪽은 당일투표(4.15) 결과이고, 오른쪽은 사전투표(4.11~12) 결과이다. 당일 개표결과만으로 정당별 의석수를 따져 보면, 통합당(분홍색)이 124석으로 가장 많고 민주당(청색)은 한 석 적은 123석입니다. 통합당(제1야당)이 본선거에서는 승리한 것이다. 반면에 사전투표만으로 분포를 보면, 민주당이 203석, 통합당이 45석으로 사전투표 결과로는 1, 2위 당이 커다란 의석 차이로 역전되었습니다. 선거 다음날인 4월 16일의 최종 결과는 민주당이 163석, 통합당이 84석으로 통합당이 민주당의 절반 수준인 참패였습니다. 사전투표 개표 결과 통합당은 40석이 날아가고, 민주당은 40석이 보태진 것입니다. 이런 결과들을 토대로 사전투표에 대한 조작, 부정 개입 의혹이 크게 확산되었습니다.

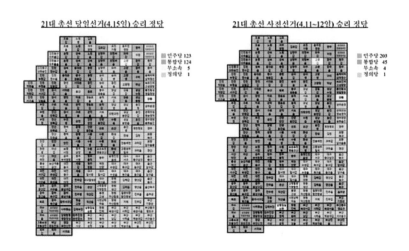

월터 미베인 교수의 보고서와 국내 전문가들의 평가

미국 미시건 대학교의 부정선거 전문가인 월터 미베인 교수는 한국의 제21대 국회의원 선거에 대해 5차례에 걸친 보고서를 발표하며 '사기성'이 짙게 의심된다는 점을 공개적으로 언급하였습니다. 그의 분석에 따르면, 이번 21대 총선에서 대부분의 부정투표는 '사전투표'에서 발생하였다고 한다. 이러한 부정 개입 양상은 비단 민주당이 승리한 지역구에서만이 아니라 결과적으로 통합당이 승리한 지역구에서도 나타났다고 한다. 미베인 교수의 통계 모형에 따르면, 이번 총선에서 총투표수의 7.26%가 부정투표에 의한 것으로 추정되고, 민주당이 승리한 지역구로 한정할 경우 전체 투표수의 10.43%가 부정투표에 의한 것으로 추정된다고 합니다.

앞서 진술했듯이 이번 선거에서 민주당과 통합당의 전체 득표 차이가 총투표수의 8.4%에 불과합니다. 그러나 의석 수에서는 거의 두 배 차이가 나는 결과가 나왔습니다. 미베인 교수의 추정이 맞다면 민주당(집권당)이 통합당(제1야당)에 작은 차이로 승리를 거둔 대부분의 지역이 7 ~ 10% 사이의 사기표에 의한 부정과 조작으로 얼룩진 지역일 것입니다. 물론, 미베인 교수가 명시했듯이, 통계모형에서 선거부정이 발생했다는 사실만으로 그것이 현실 세계에서 '실제로' 불법적인 선거부정이 일어났다는 점에 대한 '확증적인 증거'가 될 수는 없습니다.

따라서 이번 총선에서 실제로 불법적인 선거부정이 발생했다는 확증적인 증거는 추가 조사를 통해 밝혀내야만 한다. 일부 전문가들의 논평에 대해 미베인 교수는 지적받은 부분을 반영하여 네 차례나 세부 사항을 수정한 보고서를 내놓았으나, 큰 결론은 바뀌지 않았습니다. 오히려 박원호, 유경준과 같이 미베인 교수를 비판하던 이들은 미베인 교수의 재반박이 나온 뒤 언급을 자제하거나 자신의 최종 결론을 보류한 상태이다. 박성현, 박영아 등 국내의 다른 통계전문가들도 미베인 교수와 같은 취지에서 이번 선거 결과의 수치가 조작 없이는 존재할 수 없는 이상 수치임을 계속 주장하고 있습니다.

선거 조작 흐름 추정과 대응 증거

두 달 간에 걸친 보통 시민들의 증거 수집과 조사 결과가 종합되어 선거 조작 실체에 근접한다고 여겨지는 가상의 작업 흐름도가 제시되기에 이르렀습니다. 총 3단계 중 제1단계는 빅데이터 여론조사를 통해 전국 최소단위까지 판세를 분석하는 것이다. 그에 뒤따르는 조치는 목표 의석수 달성을 위해 투입해야 할 부정한 표 수를 계산하고 가짜 실물표를 준비하는 것입니다. 제1단계에 대응되는 증거로 민주당(집권당)의 선거전략기획 책임자였던 이근형의 페이스북 게시글와 신권지폐 다발처럼 들어 있는 관외사전투표지를 들 수 있습니다. 이근형이 "사전투표 보정값"을 적용한 예측이라며 올린 표는 정확히 선거결과와

①-1. 광역별 판세 (사전투표 보정값)

광역	전체의석	현재민주지역구의석	우세 (~+15)	경합우세 (+15~+7)	+경합 (+7~+3)	
전국	253	118	68	67	28	
			135			
			163			
서울	49	36	17	18	6	
경기	59	38	19	22	7	
인천	13	7	5	6	1	
대전	7	4		4	2	
세종	2	1	1	1		
충북	8	4		3	2	
충남	11	6	2	4	1	
광주	8	1	7			
전북	10	2	7	1	2	
전남	10	3	9	1		
부산	18	6		1	2	
울산	6	1			1	
경남	16	3		2	2	
대구	12	2				
경북	13	6				

같은 163석이었고, 모든 경합우세 및 경합 지역에서 민주당이 승리를 거두는 내용이었다. 실제로 사전투표 수치는 보정값이라는 말이 어울릴 정도로 모든 경합우세 및 경합 지역에서 사전투표 계산 이전의 결과를 다 뒤집었고 민주당(집권당)과 이근형이 기획한 163석을 정확히 획득하는 결과를 가져왔습니다.

신권지폐 다발처럼 들어 있는 관외사전투표지 묶음 사진은 이 투표지들이 한 장 한 장씩 발급되고 다양한 곳에서 우편봉투를 거쳐 취합된 실제의 관외 사전투표지가 아님을 강력히 시사하고 있습니다. 아울러 낱장씩 발급되어 결코 영수증 용지 묶음처럼 접착되어 있을 수 없는 사전투표지가 서로 붙어 있는 채로 개표소에 출현하여 개표사무원이 아래 위두 투표지를 잡아떼는 영상은 어디선가 부정하게 제작된 가짜 사전투표지가 개표 이전 단계에서 이미 선거 과정에 유입되었음을 웅변하고 있

다. 나아가 개인 신상을 보호한다는 명목으로 전국적으로 사전투표소의 CCTV를 고의로 가려 정확한 사전투표자 수를 검증할 증거를 인멸한 점도 치밀한 계획성을 보여준다고 하겠습니다. 당일투표소의 CCTV를 가리지 않았다는 점을 고려할 때, 사전투표소의 CCTV를 가린 진짜 이유가 개인 신상 보호에 있지 않음을 확신할 수 있습니다.

3단계 중 2단계는 사전프로그래밍의 타당성을 조사하고 로직 및 알고리즘을 가진 시스템을 설계하여 프로그램을 제작하고 장착하는 것입니다. 가장 유력해 보이는 프로그램 모델은 세 가지의 서로 다른 원료를 배합하여 옥탄가92와 같은 특정 속성을 지닌 휘발유를 가장 경제적이고 효율적으로 제조하기 위해 실시간 유동량을 점검하고 통제하는 정유공장의 프로그램입니다. '관외 사전투표, 관내 사전투표, 당일투표' 크게 보아 세 종류의 재료가 존재하며 각 재료를 적정한 배율로 혼합하여 목표 득표수 및 의석수에 도달하도록 전국 단위에서 실시간 통제가 이루어지는 방식입니다. 이를 위해 가장 필수적으로 분류기 내에 고성능 칩이 장착되어야 하며, 흔적을 남기지 않기 위해 데이터 분산 시스템인 자일링스도 함께 내장되어야 했습니다.

QR코드를 통한 정보 입력과 처리를 위해 센서와 통신 기능, USB 포트 또한 구비되었습니다. 부여에서는 전자개표기(투표지 분류기)가 한 가지 프로그램만으로 작동하지 않는다는 점이 실증되었습니다. 링크된 기사에 따르면 부여에서 문제의 개표기는 처음 A후보 180 가량, B후보 80 가량, 미분류 100 가량이었다가, 리셋 후 A후보 159, B후보 170, 미분류 59로 결과를 크게 달리 산출하였습니다. 이것은 단순한 물리적 오류라 보기 어렵고, 리셋 전후로 적어도 두 가지의 서로 다른 프로그램이 작동한 결과라 할 것이다. 한 분류기가 이미 두 종류의 프로그램을 실행하는 것이 실증되었다면, 두 종류만이 아니라 수십 종류의 프로그램을 시간대에 따라 달리 실행하는 것도 현재 분류기의 사양에 비추어 전혀 무리스러운 일이 될 수 없습니다.

3단계 중 마지막은 개표 과정에서 실시간 연산을 통해 목표의석 수를 실현하고 이후 세부적으로 차이나는 수만큼 재검표를 대비하여 부정 투표지를 추가 투입하는 단계입니다. 이 과정에서 정당한 봉인지가 훼손되고, 부적격한 봉인 도장이 날인되며, 지금은 쓰이지 않는 3년 전의 빵상자가 투표지 보관함으로 등장하고, 옆으로 구멍이 뚫린 보관함도 봉인이 된 것으로 취급되는 등 충격적인 장면들이 속출하였습니다.

그 밖에도 선관위가 최초로 발표한 전국 개표 결과에는 "-1"로 기재된 곳이 있는가 하면, 관내사전투표 선거인수보다 투표수가 더 많이 나온 선거구도 지역구 10곳, 비례대표 27곳 등 모두 37곳에 달했다. 선거관리위원회는 이에 대해 해명을 거부하고 있는데, 프로그래머의 세계에서는 이런 현상이 대표적인 '버그'로 추정되기에, 조작 프로그램이 사용되었다는 점을 방증하는 것이라 하겠습니다. 마지막으로 253곳 지역구 후보 각각의 사전득표수를 당일득표율과 지역구 사전투표율을 가지고 1% 오차 범위 내로 구하는 함수식이 다수 발견되었습니다. 이런 현상은 인위적인 수의 집적체에 대해서만 가능한 현상이라 하겠습니다.

II. 국내 사법 절차를 통한 검증의 결함과 지연

종이투표지의 안전하고 확실한 보존이라는 대전제의 파괴

부정선거를 밝히는 대표적인 제도는 선거소송과 검찰수사이다. 검찰은 기관 전체가 문재인 정권으로부터 노골적인 공격을 받아 부정선거 범죄 수사에 본격 착수하기 어려운 상황입니다. 선거소송은 단심제로 대법원이 담당하며, 25곳의 후보와 1개의 원외정당(기독자유통일당)이 선거무효소송과 당선무효소송을 제기한 상태입니다. 대법원 또한 정권에 의해 상당히 장악되어 있어 적극적인 활동을 쉽게 기대하기 어려운 상황입니다. 선거의 유효성을 담보하기 위한 대전제는 사후 검증을 마칠 때까지 종이투표지가 안전하고 확실하게 보존되는 것입니다. 그러나 제

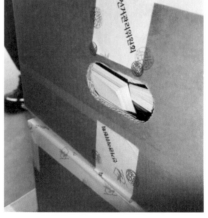

21대 국회의원 선거의 경우 이 전제가 참혹하게 무너졌습니다. 선거소송을 담당하는 변호사들이 증거보전 현장에서 찍은 사진으로 이 사실이 널리 알려지게 되었습니다. CCTV가 설치되지 않은 빈 들판의 물류창고에 허술한 자물쇠 하나를 채우고 투표지 보관함이 놓여 있는 모습이 발견됩니다. 개표소로부터 증거보전이 집행될 때까지 CCTV를 통해 안전하고 확실한 보관이 이루어지는 경우가 오히려 드문 상황입니다. 빈 투표지가 개표 현장에 함부로 반입되어 이를 공익 신고한 사람이 절도죄로 구속되는 기막힌 상황이 벌어지기도 했습니다. 이처럼 종이투표지가 안전하

고 확실하게 보존되지 못했기에 투표지의 진정성이 담보되지 않는 상황입니다. 이런 상태에서 단순 재검표는 부정선거를 저지르며 개표 전후로 표를 맞추어 놓은 자들에게 면죄부를 주는 일이 될 수 있다. 일련번호의 검사와 같이 표의 진위 여부를 가릴 객관적 검증 절차가 병행되는 재검표가 실시되어야 할 것입니다.

입증방해와 사법절차의 지연

선거관리위원회는 사전투표지의 일련번호 끝자리가 기재된 <통합선거인명부>를 제출하지 않고 있다. 사전투표자 숫자가 부풀려진 것은 아닌지, 유령투표지가 반입된 것은 아닌지 객관적인 검증이 이루어지려면 법에 따라 작성되고 사전투표지 발급 원리상 반드시 보존될 수밖에 없는 중앙 서버 상 통합선거인명부의 제출이 필수적입니다. 선거관리위원회는 개표소에서 전자개표기(분류기)에 투표지가 투입될 때, 기기가 각 투표지를 스캔하여 생성 저장해 둔 <투표지 이미지 파일> 또한 제출하지 않고 있습니다. 투표지 분류기(전자개표기) 매뉴얼과 선거관리위원회 발간 자료에 따를 때 투표지 이미지 파일을 통해 부정 유입된 위조 투표지의 사후 검증이 가능하다는 점을 강조하고 있는데 막상 검증을 요청하니 제출을 일체 거부하고 있는 것입니다. 선거관리위원회는 디지털 선거장비와 서버에 대한 포렌식, 운영프로그램과 로그 데이터의 제출 또한 거부하고 있습니다.

선거소송을 담당하는 대법원 또한 각종의 사실조회, 감정신청 등 일체의 증거조사 신청에 반응하지 않고 소 제기 후 두 달이 넘도록 변론준비기일조차 열지 않고 있다. 선거소송을 제기한 후보는 다섯 차례의 서면과 책 두 권 분량의 증거를 제출하며 보다 엄밀한 증거 제출을 위해 계속 노력해 왔는데, 상대방은 단 두 쪽의 답변서를 통해 추후 상세히 답변하겠다는 말뿐이어서 소송 지연을 통한 상대방의 동력 상실과 고립, 말려 죽이기를 꾀한다고 생각됩니다.

III. 해외 기관에 의한 중립적 감사의 필요성

현재 한국의 집권세력은 행정부, 의회와 사법기관, 군, 검찰과 경찰, 정보기관, 각종 헌법기관(선거관리위원회, 헌법재판소, 감사원 등), 주요 언론, 노조 및 시민단체까지 다 장악한 상태입니다. 현 집권세력의 핵심부는 중국공산당 핵심부와 긴밀한 협력관계에 있다는 것이 정책 방향, 인적 교류를 통해 명백히 드러나고 있습니다.

한국은 이번 부정선거로 4년 전 대통령 탄핵 사태 이래 가속화된 법치 파괴 흐름이 완성을 향해 치닫고 있습니다. 대규모 부정선거의 자행과 그럼에도 의혹 규명의 목소리조차 미약한 현실은 자유 체제를 지탱할 토대가 붕괴 직전이라는 것을 암시합니다. 한국에서 벌어진 이번 부정선거의 의미심장함은 이것이 1국에 한정된 사건이 될 수 없고, 공산주의의 도미노식 확산과 같이 중국·북한이라는 1당 독재체제가 세계적으로 불법(법질서 파괴)을 확산하는 선봉 작전의 성격이 짙다는 것입니다. 70년 전 1950년 6월 25일 한국전쟁처럼 한국은 다시 1당독재 체제의 반법치 확산("일대일로"를 포함하여) 흐름과 자유·법치 체제의 문명 확산 흐름이 격돌하는 세계적인 가치 전쟁의 최전방이 되었습니다. 70년 전 총선거와 UN군을 통해 아시아대륙에 자유체제의 교두보가 마련된 것처럼 이번의 위기에서도 자유와 법치, 문명을 사랑하는 세계 각국 양심 세력의 도움이 절실히 요청됩니다. 한국전쟁의 승리가 자유를 말살하는 공산

세력의 세계 팽창을 결정적으로 저지하여 오늘날 자유세계가 승리하는 기틀을 마련했던 것처럼 한국의 이번 부정선거 규명 또한 1당 독재, 반자유 반법치의 세계적인 확산을 막아내고 자유와 법치를 아시아 대륙에 확산하는 결정적인 계기가 될 것입니다.

04

대법원은 권력의 종인가?
신속한 재검표로
부정선거 규명해야

[뉴패러다임(NP) 2020년 8월 제10호]

[편집자주] 본 사단법인 법치와자유민주주의연대(NPK)는 지난 4월 15일 있은 21대 총선 이후 쏟아지는 선거 부정 의혹을 엄밀하게 검증하기 위해 최선의 노력을 기울이고 있다. 그 노력의 한 가지로 NPK의 목소리 VON 뉴스를 통해 부정선거 관련 중요인물의 인터뷰를 부정기적으로 진행하는 특별기획을 내보내고 있다. 다음은 지난 7월 10일 맹주성 이사장이 사회정의를위한교수모임(정교모) 공동대표 최원목 교수(이화여대 로스쿨)와 생방송으로 나눈 대담을 요약 정리한 것이다. 방송은 VON뉴스(명예 우붕이 최원목 교수 인터뷰, 벌거벗은 임금님 만들기 문화운동으로 부정선거 끝까지 규명해야 편)에서 시청할 수 있다.

[최원목 – 맹주성 교수 대담]
한국 브라만 좌파가 부정선거 문제로 본색을 드러내고 있습니다

맹주성(이하 '**맹**'): 최원목 교수님은 외교관 출신으로서 국제관계와 통상 및 국제법 분야에서 정치철학적 식견과 국제법적인 전문성을 발휘하고 계시는데요. 저도 사회정의를위한교수모임(정교모) 회원입니다만, 공동대표로 일하고 계시는 최교수님이 정교모가 지향하는 가치와 그 활동의 배경을 가장 분명하고 구체적으로 설명해 주실 수 있을 것 같습니다.

최원목(이하 '**최**'): 정교모는 전국 370여 개 대학에 소속된 6,200여 명의 전임 교수들이 자발적으로 모여 결성한 단체이다. 작년에 이른바 '조국 교수 사태'가 벌어졌을 때, 대학의 지식인들이 조국 문제가 바로 자신의 문제임을 통렬히 반성하며 결속했지요. 조국 사태 이후 더욱 심화된 '조국스러운 정치' 즉 국민들로 하여금 진실로부터 눈을 멀게 하면서 '전체주의' 사회로 나아가는 움직임을 막자는 데 회원들이 모두 동의하였습니다. 무엇보다도 지식 사회에서 적극적으로 전체주의 개념을 명확하게 규정하고 제시한 데 그 의의가 있겠습니다. 정교모는 세 가지 기본 가치를 지향한다. '자유로운 사회', '정의로운 법집행', '진실에 기반한 정책'이 그것입니다. 그러나 무엇보다도 자유의 확대와 정의의 실현을 위해 필요한 근본 원칙은 바로 '진실의 확정'이라고 볼 수 있습니다.

맹: 강단에 선 교수들이 학생들에게 전수하는 내용의 본질은 바로 '진실', '사실의 객관적 규명'이다. 정교모 활동이 이번 총선 부정 문제 제기로 이어진 것도 여기서 출발했기 때문이죠. 이번 4.15 선거 부정의 의혹 제기는 특정한 정치적 목적을 위한 것이 아니라 중앙선거관리위원회 공식 통계자료를 분석한 수많은 시민들의 참여에서 출발했다는 데 특징이 있다고 하겠습니다. 우리 시민들 각자의 전문성이 상당한 수준에 이르렀다는 것도 이번 사태를 통하여 확인한 바입니다. 예를 들어 시민들이 선관위 통계를 역추적하여 발견한 함수값이라든가, 계표기에 수퍼컴퓨터급의 연산능력을 갖춘 기기가 부착되었다는 사실을 발견한 것 등입니다. 이는 선거를 둘러싼 문제들이 시대에 따라 변화하고 있다는 것을 의미합니다. 따라서 법적으로 제기할 수 있는 증거의 요건과 해석의 범위에 있어서 사태의 본질을 바라보고 사건을 유연하게 접근해야 한다. 그럼에도 여러 건의 증거보전 신청이 연이어 각하되면서 시민들의 정당한 알 권리가 심각하게 침해당하고 있습니다.

최: 이번 사태의 본질은 선거 과정의 공정성을 검증하자는 '보통 사람들'

의 문제 제기, 특히 젊은 세대들이 자발적으로 나서서 선관위 자료를 분석하고 문제점을 찾아냈다는 데 의의가 있습니다. 이것은 선례가 없는 전혀 새로운 종류와 차원의 움직임입니다. 특히 문제를 제기하는 시민들이 자신의 실명을 걸고 기자회견을 열고 방송 출연까지 하고 있다면 그만큼 증거의 신빙성을 인정하고 검증의 기회를 제공해야 한다고 생각합니다. 법적으로 명시된 제보 대상자인 국회의원에게 부정의 의심이 짙은 표 6장을 공익을 위해 전달했다는 사실을 절도죄로 엮어 구속한 사례는 제보자의 명예와 인권에 대한 명백한 침해 행위이자 국민을 상대로 한 법 집행기관의 잘못된 경고로 보아야 할 것입니다.

맹: 저는 부정선거와 관련해서 그 동안 우리가 잊고 있었던 국민의 '알 권리'와 '저항권'의 문제에 다시 관심을 갖게 되었습니다. 특히 국민의 알 권리는 법률이 보장하고 있는데, 대법원은 무대응으로 시간만 보내고 있다. 법원이 의혹을 풀어주기는커녕 더 키우는 꼴입니다.

최: 우리 헌법 21조에서는 분명히 표현과 언론의 자유를 보장하고 있습니다. 그런데 표현의 자유, 언론의 자유가 제 기능을 다하기 위해서는 정보 접근의 자유가 먼저 보장되어야 합니다. 공공기관 특히 선관위의 모든 정보는 공공의 재산으로서 시민들이 자유롭게 접근할 수 있어야 합니다. 지금까지 정교모를 비롯하여 우한갤러리 및 각종 시민사회에서 이 자료들을 꼼꼼히 분석하고 문제점을 지적하여 정당한 과정을 거쳐 질의를 하였지만, 선관위는 한 줄짜리 답변만 내놓는 등 무성의하게 대응하고 있을 뿐입니다.

한국 브라만 좌파, 중국과 결탁하여 전체주의로 가고 있는 듯

맹: 이번 부정선거 문제의 본질을 전체주의적 독재를 지향하는 '브라만

좌파'와 진실을 추구하는 자유민주 세력 간의 싸움으로 규정하신 최 교수님의 의견이 인상적입니다. 선거부정의 유무를 넘어선 본질 중의 본질을 짚으셨다고 생각됩니다.

최: '브라만 좌파'란 용어는 <21세기 자본>의 저자이자 프랑스 경제학 교수인 토마 피케티가 제시한 개념입니다. 그에 따르면 서구 사회는 70년대 이후에 좌파와 우파가 공생하며 사회적 이익을 공유하는 단계로 나아갔다고 한다. 좌파 세력의 무게 중심이 지식인으로 옮겨지는 한편 경제권은 상인 중심의 우파 세력이 획득하면서 서로 연합하고 공생하는 형태죠. 우리나라의 경우 지식인 중심의 좌파와 상인 중심의 우파의 안정적인 공생 관계가 형성되지도 않았고, 오히려 우리 사회의 근간을 이루는 경제발전의 핵심 세력들을 친일, 적폐로 몰아가는 형국이다. 이번 총선 부정 문제에서 그들의 본색이 드러나고 있다고 봅니다. 중국과 가까이 있는 지정학적 상황이 이 문제를 더 심각하게 키웠습니다. 한국 브라만 좌파가 중국과 여러 측면에서 공조하고 있다는 증거도 나오고 있습니다.

맹: 우리나라의 소위 '브라만 좌파'들은 자신들이 추구하는 전체주의적 세계를 완성하기 위해 현 상황을 이용하고 있는 것으로 보입니다. 더구나 아시아 국가들의 전통적인 세계관, 집권자와 세계의 중심을 동일시하는 세계관이나 민족주의적 감성이 뿌리 깊다는 점도 그들에게 유리하게 작용하고 있습니다. 브라만 좌파들의 전체주의적 세계관에서 개인은 아무 의미가 없다. 그런 점에서 작금의 상황은 인권의 문제와 깊이 관련이 있지요.

젊은이 중심의 우한갤러리는 새로운 아크로폴리스

맹: 희망적인 것은 바로, 젊은층의 적극적인 관심과 참여입니다. 정교모가 사실을 추구하고 진실을 수호하는 대학 사회 지식인들의 자발적 참여로 결성되었듯, 이 문제에 대한 각 시민들의 관심을 전문적 수준으로 끌어올리고 문화 운동으로 이끈 주역이 바로 수많은 '우붕이'들이 모인 '우한갤러리'와 같은 인터넷 기반의 집단 지성이다. 최 교수님도 우한갤러리에서 '명예우붕이'로 선택되셨죠?

최: 기본적으로 '우한갤러리'는 집단의 방향을 설정하고 명령을 내리는 관리자 등의 '중심'이 없습니다. 사안에 관심을 가진 사람은 누구나 가입할 수 있습니다. 여기에 각자가 속한 분야에서 쌓은 전문적인 식견을 바탕으로 의견을 개진하죠. 그러면 또 다른 회원들이 이 의견을 검증하고, 반론을 제기하고 오류를 수정해 가면서 컨센서스를 형성합니다. 이 과정에서 정치성이나 특정 이익을 대변하는 목소리들이 걸러집니다. 아이돌 그룹 경쟁 프로그램인 〈프로듀스 101〉의 통계조작을 규명하여 결국 이 사태를 해결한 것도 우한갤러리의 '우붕이'들이다. 이런 과정을 거치면서 통계를 분석하고 해석하는 역량도 키워지죠.

맹: 젊은 세대들은 늘 정의를 갈망합니다. 더구나 행동도 빠르고 힘이 있죠. 블랙시위는 바로 진실에 목마른 젊은 세대들과 우붕이들의 잠재력을 보여준 대표적 사례입니다. 특히 이들의 활동은 일체의 정치적 목적이라든가 종교색, 이권에서 벗어나 있다는 데서 의미가 크지요.

최: 우한갤러리의 개방성은 어떤 점에서 보면 온갖 외부 세력들의 방해에 노출될 위험이 있습니다. 그러나 지난 봄 '차이나게이트'를 거치면서, 우붕이들이 전체주의화되어가는 우리나라의 현 상황을 제대로 자

각하게 되었던 것 같습니다. 브라만 좌파들이 진실을 보장하기는커녕 오히려 여러 가지 방해 공작을 펼치는 데 분노한 것이지요. 여론몰이와 메신저 공격에 인내심을 상실한 우붕이들이 오직 '진실'만을 무기로 서로 비판하고 검증하며 맞선 것입니다. 이런 점에서 기존의 시민 운동이나 투쟁과는 전혀 성격이 다릅니다. 이들이 원하는 것은 오직 객관적 진실이고, 이를 검증하기 위한 국민으로서의 기본 권리를 보장해 달라는 것입니다.

맹: 제 생각에는 이 사태의 결과가 그리 밝아 보이지 않기도 합니다. 국민의 알 권리를 모른 체하고 시간만 끄는 대법원의 행태라든가 언론의 태도에 쉽게 지치게 되는데, 젊은이들이 이렇게 나서니 다시 힘이 생기기도 하고요. 듣자 하니 최 교수님은 우한갤러리를 중심으로 한 새로운 형태의 시민 운동을 지속시킬 아이디어도 많이 내놓으신다면서요.

최: 선거부정 문제를 정치 투쟁의 관점에서만 접근하면 조바심이 생기고 쉽게 지치게 됩니다. 더구나 우한갤러리나 블랙시위는 이전과는 전혀 다른 차원의 시민 운동이라는 점도 명심해야 합니다. 즉 이 문제를 새로운 차원으로 접근해야 하지요. 우붕이들은 인터넷 세상과 현실 세계에서 이어지는 진실 추구의 목소리를 하나로 결집할 수 있는 아이디어들을 많이 내놓고 선택을 기다립니다. 예를 들면 선거 부정과 관련하여 확인된 객관적 사실이나 의혹을 각종 물품에 새겨 내놓거나 전시하는 업체를 '우붕이 업소'로 인증해 주는 식입니다.

'벌거벗은 임금님' 문화 운동으로 진실 추구의 목소리 이어가야

맹: 이런 식으로 생활 속에서 진실 규명의 목소리를 내는 운동을 '벌거벗은 임금님' 운동으로 명명하셨다고요.

최: 네. 잘 아시다시피 '벌거벗은 임금님'은 진실이 만천하에 밝게 드러났음에도 본인만 모르거나 이를 외면하는 작태, 바로 한국 브라만 좌파들의 모습이지요. 그럴수록 우리는 진실을 외면하는 저들을 오히려 고립시키고 진실의 목소리가 생활 속에 침투할 수 있도록 작은 아이디어를 내놓고 실천해야 합니다. 가령 사이클 동호회가 블랙시위를 벌이면서 전시 물품을 장비에 달고 국회까지 라이딩을 하는 식으로 말이지요. 이런 아이디어들을 얼마든지 자유롭게 내고, 마음에 들면 소수라도 자발적으로 참여해 가면서, 이 새로운 운동이 지속될 가능성이 생기게 되리라 믿습니다.

맹: 마지막으로 진실 추구를 열망하는 우리 시민들에게 한 말씀 부탁 드립니다.

최: 지금 대한민국은 절대로 그 자리에 앉아서는 안 될 이들이 앉아, 자유 대한민국의 기본 원칙인 교육의 중립성과 법집행의 공정성을 훼손하고 있습니다. 정교모와 우한갤러리, 블랙시위는 모두 이에 맞서 진실의

벽을 세우고 있습니다. 진실 규명에는 시간이 듭니다. 지금이야말로 법과 원칙이 살아 있는 국가를 새로 세우는 때라는 믿음으로, 생활 속에서 진실을 향한 여정을 멈추지 않기를 바랍니다. 이에 동참하시는 여러분 모두가 우붕이입니다.

05

부정선거 증거인멸은
문명 법치국가 포기하는
대형 범죄!

[뉴패러다임(NP) 2020년 10월 제12호]

[성명] 대법원은 선관위의 4·15 총선 서버 훼손에 대해
국제조사를 실시하고 선거무효를 공식 선언하라!

2020년 9월 30일 새벽 5시 30분경 중앙선거관리위원회(이하 '선관위')는 관악청사에서 지난 4월 15일 치러진 제21대 국회의원 선거 기록 일체가 들어 있는 서버를 해체하여 과천청사로 이관한다고 공고한 작업을 강행하였다.

민경욱 전 의원 선거무효 소송대리인단과 기독자유통일당 선거무효 소송대리인단(이하 '소송대리인단')은 125개 지역구와 비례대표 선거에 대한 선거무효 소송이 대법원에 제기되어 있고, 서버에 대한 증거보전이 신청된 상황에서, 연휴 새벽 특공 작전을 방불케 하며 많은 시민들의 필사적인 항의를 짓밟고 이루어진 선관위의 반법치적 반문명적 증거인멸 행위를 엄중 규탄하며, 대법원은 서버 훼손에 대한 국제조사를 응급히 실시하여 선거무효를 공식 선언할 것을 강력히 촉구한다.

지난 5월 7일 제21대 국회의원 선거무효소송 제기와 더불어 디지털 조작선거의 핵심 증거인 서버 등에 대한 증거보전 신청이 이루어졌다. 그러나 사건을 맡은 법원은 서버 등 디지털 선거장비와 전자기록에 대한 증거보전 신청을 모두 기각했으며, 이에 불복한 항고 또한 기각했다.

　비슷한 시기 다른 지역에서 민사소송법 상 사전증거조사 신청의 형태로 서버에 대한 증거보전 신청이 이루어졌지만 이 또한 기각되었고, 항고 기각, 재항고를 거쳐 현재 대법원에 계류 중이다.

　소송대리인단은 총 일곱 차례의 준비서면을 제출하면서 디지털 조작이 4·15 부정선거의 핵심이고, 선거무효 주장의 핵심임을 총체적이고 심층적으로 제시해 왔다. 동시에 디지털 증거보전, 증거조사의 필요성을 계속 주장했다. 소송대리인단은 지난 6월 초 선거무효소송을 담당하고 있는 대법원에 서버 등 디지털 선거장비에 대한 감정신청, 각종 문서제출명령신청, 사실조회 및 문서송부촉탁신청, 검증신청을 7월에 제기하였으나, 선관위는 4개월 동안 의견서 4페이지 외에 요청된 자료를 전혀 제출하지 않았다.

　마침내 법정 기한 마감이 한 달여 남은 9월 중순이 되어서야 대법원의 석명준비명령이 내려졌는데, 이 무렵 2020년 9월 29일부터 2020년 10월 4일까지 중앙선관위 전산센터이관 사업 계약 공고가 이루어졌다. 동시에 선관위는 9월 24일자 석명준비서면을 통해 서버 등의 감정이 전산센터 이관 후 새롭게 서버가 설치될 과천청사에서 이루어져야 할 것이라 공식 주장했다.

　소송대리인단은 위 공고와 준비서면 내용을 확인한 후 즉시(2020년 9월 25일) 대법원에 4·15 선거기록 일체가 담긴 서버의 현상이 보존될 수 있도록 응급한 증거보전을 구하는 신청서를 접수하였으며, 관악청사 현장의 서버 이전 움직임이 가시화됨에 따라 28일과 29일에 걸쳐 추가 준비서면 및 무려 4차례나 기일지정 신청서를 거듭 접수하면서 이번 선거무효소송의 핵심증거인 서버의 훼손이 이루어지지 않도록 사법부의 응급한 조치를 촉구하였다.

그러나 대법원은 소송대리인단의 필사적인 요구에 대해 침묵과 무반응으로 일관하였다. 결국 2020년 9월 29일 저녁 6시 중앙선거관리위원회는 홈페이지 접속을 차단하는 셧다운을 실시하였고, 곧 이어 30일 새벽 5시 30분경 관악청사에서 지난 4월 15일 치러진 제21대 국회의원 선거 기록 일체가 들어 있는 서버를 해체하여 과천청사로 이관하는 작업을 강행하였다. 데이터 이전 사업을 맡은 업체는 소송대리인단이 그간 불법조작과 동일성 검증의 핵심으로 지적해 온 QR코드 전문회사였다.

중요 증거인 서버 컴퓨터 이동에 맞서 중앙선거관리위원회 관악청사 앞에 모여든 시민들(9.29.)

지난 4·15 총선 후 9월 30일까지 5개월 반 동안 선거기록 일체가 담긴 서버는 선관위의 지배권 아래 놓여 있었는데, 선거 관련 전자기록 일체에 대한 진정성(authenticity), 무결성(integrity), 신뢰성(reliability)이 그 기간 동안 이미 훼손되었을 가능성도 완전히 배제하기 어렵다. 더구나 이 불법적인 훼손 의혹을 해소해 주어야 할 책임이 있는 선관위가 오히려 의혹 해소의 유일한 수단인 서버의 현상 보존을 완벽히 파괴하는 행위를 스스로 자행하고 말았다.

'전산센터 이관 작업의 대상은 선거데이터와 무관하다'는 선관위의 기존 해명은 전산센터 이관 후 과천청사에서 서버 감정이 이루어져야 한다는 9월 24일자 선관위 서면 내용을 볼 때 거짓으로 여겨질 수밖에 없다.

특히 20대 총선, 19대 대선, 2018년 지방선거 전부 선거정보시스템 운영장비 로그보존 용역사업을 실시한 바 있는데 이번 총선에서는 위 사업을 실시하지 아니하여, 로그 기록이 보존되었는지 담보할 수 없는 상황이다. 그런데 선관위는 사전투표가 제대로 실시되었는지 밝힐 수 있는 열쇠인 서버 로그 기록의 포렌식을 요청하는 소송대리인단의 요구를 4개월 동안 묵살하다가 전체 서버 이동 계획을 밝히지 않은 채, '기존 서버는 이동이 되지 않는다'는 식의 보도자료를 내어 대중을 현혹하고, 실제로는 자료의 동일성을 담보할 수 없는 상태로 서버를 반출하였다.

또한, 현재 선관위는 '통합명부시스템 데이터품질관리 컨설팅사업' 용역을 공고하여 계약일로부터 2020년 12월 31일까지 통합명부시스템 코드부여 기준에 대한 작성 규칙 재정비를 할 것이라 예고하고 있다. 소송대리인단이 소 제기 당시부터 간곡히 주장했던 바 '통합선거인명부의 로그 기록, QR코드 발급내역 등을 비교하여 사전투표가 제대로 이루어졌는지 확인하자'는 목소리 또한 실효성이 없도록 묵살하는 것이다.

9월 29일 저녁 6시 선관위 홈페이지 정지 후 10월 4일 재가동 이전까지 기간은 네트워크에 연결되어 선관위 홈페이지가 가동되고 있을 때보다 선거기록 일체가 담긴 서버에 대한 조작, 은폐, 증거인멸이 훨씬 용이해진다는 정당한 우려가 제기되고 있다. 또한 관악청사에서 과천청사로의 전산센터 이관이라는 명분 아래 이루어지는 대규모 작업 시 실제로는 선거 관련 기록의 은밀한 삭제, 변경, 누락이 대량 발생할 수 있다는 염려가 심각하게 제기된다.

무엇보다 선거 직후 현상이 보존되었어야 할 선거관련 전자 기록이 5개월 반이나 무방비로 방치되었다는 점, 2020년 1월에 이관 작업을 포함한 연간 일정이 미리 결정되었다면서도 선거무효 소송이 제기된 지난 5개월 간 적절한 시점에 이를 고지하지 않은 점, 이제 무결성 훼손의 흔적마저 복구하기 어려운 상황이 강제로 초래되었다는 점, 선거관리위원장이 대법관임에도 디지털증거의 무결성을 유지하는 보전 조치를 취하지 않은 점, 소송대리인단이 검증 방법으로 강조해 온 지점에 대해 맞춘 듯이 용역 계약이 이루어지는 점을 고려할 때, 대법원이 선관위의 증거인멸을 방조하는 사실상 공범이 아니냐는 합리적 의심마저 제기되고 있다.

9월 30일의 야만적인 증거 훼손 행위는 선거무효소송의 핵심 증거인 서버의 진정성과 무결성, 신뢰성을 확인할 수 있는 유일한 수단을 소송 당사자 일방이 영구적으로 훼손한 조치이며, 이는 소송 법리상 <입증방해>의 전형적 행위로서 선관위 스스로 선거무효 사유의 존재와 불법 조작 부정선거 주장의 정당성을 자인한 바에 다름 아니다. 법원은 결정적 증거인멸, 입증방해 행위에 따른 소송법상 효과만으로도 소송대리인단의 서버 관련 선거무효 주장이 입증된 것으로 간주하고 선거무효 판결을 선포해야 할 것이다.

선관위의 서버 훼손 조치에 대한 시민들의 강력한 항의가 물증으로 남겨져 있다. 서버의 물리적 이동 중 네트워크 차단 상태에서 QR코드가 포함된 것으로 보이는 대량의 스캔 작업을 하는 선관위 직원의 모습이 포착되었다. 서버 이동을 맨몸으로 막아서던 처절한 항의 도중 비폭력 시민 4명이 경찰에 연행되기도 했다.

전국 단위로 자행된 부정선거는 집권 세력의 운명을 일시에 좌우하는 것이기에 국내 전문가들에게 가해지는 외압의 크기가 상상 이상이라 볼 수밖에 없다. 더구나 헌법상 적법절차 원칙을 근본적으로 파괴하는 서버 훼손, 증거인멸 행위를 무도히 자행하는 현실을 볼 때, 국내조사로 진실을 밝힐 전문 감정이 이루어질 것을 기대하기는 어렵다고 봄이 상식적이다.

따라서 소송대리인단은 서버 등 선거전산장비와 선거 전산기록에 대하여 선거 감사 국제전문가들로 이루어진 국제조사단에게 감정이 맡겨져야 함을 향후 소송절차 진행의 필수 전제로서 강력히 주장한다.

민경욱 4.15부정선거국민투쟁본부(국투본) 대표 등의 미국 백악관 앞 4.15부정선거를 알리는 피켓 시위

선관위가 국제조사단에 의한 감정을 거부하거나, 국제조사단에 의한 감정 결과 서버 등 선거전산장비와 선거 전산기록의 훼손, 인멸이 밝혀진다면 대법원은 응당 4·15 선거무효를 공식적으로 선포해야 할 것이다.

민경욱 전 의원 선거무효 소송대리인단과 기독자유통일당 선거무효

소송대리인단은 대법원에 대해 선관위의 4·15 총선 서버 훼손에 관한 국제조사를 실시하고 그에 따라 선거무효를 공식 선언할 것을 다시 한번 강력히 촉구하는 바이다.

2020년 10월 2일

민경욱 전 의원 선거무효 소송대리인단 및 기독자유통일당 선거무효 소송대리인단 일동

06

부정선거로 갈라진
두 개의 미국

[뉴패러다임(NP) 2021년 1월 제13호]

[편집자주] 로이킴 씨는 미국에서 대학을 마치고 한국에서 정착한 평범한 시민이다. 그는 하루에 12시간 이상 일하는 자영업자이며 아이를 키우는 30대 보통의 아빠다. 그는 중앙선거관리위원회가 발표한 선거 결과에 관한 통계자료를 바탕으로 21대 총선에 일정한 패턴의 선거 조작 혐의가 발견된다며 이를 수식과 그래프로 설명해 냈다. 우리는 그의 발견을 '로이킴 가설'이라고 명명하고 해커의 지문으로 추정되는 'Follow the Party' 등 놀라운 발견에 대해 신속한 재검표와 수사를 통해서 진위가 입증될 수 있다고 본다. 다음은 서면으로 이루어진 로이킴 씨와의 일문일답이다.]

1. 연방대법원은 왜 텍사스 주 대 펜실베니아 등 4주 소송을 각하했나?

2020년 12월 7일(현지시각), 미국 텍사스 주가 펜실베니아, 조지아, 위스콘신, 미시건 주를 상대로 연방대법원에 대통령 선거에 대한 소송을 제기했다. 피고인 4주가 주 의회를 거치지 않고 선거 관련 많은 규칙을 임의로 개정함으로써 주 의회의 입법권을 침해하는 등 선거 자체에 대해 큰 문제를 일으켰다는 것이 핵심 내용이다. 이들 주로 인하여 원고인 텍사스 주와 같이 선거 규정과 법을 잘 지키고 있는 타주들의 표의 가치가 훼손되었다는 것이 소송의 주된 이유였다.

제46대 미국 대통령 선거는 트럼프 대통령의 강력한 부정선거 문제 제기로 인하여 원활하게 끝나지 않았다. 주류 언론들이 대부분 트럼프 대통령에 대해 반기를 들었기 때문에 트럼프 대통령 측은 트위터나 페이스북 등의 SNS 및 소수의 대안 언론을 통해 주류 언론과 맞서야 했다. 이런 상황에서 텍사스 주가 19개 주와 연합하여 트럼프 대통령 입장에 서고, 하원의원 126명까지 이 흐름에 가세한 것은 의미 있는 여론전이었다. 펜실베니아 등 22개 주가 연합하여 반기를 든 것은 또한 이에 대한 대응 여론전이었다.

반면 연방 대법원은 3일 만에 싱거울 정도로 신속한 각하 결정을 내리면서 그 이유를 간단히 적시했다. 첫째 당사자 적격(standing)이 없다는 것, 둘째 다른 주 선거에 대해 다투어볼 만한 이해관계(a judicially cognizable interest)가 없다는 것, 그리고 여타의 소송도 더 이상 재판해 볼 여지가 없는(moot) 사안이라고 밝혔다. 소수 의견을 낸 두 대법관(J. Alito, J. Thomas)이 "주가 주를 상대로 소송할 경우 연방대법원이 1심 관할권을 갖는 이상 사건을 각하할 재량권이 없다"고 간단히 반대 의견을 표명했을 뿐이다.

다수 의견으로 제출된 연방대법원의 각하 사유는 교과서적인 것으로 보인다. 배후에 있을 수 있는 정치적 의견 차이를 별도로 하면 판단의 사유는 이해가 가능하다. 미국 헌법 3조 2항 2절은 "대사와 그밖의 외교사절 및 영사에 관계되는 사건과, 주가 당사자인 사건은 연방대법원이 제1심의 재판관할권을 가진다."라고 되어 있다. 따라서 텍사스 주가 연방대법원에 관할권을 주장할 수 있는 것은 분명하지만, 당사자 적격이 자동으로 주어지는 것은 아니다. 연방대법원은 원고에게 구체적으로 손해가 발생하는 경우에 한정하여 심사를 수용하는 경향이 뚜렷하다. 당사자 적격을 정할 때에 3조 2항 1절의 사건 또는 분쟁(case or controversy) 개념이 더 중요하게 적용하기 때문이다.

연방대법원이 다루는 '사건 또는 분쟁'이 되기 위해서는 판례를 통해 정립된 요건이 있다. 대법원은 구체적인 사건을 다루는 곳으로서 국민 일반이 정치적인 문제로 이해하고 있는 사건에 대해서는 법정이 아니라 정치적인 해결 방법을 택해야 한다는 것이 일반적인 원칙이다. '작위 또는 부작위로 인해 법률적인 손해를 입은 당사자'만 소송 적격이 있다고 본다. 텍사스 주 소송 각하 문제에 대해 대법관들끼리 의견이 갈렸고 고성이 오갔다는 후문도 있지만, 2000년 부시 대 고어 판결의 경우는 초박빙의 승부에서 플로리다 재검표를 두고 다투어진, 구제 내용(relief)이 매우 구체적인 소송이었던 점에서 이번 소송과 차이가 있다.

텍사스 주가 피고 4주의 위법 사항으로서 적시한 헌법 14조 동등보호권(equal protection)과 적법절차(due process of law)는 2000년 선거 소송에 비해 포괄적이고 광범위한 문제 제기였다. 물론 알리토, 토머스 대법관의 소수 의견대로 다투어볼 만한 가치가 없는 것은 아니지만, 당장 대통령을 결정해야 하는 초미의 사안에서 시간이 많이 걸리는 심사 내용을 수용하기는 쉽지 않았을 것으로 보인다. 부시 대 고어 사건에서 대법원이 용단을 내려준 것에 비해 이번 미국 대통령 부정선거 문제는 확실히 복잡한 면이 있다. 무엇보다 확실한 것은 대다수의 미국 공화당 지지자들은 트럼프측의 부정선거 의혹에 동의하고 있고 상대적으로 민주당 지지자들은 동의하지 않는 경향이 뚜렷하다는 것이다. 사실 판단 앞에서 미국이 이렇게 갈린 예를 찾기는 쉽지 않다. 그만큼 지금 미국은 가히 당혹스러울 정도로 심히 분열되어 있다.

2.텍사스 주 검찰총장이 소장에서 Marbury v. Madison(1803)을 거론한 까닭은?

텍사스 주 소송이 각하된 다음날 워싱턴에서는 트럼프 대통령 지지자들의 대규모 부정선거 진실규명을 위한 랠리가 있었다. 여기에 참석한 마이클 플린 장군은 연설을 통해 "미국 대통령은 대법원이 아니라 국민(We the People)이 결정한다."고 말했다. 한편 트럼프 대통령 강성 지지자 린 우드 변호사는 비상계엄으로 인신보호(habeas corpus) 원칙을 유보하고 영장없이 체포할 수 있어야 한다는 주장을 일관되게 펼쳤다. 특단의 조치를 통하지 않으면 미국에서조차 부정선거 문제는 명명백백하게 검증될 수 없는 사안이 되었다.

돌이켜 보면 이번 제46대 미국 대통령 선거는 이미 예약된 부정선거였다. 대통령 선거가 있기 전부터 주류 언론은 "트럼프는 패배해도 승복하지 않을 것이다"라는 보도를 여러 차례 내보냈다. 여론조사는 바이든이 승리할 것이라는 예측을 내보내고 있었고, 우편투표 등의 사전투표, 또는 부재자 투표, 전자개표기 문제 등이 트럼프 측으로부터 수도 없이 제기됐으나, 각 주가 주도하는 선거인단 확정 과정에서 연방 대통령의 통치력은 행사되지 못했다. 거듭 말하지만 이런 종류의 사실을 놓고 벌이는 극심한 의견 차이라는 것은 이유도 알 수 없고 이해도 어렵다. 언제 끝날지 모르고, 실제로 누가 대통령으로 결정되든 상관 없이 앞으로도 지속될 것으로 보이는 이 새로운 종류의 갈등 상황은 지금까지 미국에서 미처 목격된 적이 없는 종류의 것이다.

개표 중간에 승리를 선언하고 바이든 승리에 대해 불복 의사를 뚜렷이 한 트럼프 대통령은 심각한 '선거 범죄'가 자행되었다고 거듭 입장을 밝혔다. 이런 상황에서 주류 언론들은 트럼프 측의 입장을 진지하게 받아들이지 않았다. 심지어 부정선거가 있어도 "트럼프는 부정선거보다 더 위험하다."는 식이다.

11월 9일 마크 에스퍼 국방장관의 경질과 12월 15일 윌리엄 바 법무장관 겸 검찰총장의 사임은 트럼프 측의 부정선거 규명전에 있어 '범죄자들에게' 강력한 메시지를 전달하는 조치로 보였다. 트럼프 대통령은 법률팀과 지지자들과 선거의 투명성, 진실성, 규칙성이 심각하게 훼손되었음을 거듭 선언했고, 통상적 법정 투쟁으로 해결되지 않을 최악의 경우 계엄(martial law) 발동까지 갈 수 있다는 메시지였다. 부정선거 진실규명 전투에 뛰어든 트럼프 팀의 약점은, 아군측 증인들은 있지만 지목된 범인도 보이지 않고 경찰이나 검찰의 수사 과정을 통해 확인된 물증이 없다는 것이었다. 이런 상황에서 트럼프 측이 각종 법원에서 이루어지는 크고 작은 소송에서 유리한 고지를 점하기는 어렵다. 말 그대로 증거다운 증거란 전문(hearsay)이나 법정에서 가치를 인정받을 수 있을지 미지수인 증인(witness)이나 그들의 사실증명(affidavit)만으로는 역부족이었던 것이다.

　결론적으로 객관적으로 불리한 상황 속에서 트럼프의 입장에 강력하게 선 텍사스 주의 연방대법원 소송은 괄목할 만한 것이었다. 그러나 텍사스 주는 왜 소송의 본질을 밝히면서 'Marbury 대 Madison 1803년 판결'을 거론했을까? 연방파(federalist)의 입지를 위하여 임기 직전 법원조직법(Judiciary Act)를 만들어 42명의 연방판사를 임명한 2대 존 아담스 대통령은, 한밤중의 임명(midnight appointment)에도 불구하고 임명된 연방판사 전원에게 임명장을 송달할 시간은 확보하지 못했다. 다음 날 임기가 시작된 토머스 제퍼슨 대통령은 결국 임명장을 송달받지 못한 판사 임용을 취소했고 그 중에 한 명인 마버리(Marbury) 판사가 낸 소송에서 존 마샬은 그 판사의 손을 들어주지 못했다. 연방파를 위해 연방파 대통령이 뽑은 연방파 존 마샬 대법원장은 당시에도 헌법 3조 2항 2

절을 들어 적격이 없다고 판결하여 마버리 사건을 기각했던 것이다. 그리고 이 헌법 조항을 무시한 법원조직법에 대해서는 위헌 판결을 냈다. 이 판결은 매우 정치적인 결단이었다. 일견 같은 편인 마버리 연방판사는 자신을 임명한 아담스 대통령을 돕지 않았지만 역설적으로 사법부를 구해낸 사건으로 평가받는다. 이 판결은 연방대법원의 위헌법률심사권을 확립하고 대법원의 권한을 강화하여 3권분립에서 사법부의 역할을 강화한 측면에서, 미국 사법 역사상 가장 기념비적인 판결이라고 할 수 있다. 당시 대법원장이였던 존 마샬의 기지가 돋보인 매우 '정치적인' 판결이었다는 것이 통설이다.

텍사스 주는 소송의 본질(Nature of Action) 설명에서 작금의 미국 선거 현실에 대해 이렇게 말했다. "Marbury 대 Madison의 정신으로 법이 무엇인지 선언하고 선거에서의 신뢰를 회복하기 위해 본 법원의 관심이 심대히 요구된다. (In the spirit of Marbury v. Madison, this Court's attention is profoundly needed to declare what the law is and to restore public trust in this election.)" 텍사스 주는 이번 소송에서 당시 존 마샬 대법원장의 정치적 기민함을 환기시킨 것이 아닐까 생각한다. 그러나 그 판결은 한편으로 사법부를 수호하기 위해 임명권자와 당파적 이해관계를 유보한 채 사법부 입장을 대변한 기관 이기주의 측면에서도 조명이 가능하다. 텍사스 주는 텍사스 주 대로 연방대법원은 연방대법원 대로 각각의 입장에서 이 판결을 환기한 것으로 판단된다. 마버리 사건은 텍사스 주에게 이롭지 못했지만 원고도 피고도 미국 대법원도 문언적 법리 만으로는 해석할 수 없는 거대한 정치적 상황에 처해 있었음이 결과적으로 확인된다. 트럼프 대통령은 대법원의 각하에 대해 실망감을 감추지 못했지만 결국 트럼프 자신에게 아무도 대신해 줄 수 없는 선택이 놓여 있음을 거듭 확인할 뿐이다. 트루먼 대통령이 익히 말한 대로. "The Buck Stops Here." 결국 마지막 패는 대통령에게!

3. 자유에 대한 해석: '기독교 대 무신론적 자유주의'

이번 텍사스 주 소송이 보여주듯 지금의 미국은 1850년대의 미국을 떠올릴 만큼 팽팽히 양분되어 대결하고 있다. 미국은 1776년 독립선언서를 통해 모든 사람은 천부인권을 갖고 있음을 천명했고, 1791년 권리장전 수정헌법을 통해 모든 사람들의 적법한 절차 없이 생명 재산 자유가 침해되는 것을 금했지만, 이러한 기본적 권리가 흑인들에게까지 확장되는 것은 1865년 60만 이상의 젊은이들의 목숨을 앗아간 남북전쟁을 끝내고 가능했다. 미국 수정헌법 13, 14, 15조는 남북전쟁의 결과로 제정된 것으로, 특별히 14조는 5조의 기본권을 흑인에게 확장시키는 것 이외에도 각각의 주가 누리는 기본권을 다른 주의 시민들에게도 확인해 주는 제도적 장치가 되었다. 이번에 텍사스 주는 이 수정헌법 14조를 통해 다른 주에서의 부정선거로 인한 피해를 텍사스 주의 문제로, 또한 텍사스 주의 선거 진실성을 다른 주에도 연결시키고자 했다.

어쩌면 알리토, 토마스 두 대법관의 소수 의견대로 텍사스 주의 이러한 주장을 대법원에서 다투어 볼 수 있었다면, 미국 사회는 대법원이라는 진지한 토론의 장에서 오늘 미국의 많은 문제를 대면하고 해결할 수 있는 실마리를 풀 수 있었을지도 모른다.

문제는 지금 미국에서는 결국 선거 자체의 승부 문제보다 훨씬 복잡한 갈등을 직면하게 되었다는 것이다. 중국, 이란, 러시아 등의 외국의 위협(권위주의)과 미국 내 급진 좌파의 부상(자유주의) 등 전혀 다른 계열이 서로 한 편이 되어 내적 외적으로 트럼프 진영을 공격하는 양상이 펼쳐

지고 있다. 이런 상황을 요약하자면 기독교 정신을 토대로 건국된 미국에서 "진정한 자유란 무엇인가?", "성경이 설정하는 자유의 한계를 어떻게 볼 것인가?", "중국공산당의 권위주의를 방관하는 무신론적 자유주의는 정의로운가?" 등 새로운 문제가 제기되고 있다.

역사를 반추해 보면 미국 전역을 전화로 몰아갔던 1850년대 남북전쟁 직전상황에서도 현재의 미국과 같이 대통령 부정선거 문제와 대법원 판결 문제가 초미의 관심 속에 있었다. 소위 '피의 캔자스' 논란 중 캔자스 주에서의 노예제를 둘러싸고 미주리 주의 노예제 지지자들인 보더 러피안(Border Ruffians)에 의해 자행된 대규모 부정 선거는, 친-남부 대통령이었던 프랭클린 피어스(미국 14대 대통령)와 제임스 뷰캐넌(미국 15대 대통령)이 캔자스를 노예주로 인정하려는 시도를 하게 했다고 역사는 기록한다. 무엇보다 남북전쟁을 직접적으로 촉발시킨 드레드 스콧 대 샌드퍼드 판결(Dred Scott v. Sandford, 60 U.S. (19 How.) 393, 1857년 3월 7일)은 흑인을 정당한 기본권을 가진 존재가 아님을 판시함으로써 아직도 미국 사법사상 매우 불명예스러운 판결로 남아있다.

1850년대 전후의 미국의 갈등은 흑인 노예해방을 둘러싼 남과 북의 이해관계의 차이에 따른 것으로 그 이유가 비교적 분명하다. 그러나 지금 벌어지고 있는 미국의 갈등 상황은 쉽게 이유를 규정할 수 없음에도 매우 치열하고 서로 화해가 불가능할 정도로 반목이 뚜렷하다. 이런 양분은 대통령 선거로 끝날 것 같지 않다. 미국인들의 신앙과 삶에 대한 근본적 입장 차이가 개재되어 있기 때문이다.

미국 헌법은 후손에게 자유의 축복(the Blessings of Liberty)을 확보해 주기 위해 제정된다고 전문을 통해 밝히고 있지만, 지금은 그 자유란 과연 무엇인가를 놓고 선택이 쉽지 않은 싸움이 본격화된 것으로 보인다. 대통령 선거를 통해 촉발되었으나, 그보다 훨씬 더 깊고 오래된 갈등이 수면 위로 떠오른 것이다. 대통령이 누가 되든 쉽게 해결되지 않을 이 갈등 앞에서 과연 미국인들은 어떤 지혜를 발휘하게 될 것인가? 미국의 선택이 온 인류에게 의미 있는 영향을 끼칠 것은 명약관화하다.

07

4.15 선거무효!
조작증거 쏟아졌다!

[뉴패러다임(NP) 2021년 7월 제17호]

[성명] 대법원은 인쇄된 사전투표지 공개 감정을 즉각 실시하라

2021년 6월 28일 09시 30분부터 다음날 아침 08시 30분경까지 장장 23시간에 걸쳐 인천지방법원 5층 회의실에서 제21대 국회의원 선거무효소송 인천 연수구을 지역구(원고 민경욱) 재검표 검증이 진행되었다.

이날 진행된 재검표를 통해 수많은 조작 증거, 선거무효 사유의 물증들이 공개되어 180여 장의 투표지가 감정 목적물로 보관되었고, 관외사전투표지 전체 및 회송용 봉투 일체는 다시 증거 보전되고 봉인되었다.

충격적인 감정목적물 5호 배춧잎 투표지

가장 충격적인 조작 증거 투표지는 하단 4분의 1 정도를 녹색 배경으로 하여 '비례대표 국회의원선거'라는 글자가 겹쳐 인쇄된 지역구 사전투표지(큐알코드 존재)였다. 이는 인쇄소의 실수로 겹쳐 인쇄되었다는 것 외에는 다른 출생 설명이 불가능하다. 왜 위조된 부정 투표지임이 명백한 배춧잎

모양의 인쇄된 사전투표지가 투표소와
개표소 모두를 문제없이 통과하여 재검
표 현장에서 비로소 발견되었는가? 이
투표지를 발견한 검증조의 부장판사와
주심 대법관은 변호사와 참관인의 촬영
을 허락하지 않았다. 폭발력이 너무 큰
증거임을 즉각 느꼈기 때문이다. 이 투
표지는 감정목적물 5호로 대법원에 보
관되고 있다.

• 6월 28일 인천 연수을 재검표에 참여한 목격자들의 설명을
듣고 재구성한 투표지.

　이 밖에도 프린터를 통해 1장씩 출력된 정상 사전투표지가 아니라, 인쇄
되어 부정하게 투입된 것으로 보이는 사전투표지들이 다량 발견되었다. 인
쇄물을 잘못 절단하여 절단 자투리를 옆구리에 달고 있는 사전투표지도 나
왔고, 글자색에 녹색이 섞인 사전투표지는 수십 건이었으며, 좌우 간격이
다르거나 직각 귀퉁이가 살짝 찌그러진 것 또한 부지기수였다. 풀기가 남
아 사전투표지의 등이 붙거나, 옆구리가 붙거나, 모서리가 붙어 있는 경우
또한 10여 건이었다. 이런 현상들은 모두 인쇄에서만 발생될 수 있고, 사전
투표지발급기의 앱슨 프린터에서는 발생 불가능한 것들이다.

뭉그러진 투표관리관 인장 상태

　그 외에도 투표관리관의 도장이 뭉그러져 일장기 수준으로 변해버린 투
표지 수백 장이 하나의 동 내에서 무더기로 발견되었다. 무작위로 택해진
관외사전 우편투표 100장 중 연수을 지역구 옥련 1동에 바로 이어붙은 옥
련 2동이 17장, 기타 인접 동이 15장으로, 계 32%에 달하는 사전투표지가
비정상적으로 인쇄된 투표지일 가능성을 강력히 드러냈다. 사전투표지는

전반적으로 빳빳했으며, 신권지폐 다발처럼 정렬되어 있는 경우도 흔한 모습이었다.

결국 2020년 4.15총선은 인쇄된 사전투표지를 부정 투입하여 결과를 바꾼 것이 강력히 추정되며, 이를 웅변할 조작 증거 물증이 다량으로 쏟아져 나왔다는 점이 지난 6. 28 재검표 기일의 정확한 의미이다.

감정목적물 법원 인멸조차 우려돼

언론이 아무리 이를 왜곡하여 조작 증거가 발견되지 않았다고 보도하더라도 법원에 보관된 감정목적물이 더 이상 인멸될 수는 없다. 배춧잎 투표지에 대해서는 열람·복사가, 기타 투표지들에 대해서는 감정 신청이 이루어져야 하며, 이미지 파일 대조 또한 완결되어야 한다. 무엇보다 선거소송을 제기한 다른 후보들의 즉각 재검표가 진실 규명에 가장 중요한 과제가 될 것이다.

사단법인 법치와자유민주주의연대(New Paradigm of Korea, NPK) 및 자유애국시민들은 지난 6. 28. 재검표 기일의 결과를 바탕으로 가일층 부정선거 진실 규명을 위해 투쟁해 나갈 것이다. 진정한 싸움은 오히려 지금부터이다. 합리적 의심의 여지가 없는 스모킹 건 수준의 물증이 현출되었으니만큼 법적인 선거무효 선언을 가능케 할 제도적, 시민적 운동을 본격 전개해 나갈 때다.

진실된 선거를 빼앗기는 것은 자유와 진실 대부분을 빼앗기는 것이다. 아무리 어려워 보여도 물러설 수 없다. 진실의 서광이 밝아오고 있다. 역사의 새벽을 지키는 파수꾼이 되어 선진 자유민주국가를 기필코 확립하자!

08

'배춧잎 투표지' 형상화와 명명은 'follow_the_party'에서 비롯되었다

[뉴패러다임(NP) 2021년 8월 제18호]

2020년 4월 15일 국회의원 총선은 역대 가장 많은 선거 무효, 당선 무효 소송을 야기시켰다. 일각에서는 이와 같은 상황이 음모론에 빠진 사람들의 광적인 선거 불복에 원인이 있다고 말한다. 그러나 이 선거가 남긴 수많은 에피소드들은 점점 마치 퍼즐이 맞춰지듯이 연결되어 매우 비극적인 큰그림의 또렷한 윤곽으로 드러나고 있다.

2021년 6월 28일, 4.15총선의 문제점을 가장 강력하게 제기해온 인천 연수을 민경욱 후보 지역구의 재검표가 있었다. 이 재검표는 무려 14개월을 끌어서 처음으로 이루어졌다. 4.15총선에 대한 문제 제기 중 어느 한 곳도 표를 제대로 세지 않아서 문제가 생겼다고 보고 다시 세어 보자는 뜻으로 소송을 낸 곳은 없었다. 불법 표를 가려내는 것이 소송의 이유였다.

이미징 파일 원본 파기 등 심각한 불법 발각

그러나 6월 28일의 재검표는 역시 표를 다시 세어보는 식이었다. 가장 중요한 쟁점은 투표지가 모두 실제로 유권자들이 찍은 진짜 투표지인지 부정선거를 획책한 사람들에 의해 오염된 가짜 투표지인지를 가리는 것이었으나 중앙선거관리위원회와 대법원, 언론들은 마치 눈속임이라도 하듯이 슬쩍 다시 세어보는 식의 재검표를 단행했다.

전자개표기를 도입한 후에 투표지가 개표기에 들어가면 동시에 이미징 파일로 전환되도록 되어 있다. 이 이미징 파일들이 실물표와 일치하는지를 확인하는 것은 쟁점을 해결하는 데 도움이 될 만하다. 그러나 재검표 당일 중앙선관위는 4월 15일 기록된 이미징 파일 원본을 제시하지 않았다. 불법적인 증거 인멸이 발각된 것이다.

그럼에도 불구하고 6월 28일 재검표는 의미 있는 성과를 남겼다. 정상적인 국가에서 정상적인 절차에 의해 정상적으로 기표되어 투표함에 들어갔다고 보기에는 어색해도 너무나 어색한 투표지가 대량으로 발견되었다. 대표적인 것이 이른바 '배춧잎 투표지'이다. NPK에서 '배춧잎 투표지'를 형상화하고 명명할 수 있었던 것은 1년 3개월에 걸친 치열한 부정선거에 사용된 프로그램 알고리즘 탐사에서 비롯되었다.

2020년 4월 21일 맹주성 법치와자유민주주의연대(NPK) 이사장이 제기한 '컴퓨터 프로그램 사용' 가설 이후 많은 사람들이 중앙선거관리위원회 통계 속에서 일정한 규칙을 발견하기 위해 노력했고, 그 중 로이킴이라는 가명을 쓰는 한 시민의 시행착오를 거친 조작함수의 발견은 괄목할 만한 성과였다. 많은 사람들이 로이킴의 시행착오만을 부각시켜 질타했지만, 그의 부단한 노력은 통계속에 들어있는 정교한 규칙을 발견하는 결과로 이어졌다.

"Follow the Party"(당을 따르라)라는 구절이 세상에 등장한 것은 2020년 5월 21일 민경욱 페이스북에서였다. 그 내용은 이러했다.

프로그래머가 자기만 알아볼 수 있게 배열한 숫자의 배열을 찾아내 2진법으로 푼 뒤 앞에 숫자 0을 붙여서 문자로 변환시켰더니 "FOLLOW-THE-PARTY"라는 구호가 나왔습니다. 우연히 이런 문자 배열이 나올 수 있는 확률을 누가 계산해 주시면 감사하겠습니다. 그 확률이 1/10억보다 낮다면 빙고! 중국과 내통해 희대의 선거부정을 저지른 문재인은 즉각 물러나라!

허무맹랑한 주장으로 들릴 수도 있겠다. 4월 15일 선거를 치르고, 개표를 완료한 뒤 1주일부터 이미 근 한 달을 민경욱 전 의원은 부정선거 문제를 알리기 위해 백방으로 뛰고 있었다. 그러나 한 달쯤 뒤에 나온 이 주장은 한 마디로 '밑도 끝도 없는 것'이었다. 그러나 그는 페이스북에서 멈추지 않고 언론 기자들 앞에서도 동일한 내용을 발표했다. 부정선거가 있었다면 가장 큰 피해자일 국민의힘(당시 미래통합당이었으나 현재 시점에 맞춰 이하 국힘당으로 표기함.)은 그의 이러한 주장을 누구보다 격렬하게 비난했다.

국민의힘 지도부의 비아냥과 핍박

현역의원 하태경은 민경욱을 출당시켜야 한다고 주장했고, 조선일보가 이런 주장을 받아썼다. 여러 언론들의 한결 같은 반응은 "허황된 음모론", "아무도 알아들을 수 없는 말"이라는 것이었다. 선거 실패를 인정하고 개표 도중에 대표 자리를 내놓은 황교안의 뒤를 이어 비상대책위원장을 맡게 된 김종인은 "강경 보수층에서 이번 총선에 부정선거 의혹을 제기하는 것과 관련해 별로 신빙성을 두지 않는다"고 말했다.

이준석의 비아냥거림은 훨씬 자주 반복되었다. 여론조사를 통해 당대표가 된 이준석은 "달 착륙 음모론이 50년 간 이어지고 있다"면서 "선거 조작도 만성질환처럼 지속되면서, 보수에게 매 선거마다 표 손실을 줄 것"이라고 말했고, 심지어 정치생명을 걸기도 했다.

선거 1년이 지난 무렵, 이준석은 "대깨문 1000명만 차단하면 조용해지더라는 이재명 지사의 말에 감명받아 부정쟁이들을 1000명 정도 차단해 볼까 하는 고민이 시작됐다. 그런데 부정쟁이들이 다해봐야 이제 100명은 되려나."라고 말했다. (2021.4.21〈서울경제〉)

국민의힘 내부에서 가장 격렬하고 자주 4.15부정선거에 대해 '음모론' '허황된 주장'이라는 설을 내세운 사람들은 하태경과 이준석이다. 그들과 같은 입장인 폴리뉴스에서 "미래통합당이 민경욱을 제명이라도 한다면 계속 하락하는 당 지지율이 2% 정도는 오를 것"이라고 비아냥거리는 칼럼을 싣기도 했다.

해커의 지문 follow_the_party는 조작함수의 부산물

한편 "Follow the Party"는 많은 사람들에게 강력한 임팩트를 주고 있었다. 사람들이 "Follow the Party"라고 적힌 피켓을 들고 거리에 나오기 시작했다. 미국 외교 관련 유력지 The Diplomat은 '한국 정치인, 중국 개입된 부정선거 주장' 제목의 기사를 보도하며 데이터 분석 결과 'Follow the Party"라는 코드가 있다는 민경욱의 말을 인용했다.

하태경은 급기야 민경욱에 "Leave the Party"(당을 떠나라)라는 구호로 더욱 격렬하게 반응했다. "민 의원이 Follow the Party를 수리수리 마수리 마법의 주문처럼 반복하는 주술 정치를 하고 있다"며 21대 총선에 중국 해커가 개입해 전산을 조작했고, 전산에 '중국 공산당을 따르라'는 문구를 숨겨 놓았다는 주장을 하고 있다며 "많은 분들이 괴담에 낚였다고 하는데도 민의원만 모르고 있다"고 말했고 민경욱이 이에 대해 합리적인 설명을 하지 못한다고 말했다.

NPK와 VON뉴스가 이 같은 상황에 개입을 결정한 것은 몇 가지 이유가 있었다.

첫째, 4.15부정선거에 전산적 개입이 있었다고 합리적으로 의심해 볼 수 있었다.

둘째, 전산적 개입이 있었다면 프로그램이 있었을 것으로 추정할 수 있었다.

셋째, 프로그램이 있었다면 주문한 쪽의 요구사항이 있었을 것이다.

넷째, follow_the_party는 주문자의 요구사항과는 별도의 것으로 주문자가 아닌 제작자를 유추할 수 있는 단서가 될 것이다.

다섯째, follow_the_party를 발견한 로이킴(가명)이라는 사람의 신원이 확실했다.

여섯째, 로이킴의 중앙선거관리위원회 통계 분석은 생업과 아무런 관련이 없는 것으로 순수한 호기심에 기반했다.

일곱째, 로이킴의 발견에 의문을 제기한 컴퓨터 프로그래머인 후사장이 스스로 의문을 해결하고 follow_the_party를 연역적으로 해석해냈다.

프로그래머에 의한 치밀한 검증

follow_the_party가 세상에 나간 지 15개월이 지난 시점에서 우리가 다시 민경욱 페이스북 첫 포스팅을 들여다볼 때 이 정도로 수정할 수 있다.

첫째, "2진법으로 푼 뒤 앞에 0을 붙여서"는 불필요한 작업이었다. 나중에 로이킴은 아스키코드라는 개념을 모르고 알파벳이 숫자로 변환된다는 얘기가 얼핏 기억나서 검색을 하다가 2진법 코드를 통해 문자를 검색으로 추출해 낼 수 있었다고 말했다. 10진법 숫자도 알파벳 변환이 당연히 된다. 다만 아스키코드 개념을 잘 모르는 사람이 10진법 숫자를 구글 검색을 통해 알파벳으로 변환하는 것이 어려웠을 수도 있다.

둘째, 최종적으로 문제의 숫자열을 알파벳으로 변환했을 때 모두 소문자였다. 그리고 기호 "_" 두 개가 띄어쓰기를 대신하여 들어 있었다. 정확히 말하면 문제가 되는 것은 "follow_the_party" "follow_the_ghost" 등의 소문자로 된 문장이 추출된다.

애초에 민경욱 페이스북은 모두 대문자로 표기했다. 실제로 아스키코드는 대문자와 소문자가 다르다. 전모를 파악하기 전이어서 의미를 전달하는 데 초점을 두고 대문자로 바꿔 발표했을 것으로 보인다. 요컨대 "follow_the_party"든 "follow_the_ghost"든 또 다른 단어이든 모두 일정한 구간 안에 있는 소문자라는 것이다.

그러나 follow_the_party 발견보다 더 중대한 사실은 앞서 로이킴이 중앙선관위 통계 속에서 일찍이 존재한 적이 없었던 독특한 규칙성을 발견해 낸 것이다. 그는 미국에서 발간된 4.15부정선거 보고서 『Election Fraud South Korea 2020』(Vol.3, 한국어판, p.230)에서 이렇게 요약해 두었다.

21대 총선 더불어민주당 사전선거 비중값(전체 득표율 합에서 각 지역구 득표율을 나눈 값을 비중이라고 말함.-편집자주)과 당일선거 비중값의 차이를 구해 보았다. 사전비중에서 당일비중을 뺀 그 차이값은 당일선거 50% 득표율을 기준으로 그 이상을 얻은 지역구에서 모두 음수가 나오고, 50% 득표율 이하를 받은 지역구에서 모두 양수가 나왔다. (즉 50% 이상을 받으면 당선이 자동 확정되므로 50% 득표율을 기준점으로 정하여 더하고 빼는 조작함수를 구성. -편집자주) 그리고 50% 득표율 기준 이상 지역구의 비중값 차이를 모두 더하면 (-)2.468, 다른 쪽은 (+) 2.468이 나왔다. 즉 50% 득표율을 교점으로 줄어든 양만큼 다른쪽에서 늘어났음을 확인할 수 있다. 당일선거 50% 득표율 교점으로 하여 양수와 음수가 나뉘고 나뉘어진 증감의 양이 같다는 규칙성을 발견한 것이다. 이러한 규칙성을 가지는 것은 가공된 데이터이기 때문이라는 추론을 바탕으로 일종의 프로그램으로 온라인 게리멘더링을 구현한 것으로 추정할 수 있었다.

로이킴의 이상의 발견은 프로그래머 후사장(가명)의 도움으로 구체적으로 설명되었다. 이리하여 NPK와 VON뉴스에서 6월 28일 재검표에 필요한 검증은 '인쇄상태'에 있으며 인쇄전문가를 반드시 대동해야 할 필요성이 있다는 의견을 제시했다. 이상과 같이 만일 프로그램이 가동되었다면 중앙선관위 통계수치가 전산조작의 결과로서 현장 실물 계수와 일치하지 않을 가능성이 높고 따라서 이 차이를 선거 후 법원 증거 보전일까지 짧은 기간내에 일치시키기 위해 많은 무리수를 두었을 것으로 추정할 수 있었다.

우리의 추정은 6월 28일 재검에서 나온 심각한 투표지 상황을 통해 확인될 수 있었다. VON뉴스가 기획하고 펴내는 『해커의 지문 follow_the_party』는 이러한 조작함수의 발견과 프로그램 알고리즘으로의 구현 등에 관련된 구체적인 설명을 담는다. 4.15부정선거는 규모도 크지만 그 수법이 고도의 디지털 범죄이므로 비전문가들이 쉽게 인식하기 어렵다는 맹점이 있다. 대한민국 자유민주주의의 미래가 달린 중대사인 만큼 최대한 성실한 설명이 요구된다고 본다.

해커의 지문
follow_the_party
4.15부정선거 전말 보고서

발 행   2021년 12월 6일(초판 1쇄)

           2021년 12월 24일(초판 2쇄)

저 자   장영후, 로이킴, 김미영

펴낸이   김미영

펴낸곳   도서출판 세이지

디자인   김미성

등 록   제321-504200800007호

주 소   서울특별시 종로구 사직로 96, 202호

전 화   02-733-2939, 010-5693-8219

팩 스   0504-722-1799

전자우편   unifica@gmail.com

© 김미영 외, 2021

ISBN 978-89-965358-7-4 03340

책값 18,000원